DANÇA, Ó TERRA!

LEONARDO AGOSTINI FERNANDES
MATTHIAS GRENZER

DANÇA, Ó TERRA!

Interpretando Salmos

Dados Internacionais de Catalogação na Publicação (CIP)
(Câmara Brasileira do Livro, SP, Brasil)

Fernandes, Leonardo Agostini
  Dança, ó terra : interpretando Salmos / Leonardo Agostini
Fernandes, Matthias Grenzer. – São Paulo : Paulinas, 2013. –
(Coleção exegese)

ISBN 978-85-356-3478-5

1. Bíblia. A.T. Salmos - Crítica e interpretação   2. Bíblia.
A.T. Salmos - Meditações   3. Bíblia. A.T. Salmos - Teologia   4.
Orações   I. Grenzer, Matthias.   II. Título.   III. Série.

13-02907   CDD-223.206

Índice para catálogo sistemático:
1. Salmos : Bíblia : Antigo Testamento : Interpretação e crítica   223.206
2. Salmos : Bíblia : Antigo Testamento : Meditações   223.206
3. Salmos : Bíblia : Antigo Testamento : Teologia   223.206

1ª edição – 2013

Direção-geral: *Bernadete Boff*
Editores responsáveis: *Vera Ivanise Bombonatto e*
Matthias Grenzer
Assistente de edição: *Anoar Jarbas Provenzi*
Coordenação de revisão: *Marina Mendonça*
Revisão: *Ruth Mitzuie Kluska*
Gerente de produção: *Felício Calegaro Neto*
Projeto gráfico: *Telma Custódio*
Capa e diagramação: *Manuel Rebelato Miramontes*

Nenhuma parte desta obra poderá ser reproduzida ou transmitida
por qualquer forma e/ou quaisquer meios (eletrônico ou mecânico,
incluindo fotocópia e gravação) ou arquivada em qualquer sistema ou
banco de dados sem permissão escrita da Editora. Direitos reservados.

Paulinas
Rua Inácia Uchoa, 62
04110-020 – São Paulo – SP (Brasil)
Tel.: (11) 2125-3500
http://www.paulinas.org.br – editora@paulinas.com.br
Telemarketing e SAC: 0800-7010081
© Pia Sociedade Filhas de São Paulo – São Paulo, 2013

SUMÁRIO

Introdução 7

Caminhos de justos e perversos (Sl 1) 9
    Matthias Grenzer

Deus, a pessoa humana e a criação (Sl 8) 25
    Leonardo Agostini Fernandes

Pastoreio e hospitalidade do SENHOR (Sl 23) 69
    Matthias Grenzer

O fiel diante das crises (Sl 42,1-12) 91
    Leonardo Agostini Fernandes

Ação inversora do destino dos pobres (Sl 113) 123
    Matthias Grenzer

O êxodo e a dança (Sl 114) 137
    Matthias Grenzer

Em busca de Deus e do bem de sua casa (Sl 122) 153
    Leonardo Agostini Fernandes

As tarefas da cidade (Sl 122) 195
    Matthias Grenzer

A família conduzida pela Palavra de Deus (Sl 127) 215
    Leonardo Agostini Fernandes

Como uma criança amamentada sobre sua mãe (Sl 131) 247
    Matthias Grenzer

Referências bibliográficas 263

INTRODUÇÃO

Jesus de Nazaré rezava. Ensinou uma oração a seus discípulos (Mt 6,9-13; Lc 11,2-4). Formulou, de forma mais livre, pedidos e os dirigiu ao Pai (Mc 14,35-36). No entanto, de acordo com os Evangelhos, também acolheu, em sua reflexão e em seu ensino, o grande livro de orações, pertencente às *Sagradas Escrituras* de seu povo. Já antes do primeiro século, pois, o livro dos *Salmos*, uma coleção formada por 150 orações poeticamente compostas, fazia parte do patrimônio cultural-religioso do *povo judeu*. Com esses textos, *Israel* formulava sua resposta à proposta que Deus lhe tinha feito no decorrer da história. É interessante observar como o livro dos Salmos é composto por cinco partes (Sl 1–41; 42–72; 73–89; 90–106; 107–150), provavelmente, em correspondência aos cinco livros do Pentateuco.

Os *cristãos*, querendo seguir Jesus, também acolhem os Salmos em sua vida. Isso já foi assim no primeiro século. Basta observar os escritos do *Novo Testamento*. Praticamente um terço de todas as suas citações do *Antigo Testamento* é do livro dos Salmos. Olhando, pois, para a vida de Jesus e lendo, em especial, os *Salmos* como suas *Sagradas Escrituras*, os primeiros cristãos chegaram a contemplar o mistério de que a comunhão com Deus é indestrutível, no sentido de o SENHOR, Deus de Israel, estar disposto a salvar o seu povo e o fiel que nele confiam.

Na história da *Igreja Católica*, sempre prevaleceu a tendência de defender os *Salmos* como orações importantes do cristão. Eles se tornaram a base da *Liturgia das Horas* e ganharam espaço nas *celebrações litúrgicas*. Com isso, rezados por judeus e cristãos, os Salmos chegaram a ocupar um lugar entre as obras-primas da literatura mundial. Ao mesmo tempo, com suas imagens, seus lamentos fortes e seus louvores jubilosos, entraram na mente e nos corações de muitas pessoas, em especial de quem se sente injustiçado e, por isso, sente a urgência de ser salvo por Deus.

Não obstante, os leitores sempre encontraram também dificuldades na leitura dos Salmos. São textos exigentes. De um lado, propõem uma maior sensibilidade literária. Afinal, trata-se de poesia. Do outro, pertencem ao contexto histórico-cultural e geográfico do antigo Israel. Com isso, o leitor precisa se abrir a um mundo diferente do seu. Além disso, os Salmos convidam a uma reflexão ampla e complexa. Sua *releitura da realidade*, dentro da dinâmica de *dialogar com Deus*, é ousada e crítica. Assim, os Salmos chegam a revelar aquele *espírito profético* que é o resultado de um contato verdadeiro com a Palavra de Deus.

No âmbito do estudo da *Teologia*, os Salmos são estudados junto com os demais escritos do Antigo Testamento. Sobretudo os professores dedicados à pesquisa da primeira parte da Bíblia cristã têm a tarefa de investir boa parte de seu esforço na leitura e no *estudo exegético* desse livro sapiencial, *interpretando os Salmos*. O fruto de algumas leituras, realizadas por nós, Leonardo Agostini Fernandes e Matthias Grenzer, é apresentado neste livro. São dez estudos de nove Salmos, sendo que o Salmo 122 recebe a atenção dos dois.

Desejamos a nossos leitores que, ao se encontrarem com os Salmos, descubram a harmonia e a beleza prevista por Deus para toda a sua criação. Pois onde se descobre que o SENHOR favorece a liberdade de quem está sendo oprimido, criando para si uma comunidade santa que se deixa governar por ele, surge, entre seus fiéis, o desejo de que a humanidade inteira possa sentir a maior alegria com essa nova realidade. Por isso, farão seu convite ousado: *Dança, ó terra!* (Sl 114,7).

Rio de Janeiro / São Paulo, em fevereiro de 2013
Leonardo Agostini Fernandes
Matthias Grenzer

1

CAMINHOS DE JUSTOS E PERVERSOS
Salmo 1

Matthias Grenzer[1]

Introdução

O Salmo 1 é a "porta de entrada" em uma "casa" formada por 150 orações, as quais, juntamente, constituem o livro bíblico dos Salmos. É importante que essa "porta" não fique fechada, pois, para quem desconhece a "casa", não se prevê outro lugar de acesso. Além disso, é na "porta de entrada" que o visitante recebe sua primeira impressão da "casa" inteira. Ou, em outras palavras, trata-se do lugar da primeira conversa entre o visitante e quem o recebe. Dependendo desse diálogo, o visitante vai entrar de vez na "casa" ou voltar para trás.

Apresento aqui uma análise literário-teológica do Salmo 1. O estudo encaixa-se em meu projeto de pesquisa sobre as "As dimensões proféticas da religião do Antigo Israel". No caso, o

---

[1] O presente estudo foi apresentado, no ano de 2010, aos alunos do *Instituto Catequístico* da *Universidad Católica do Chile*. Agradeço, particularmente, ao professor Pe. José Miguel Alvarado Bustamente pelo convite.

interesse dirige-se, de um modo especial, à descrição do compromisso com a justiça que as orações bíblicas querem favorecer em quem adota tais poemas em sua espiritualidade.[2]

Resistência à malvadeza

1a *Feliz o homem*
1b *que não andou conforme o conselho dos perversos,*
1c *não parou no caminho dos pecadores*
1d *e não se sentou no assento dos zombadores.*

O início do Salmo 1 caracteriza-se pela presença numerosa de pessoas más. O texto menciona *perversos*, *pecadores* e *zombadores*. Não se trata de desconhecidos, pois diversos outros textos bíblicos falam deles.

O *perverso*, nas tradições da Sagrada Escritura, é quem mostra um comportamento negativo, no sentido de desfavorecer a comunidade. É aquele que, por meio de suas palavras e/ou seus atos, se torna culpado, ameaçando a vida de inocentes. Isso porque *o perverso trama contra o justo,* [...] *a fim de fazer cair o oprimido e o pobre,* ou seja, *para degolar os homens retos* (Sl 37,12.14).

Além disso, seja lembrado que, na cultura do Antigo Israel — assim como em todo o Antigo Oriente —, não existe oposição entre a vida profana e a vida religiosa da pessoa. Portanto, o comportamento em relação ao próximo influencia a relação com Deus. O paralelismo criado entre *perversos* e *pecadores* (v. 1b.c) reforça essa compreensão da realidade. Nesse sentido, as tradições do Antigo Testamento qualificam a falta de solidariedade com os mais necessitados como *pecado*, avaliando essa postura como não correspondente à vontade do Senhor Deus.

---

[2] Veja outros dois estudos de minha autoria: GRENZER, Ação inversora do destino dos pobres (capítulo deste livro); GRENZER, As tarefas da cidade (capítulo deste livro).

A terceira palavra que ajuda a criar o paralelismo nos meios-versículos 1b.c.d descreve os maus como *zombadores*. Nos textos paralelos, os *zombadores* aparecem como pessoas *arrogantes que agem no ardor de sua insolência* (Pr 21,24). Responsáveis por *rixas, litígios e humilhações, agitam a cidade* (Pr 22,10; 29,8). Consequentemente, *o zombador não anda com os sábios* (Pr 15,12). Pelo contrário, quem tenta *corrigir um zombador* receberá apenas *humilhação* e *ódio* como reação dele (Pr 9,7-8).

A crítica do Salmo 1 à sociedade, porém, vai ainda mais longe. Além de caracterizar os malvados como *perversos, pecadores* e *zombadores*, o poeta deixa claro que essa gente age de forma *planejada*. A palavra hebraica *conselho* (v. 1b) poderia ser traduzida também por *estratégia, desígnio, projeto* ou *ideia*. Quer dizer, os maldosos atuam de forma consciente. Seus crimes são altamente qualificados.

Outras duas imagens ainda marcam a descrição das pessoas más no primeiro versículo. A metáfora do *caminho* (v. 1c) parece reforçar a ideia de que a atuação de tais pessoas inclui processos históricos mais abrangentes. A imagem do *assento* (v. 1d), por sua vez, lembra o *assento* do *rei* (1Sm 18,25) ou dos *chefes* mais proeminentes em uma cidade (Jó 29,7.25). Quer dizer, traz-se à memória o lugar de honra e, com isso, a posição decisiva e influente que alguém pode ocupar em uma sociedade.

Resumindo: o início do Salmo 1 mostra uma situação em que um grande número de pessoas más — *perversos, pecadores* e *zombadores* — chega a dominar a vida da sociedade.

Não obstante, em oposição a toda essa gente decidida a promover o mal, encontra-se uma única pessoa que o poeta chama de *homem feliz* (v. 1a). Este se mostra resistente. Um triplo *não* (v. 1b.c.d) marca sua postura. Em todas as situações de sua vida — quer dizer, *andando* (v. 1b), *parado*, ou, literalmente traduzido, *estando de pé* (v. 1c), e *sentado* (v. 1d) — não faz companhia a seus conterrâneos, que optaram por outros *caminhos* e *assentos*.

Por outro lado, porém, esse *homem feliz* e *justo* (v. 6a) está sozinho. Fala-se dele no singular. Parece que "sua decisão de vida o transformou em uma raridade".[3] Nasce, assim, a dúvida sobre sua sobrevivência. Em outras palavras, como alguém pode manter-se como pessoa, quando está decidido a abandonar o "mundo", ou seja, quando se opõe aos valores negativos que, muitas vezes, dominam a convivência na sociedade? O Salmo 1, assim como o conjunto dos 150 Salmos, parece ter sido composto para consolar e, sobretudo, motivar (!) esse tipo de gente.

Paixão pela libertação dos oprimidos

2a *Pelo contrário:*
    seu prazer está no ensino do SENHOR
2b *dia e noite murmura o ensino dele.*

O *homem feliz* do Salmo 1 não é uma pessoa que apenas sabe dizer *não* (o triplo uso da negação *não* no v. 1b.c.d). Não limita sua vida a uma postura de oposição e resistência ante os *perversos*, *pecadores* e *zombadores*. Por mais que tenha mostrado exatamente essa atitude no decorrer de sua vida — observe que os verbos em v. 1 se referem ao passado! —, por detrás desse comportamento encontra-se uma motivação positiva. Em outras palavras, o protagonista do Salmo 1 é alguém capaz de sentir *prazer* (v. 2a), e isso durante o *dia* e durante a *noite* (v. 2b).

Mas *prazer* em quê? De forma realçada, v. 2 apresenta a resposta para essa pergunta tão central, colocando, duas vezes, o conceito *ensino*. Mais especificamente, o texto fala do *ensino do* SENHOR (v. 2a) e, logo em seguida, do *ensino dele*, ou seja, do *ensino* cuja autoria se atribui, em última instância, ao Deus de Israel (v. 2b).

Em vista da importância desse termo para a compreensão do Salmo 1, é bom insistir em um estudo mais exato. *Ensino* é a tradução da palavra hebraica *Torá*. Seria também possível traduzir

---

[3] LOHFINK, Die Einsamkeit des Gerechten, p. 165.

Torá por *instrução*. Para o autor do Salmo 1 — assim como para a comunidade de seus ouvintes israelitas —, esse *ensino* encontra-se, fixado por escrito, nos cinco livros de Moisés, cujo conjunto os cristãos chamam de Pentateuco. Trata-se, na realidade, dos livros bíblicos Gênesis, Êxodo, Levítico, Números e Deuteronômio.

Em uma leitura mais atenta da *Torá*, descobre-se que o *ensino* de Israel é marcado por uma estrutura dupla. De um lado, tem-se aí, em forma de narrativas poéticas, a história da salvação. Após ter contemplado as origens do mundo e da humanidade em Deus (Gn 1–11), a *Torá* ou o Pentateuco apresenta, em primeiro lugar, os inícios do povo bíblico nas figuras dos patriarcas — *Abraão, Isaac* e *Jacó* — e das matriarcas — *Sara, Rebeca, Lia* e *Raquel* —, assim como nos *doze filhos de Jacó* (Gn 12–50). A realização da dupla promessa de descendência e posse da terra, feita por Deus aos patriarcas, acompanhará, para sempre, o caminho do povo eleito. O que, por sua vez, se iniciou nas tradições dos patriarcas, tem continuidade nos últimos quatro livros da *Torá*, os quais se dedicam a narrar a história do êxodo. Conta-se que o SENHOR Deus libertou seu povo da escravidão no Egito e o conduziu maravilhosamente, pelo meio do deserto, a fim de favorecer sua instalação nas terras de Canaã. Dessa forma, cumpre-se a antiga promessa do SENHOR de dar aos descendentes de *Abraão, Isaac* e *Jacó* a posse da terra.

Por outro lado, inserido no meio das narrativas poéticas, a *Torá* contém um abundante material jurídico. Tendo em vista que é Moisés quem, dentro da história do êxodo, recebe as leis do SENHOR e/ou as anuncia ao povo, pode-se falar de "leis mosaicas". Não obstante, observando o conteúdo das leis — sobretudo o contexto socioeconômico pressuposto nelas —, fica claro que essas formulações jurídicas são de épocas posteriores ao momento do êxodo histórico, o qual, geralmente, se procura no final do século XIII a.C. Contudo, determinante foi o fato de que os legisladores israelitas, em busca de justiça, se inspiraram, sempre de novo, na experiência do êxodo, ou seja, no SENHOR *Deus* que *fez* seu povo *sair da terra do Egito*, isto é, *da casa da escravidão* (Ex 20,2). Dessa forma, pode-se afirmar que as leis mosaicas realmente são fruto do êxodo, pois o objetivo principal delas é transformar a experiência da libertação da escravidão em um projeto jurídico, que quer garantir a construção de uma sociedade nova e justa. Em outras palavras, as leis da *Torá* são a tentativa de proteger, juridicamente, aquela liberdade com a qual o SENHOR presenteou seu povo, no momento em que adotou os oprimidos pelo sistema faraônico como *filhos* (Os 11,1). Assim, dentro da perspectiva teológica, as leis da *Torá* pertencem, de fato, à história do êxodo e a Moisés.

A *Torá* é marcada por uma estrutura dupla. Trata-se da história da salvação do povo israelita, a qual se concretiza, posteriormente, em um projeto jurídico que quer servir à construção de uma sociedade justa. Observando o volume do texto, a metade dos 187 capítulos do Pentateuco é constituída por narrativas poéticas, sendo que a outra metade é formada por leis. No entanto, mais importante ainda é que ambas as partes, quanto ao conteúdo, formam uma unidade indissolúvel.

Por isso, seria errado definir o conjunto da *Torá* — e, por consequência, traduzir a palavra *Torá* — como "lei", algo que acontece em diversas traduções do Salmo 1. Mais correto é falar de *ensino* ou de *instrução*, pois, no caso da *Torá*, trata-se de um amplo *ensino* que se forma a partir de uma experiência histórica de libertação — no sentido de que o projeto do êxodo representa a vontade salvadora do SENHOR Deus em favor do povo dos oprimidos — e a concretização dela em um direito. Juntas, as duas partes estabelecem o *ensino*, o qual quer definir o rumo do povo bíblico para todos os tempos.

Voltando à interpretação do Salmo 1, chama a atenção do leitor a insistência do salmista na relação entre a *felicidade do homem* (v. 1a) e o *prazer* que este sente com o *ensino*, ou seja, com a *Torá do* SENHOR (2a). Tendo consciência do projeto favorecido por esse *ensino*, pode-se afirmar o seguinte: *feliz o homem* que é capaz de se ligar à proposta mosaica de uma sociedade alternativa, sendo esta última marcada por relações mais igualitárias e justas. Mais ainda: *feliz o homem* que consegue, conforme o *ensino* das tradições do êxodo, imaginar a construção de uma sociedade nova a partir dos e pelos oprimidos, uma vez que estes estejam dispostos a corresponder à vontade libertadora do SENHOR Deus e a confiar nele como soberano de toda a história.

Observando, por sua vez, a realidade do dia a dia, no Salmo 1 também já se sabe que o modelo da sociedade alternativa ainda não foi colocado em prática. Pelo contrário, o salmista participa da experiência de que a caminhada histórica do povo eleito é marcada por sucessivas desistências do projeto previsto no *ensino do* SENHOR, causadas, em geral, pelos interesses particulares da classe dirigente. Por enquanto, *perversos, pecadores* e *zombadores* (v. 1b-d) parecem dominar a convivência entre as pessoas.

Mesmo assim, ou talvez até por causa desse fato, o modelo de comportamento proposto pelo Salmo 1 torna-se mais importante ainda: *dia e noite, deve-se murmurar o ensino do* SENHOR (v. 2b). Talvez esta seja a única alternativa para o fiel em épocas de maior resistência ao projeto de Deus, querendo combater os sentimentos de isolação e solidão. Repetindo-se, pois, de forma ininterrupta as tradições do êxodo, não se perde facilmente a esperança que nasceu junto à experiência da libertação da escravidão no Egito. É uma forma de manter o mundo alternativo presente, ao menos em voz baixa, ou seja, como mundo *murmurado*.

A palavra *murmurar* indica, nesse contexto, um falar para fora e, ao mesmo tempo, para dentro de si, a fim de acolher plenamente *o ensino do* SENHOR.[4] Em outras palavras, meditando, a pessoa estabelece um mundo imaginado, em contraste com aquele que vive. Isso, porém, não significa que o mundo *murmurado* não exista, pois o Salmo 1 até afirma a dependência da *felicidade do homem* para com esse mundo imaginado.

Na realidade, todos *murmuram*. Há *línguas* que *murmuram maldade* (Is 59,3) e *falsidade* (Jó 27,4), ou *corações* que *murmuram violência* (Pr 24,2). Existem os *companheiros* que *murmuram mentiras* (Sl 38,12-13). No entanto, conforme a fé do Antigo Israel, todos eles serão como as *nações* que *murmuram em vão* (Sl 2,1).

---

[4] ZENGER, *Mit meinem Gott überspringe ich Mauern*, p. 45.

O Salmo 1, no entanto, estabelece um modelo contrário. Paralelamente ao pedido feito a Josué — o sucessor de Moisés! —, a proposta consiste em *murmurar, dia e noite, o livro da Torá* (Js 1,8). Dessa forma, *murmura-se a justiça* (Sl 35,28; 71,24) e *as obras* do Senhor (Sl 77,13; 143,5), respectivamente, a *verdade* (Pr 8,7) e a *sabedoria* (Sl 37,30).

Afinal, a ideia de a pessoa desenvolver uma verdadeira paixão pelo *ensino de* Senhor encontra sua última razão na qualidade e na finalidade dessa *instrução*, pois se afirma que a *Torá do* Senhor *é perfeita* e capaz de *devolver o alento* à pessoa humana (Sl 19,8). Uma vez que a vida confirme essa experiência, realmente pode-se afirmar: *Felizes os que andam conforme a Torá do* Senhor (Sl 119,1) e *se comprazem muito com seus mandamentos* (Sl 112,1).

A produtividade do justo

3a *Será como uma árvore plantada junto a canais de água,*
3b *que dá seu fruto a seu tempo*
3c *e cuja folhagem não murcha.*
3d *Tudo o que faz terá êxito.*

A linguagem abstrata cede lugar à linguagem metafórica das imagens. O poeta responsável pela autoria do Salmo 1 compara agora o *homem* apaixonado pelo *ensino do* Senhor a *uma árvore* cheia de vida. Por ser *plantada junto a canais de água* (v. 3a), essa *árvore produz seu fruto no tempo certo* (v. 3b) e, já ultrapassando os limites da natureza, *não* permite que *sua folhagem murche* (v. 3c).

Na realidade, trata-se de uma imagem complexa, formada por vários elementos: estão presentes uma *árvore, canais de água, frutos* e *folhagem*. O conjunto da imagem revela a estima da cultura do Antigo Israel, assim como das diversas culturas do Antigo Oriente, pelas *árvores* e, em especial, pelas *árvores* frutíferas.

Basta lembrar como os reis e as pessoas mais ricas cuidavam de seus jardins, uma vez que estes ofereciam um excelente conforto.

Observando os detalhes da imagem da *árvore* produtiva, certos pormenores devem ser explorados em vista das perspectivas teológicas do Salmo 1. Afirma-se, entre outras coisas, que a *árvore* foi *plantada junto a canais de água* (v. 3a). Quer dizer, ela não nasceu por si só nesse lugar tão privilegiado. Alguém "a transferiu para lá. Tem-se, portanto, a consciência de que aconteceu um êxodo".[5]

Coerentemente, Israel é convidado a compreender-se como resultado desse projeto de liberdade promovido pelo SENHOR. Sua existência nas terras de Canaã tem caráter de presente, pois, conforme suas próprias tradições, foi o apoio do Deus do êxodo que assegurou ao povo dos oprimidos a chegada e permanência na terra prometida. Foi o SENHOR quem *plantou* Israel *junto a canais de água*, no meio de outras nações bem mais antigas. O *homem* fiel ao *ensino do* SENHOR (v. 2a) sabe disso, pois é a própria *Torá* que o ensina.

A imagem avança ainda mais. Trata-se de uma *árvore que dá seu fruto a seu tempo* (v. 3b). Com isso, afirma-se no Salmo 1 a fé de que o futuro, de fato, pertence a quem se preocupa com a memória histórico-religiosa das tradições mosaicas. Basta chegar o *tempo* certo (v. 3b). Além do mais, trata-se de um processo irreversível, algo que não morre mais, assim como *a folhagem da árvore não murcha* (v. 3c).

A última frase do v. 3 adota novamente a linguagem abstrata: *Tudo o que faz terá êxito* (v. 3d). O verbo *fazer* somente pode referir-se ao *homem feliz* (v. 1a), ou seja, àquele que sente *prazer* com o *ensino do* SENHOR (v. 2a). Em outras palavras, o tema continua sendo o destino bem-sucedido do justo solitário. Todavia, a expressão no v. 3d abre maior espaço para sua compreensão. Dentro do contexto imediato da frase hebraica, o verbo *ter êxito*, respectivamente, *prosperar*, concorda com o substantivo *tudo*.

---

[5] LOHFINK, Die Einsamkeit des Gerechten, p. 168.

Portanto, deve-se traduzir como proposto anteriormente: *tudo o que faz terá êxito*, ou seja, *prosperará*.

Por outro lado, porém, o leitor pode estar lembrado de que as Sagradas Escrituras falam também que *o* Senhor *faz ter êxito*, no sentido de que é Deus quem faz alguém *prosperar* (Gn 24,21.40.42.56; 39,3.23; Sl 118,25; Ne 1,11; 2,20; 2Cr 26,5). A formulação em v. 3d mantém-se aberta para essa compreensão, uma vez que o Senhor pode ser subentendido como sujeito oculto. Chegar-se-ia, portanto, à seguinte ideia: *Tudo o que* o homem preocupado com a Torá *faz*, o Senhor *faz ter êxito*.

A inutilidade dos perversos

4a *Não são assim os perversos.*
4b *Pelo contrário: são como a palha que o vento dispersa.*

Terminou a primeira parte do Salmo 1, que contempla, centralmente, o personagem e o destino da pessoa preocupada com o *ensino do* Senhor. V. 4 inicia a segunda metade do salmo, na qual são meditados, sobretudo, os *perversos* e o futuro deles.

Olhando a forma literária do Salmo 1, chama a atenção do leitor que o final da primeira parte, após um discurso em linguagem abstrata (v. 1a-2b), trouxe a metáfora da *árvore* bem-sucedida (v. 3a-c). V. 3d, por sua vez, fechou a seção sobre o *homem feliz* novamente com uma formulação abstrata. A segunda metade do Salmo 1 trabalha de forma simetricamente oposta. Introduzida por uma curta frase abstrata (v. 4a), a metáfora da *palha que o vento dispersa* (v. 4b) torna-se marcante no início. Em seguida, v. 5a-6b levam Salmo 1 até seu final, adotando, outra vez, linguagem abstrata.

Descobre-se, portanto, a seguinte disposição concêntrica:

A   Discurso abstrato sobre a realidade (v. 1a-2b)
B   Uma imagem (v. 3a-c)
             [discurso abstrato (v. 3d-4a)]
B'   Uma imagem (v. 4b)
A'   Discurso abstrato sobre a realidade (v. 5a-6b)[6]

A imagem da *palha que o vento dispersa* (v. 4b; também Sl 35,5; Jó 21,18) contrasta fortemente com a metáfora da *árvore que dá* ao homem *seu fruto* para comer e *sua folhagem* para ter sombra (v. 3a-c). A *palha*, por sua vez, após ter cumprido sua função no processo de crescimento do grão, não é mais útil ao homem. Ela simplesmente sobra como *debulho* quando se extraem os grãos da espiga. A partir de agora, somente dá trabalho, pois precisa ser separada das sementes, a fim de que essas possam servir para a fabricação da farinha. A sociedade agrícola do Antigo Israel estava até familiarizada com a imagem do trabalhador jogando os grãos para o alto, a fim de deixar o *vento dispersar a palha*.

Contudo, a metáfora em v. 4b parece indicar a inutilidade dos *perversos*, uma vez que seu comportamento culposo os torna inaproveitáveis no processo da construção de uma sociedade alternativa, a qual encontra suas metas na experiência da libertação dos oprimidos, ou seja, nas tradições do êxodo.

O sumiço dos perversos nos tribunais

5a   *Por isso, os perversos não se levantarão no julgamento,*
5b   *nem os pecadores na assembleia dos justos.*

Reassumindo a linguagem abstrata, o salmista continua descrevendo o destino dos *perversos*. Dois paralelismos marcam v. 5. Primeiramente, os *perversos* aparecem, outra vez, ao lado dos *pecadores* (v. 1b-c). Em segundo lugar, as expressões *no julgamento*

---

[6]   JÜNGLING, Salmos 1–41, p. 717.

e na *assembleia dos justos* levam o leitor ao mesmo ambiente do judiciário. O fato de que um único verbo conduz todo o versículo — a expressão *não se levantarão* em v. 5a — causa ainda maior proximidade entre as formulações paralelas.

Por mais clara, porém, que seja a forma poética do versículo, o texto impõe agora a seguinte questão em relação a suas perspectivas teológicas: a qual momento o salmista se refere em v. 5? Será que o poeta fala do *julgamento* realizado no portão da cidade israelita, quando os homens livres de um lugar formam a *assembleia* do tribunal, propondo-se a decidir os litígios? Ou tem-se em vista algum tipo de juízo final, promovido, após a morte, por Deus nos céus?

A resposta a tal pergunta é decisiva para outras dúvidas que a pessoa humana — sobretudo o *justo* perseguido — apresenta com muita urgência. Por exemplo: pode-se esperar por um momento na história deste mundo em que os *perversos* não influenciem mais, de forma negativa, a procura da justiça? Ou por *assembleias* formadas apenas por *justos*? E como Deus participa ou não desse processo tão desejável?

Na procura de uma resposta para essas questões, é importante observar que o Salmo 1 "não descreve uma condenação dos *perversos* por parte de Deus" (confira também v. 6).[7] Isso, por sua vez, se pressuporia caso o texto quisesse apresentar o juízo final. Torna-se, portanto, mais provável que o salmista sonhe mesmo com a transformação do mundo em que vive. Ou seja: em uma perspectiva intramundana, o objetivo é prever a formação de uma sociedade em que os *perversos* fiquem sem voz nos grêmios decisivos.

No fundo, as duas perspectivas não se excluem, pois, "como todo o saltério, também Salmo 1 se mantém aberto em seu anúncio para o fim dos tempos. O que está sendo dito pode fazer referência ao futuro pertencente à história deste mundo como ao futuro que transcende este mundo [...]. Apenas uma coisa deve-se

---

[7] STICHER, *Die Rettung der Guten durch Gott und die Selbstzerstörung der Bösen*, p. 66.

saber: temos uma esperança enorme e caminhamos em direção a ela. No entanto, como será e quando se realizará, não sabemos. Apenas alcançamos essa esperança através de imagens".[8]

A relação entre Deus e os justos

6a Pois o SENHOR é quem conhece o caminho dos justos:
6b o caminho dos perversos, porém, perece.

V. 6 tem caráter de resumo. Define por que os *justos* têm futuro. E declara o fim dos *perversos*.

A forma literária do versículo oferece, novamente, as primeiras pistas para a compreensão de seu conteúdo. Bem visível é o paralelismo entre o *caminho dos justos* (v. 6a) e o *caminho dos perversos* (v. 6b; também a presença do motivo do *caminho* em v. 1c). Com isso, a oposição que marcou todo o Salmo 1 é outra vez realçada. Mais ainda: os opositores do *homem* preocupado com o *ensino do* SENHOR aparecem agora pela sétima vez, sendo que esse número é usado como elemento estilístico pelos poetas hebreus. Veja a sequência: *perversos* (v. 1b), *pecadores* (v. 1c), *zombadores* (v. 1d), *perversos* (v. 4a), *perversos* (v. 5a), *pecadores*(v. 5b) e *perversos* (v. 6b). Em contrapartida, a presença dos *justos* é mais rara. No início, tem-se um único *homem feliz* (v. 1a), o qual resiste a uma multidão de malvados, caindo assim em uma grande solidão. No final do Salmo 1, porém, o fiel ao *ensino do* SENHOR não está mais sozinho. Agora o salmista fala, no plural, dos *justos* como um grupo (v. 5b.6a). Ou seja: o *justo* conseguiu formar sua comunidade.

Marcante também é que, apenas em v. 6a, o SENHOR atua pela primeira vez. Antes disso, o nome do Deus de Israel estava presente somente em v. 2a, quando o assunto foi *o ensino*, quer dizer, ou seja, *a Torá do* SENHOR. Agora, por sua vez, se afirma que

---

[8] LOHFINK, Die Einsamkeit des Gerechten, p. 169-170.

o Senhor *é conhecedor do caminho dos justos*. No texto hebraico do salmo, trata-se de uma frase nominal, que chama a atenção do leitor pela ausência de um verbo finito. Com isso, a frase não é ligada a um determinado momento histórico. Muito mais, seu caráter é afirmar algo que vale sempre, no sentido de que o Senhor, eternamente, é aquele que *conhece o caminho dos justos*.

A palavra *conhecer* merece maior atenção. Indica-se, com esse termo, a comunhão mais íntima possível, inclusive a relação íntima do ato sexual entre homem e mulher. Da mesma forma, o verbo *conhecer* marca a história entre o Senhor e seu povo. Por excelência, há de se lembrar Ex 2,23-25, onde se descreve a decisão divina de realizar o êxodo: *Deus escutou seus gemidos* [...], *Deus viu os filhos de Israel* e *Deus (os) conheceu*. Em relação ao Salmo 1, portanto, vale dizer que "o caminho do justo, em última instância, alcança êxito não por causa do esforço dele mesmo, mas porque o Senhor o *conhece*, ou seja, o acompanha de forma preocupada e amável".[9]

Por outro lado, de forma bem diferente, Salmo 1 afirma agora que *o caminho dos perversos perece* (v. 6b). O verbo hebraico também poderia ser traduzido como *desviar-se* ou *andar perdido*. Importante, no entanto, é a observação de que, nesse caso, não se descreve uma ação de Deus. "Conforme à visão do Salmo, Deus se preocupa apenas com o *justo*, uma vez que fica em aberto até que ponto ele tem a ver com o fracasso e o *perecimento* do perverso".[10] Em outras palavras, "com o nada em que o *perverso* se afunda [...] Deus não colabora de modo algum. A própria lógica deste mundo o leva à autodissolução. Ou, como diz a imagem no meio do salmo, os *ventos* da história levam o *perverso* em direção ao inalcançável".[11]

Dessa forma, a situação inicial do Salmo 1 se inverteu: a multidão dos malfeitores desapareceu, enquanto o *homem*

---

[9] ZENGER, *Mit meinem Gott überspringe ich Mauern*, p. 46.
[10] STICHER, *Die Rettung der Guten durch Gott und die Selbstzerstörung der Bösen*, p. 66.
[11] LOHFINK, Die Einsamkeit des Gerechten, p. 170.

fiel ao *ensino do* Senhor está sendo integrado na comunidade dos *justos*.

Conclusão

O Salmo 1 marca seu lugar — literariamente tão realçado no início do livro dos Salmos — de forma bem definida. Defende o pensamento de que o *homem*, para alcançar a *felicidade* e *ter êxito em tudo que faz*, deve mostrar-se resistente à malvadeza e apaixonar-se pelo projeto da libertação dos oprimidos, de acordo com as tradições do êxodo.[12]

O destino dos que optam pela *perversidade*, porém, será outro. Os ventos da história, pois, encarregar-se-ão de levá-los embora. Dessa forma, aproxima-se um tempo futuro no qual as *assembleias* serão formadas somente por *justos*.

No entanto, há de se observar o detalhe mais importante: o Salmo 1 cultiva a ideia de que se precisa de Deus para chegar a esse tempo. Pois somente a esperança de que o Senhor *conheça o justo*, garantindo-lhe a vitória sobre os *perversos*, justifica a visão de um porvir melhor para toda a sociedade.

---

[12] FERNANDES; GRENZER, *Êxodo 15,22–18,27*.

2

DEUS, A PESSOA HUMANA E A CRIAÇÃO
Salmo 8

Leonardo Agostini Fernandes

Introdução

A discussão entre Bíblia e Ciências Naturais é uma questão que ocupa espaços acadêmicos e, periodicamente, surge em manchetes de jornais e em revistas especializadas ou de divulgação.[1] No crivo da discussão está a polêmica entre partidários da fé ou da razão. Nessa polêmica, quando exacerbada, assiste-se à disputa pela última palavra entre dois grupos que, em muitos casos, podem ser classificados, simplesmente, de fideístas ou racionalistas. O primeiro grupo coloca a fé como critério supremo acima da razão. O segundo grupo coloca a razão como critério que deflagra a fé.

---

[1] Cito apenas alguns exemplos em que se tem o confronto entre ciência e religião. BOTELHO, Quem escreveu a Bíblia?, pp. 58-67; A Lógica de Deus, pp. 32-37; MATTHEWS, Afinal, Deus existe?, pp. 44-51; LOPES, A Ressurreição do Santo Sudário, pp. 126-134.

Essa questão, porém, é antiga, mas a base moderna vem do seu ressurgimento na Idade Média, no momento em que o aristotelismo fez seu ingresso na Europa, no início do século XI d.C., através de Avicena[2] e Averroes,[3] produzindo a corrente de pensamento neoaristotélica, que está, inclusive, na base do pensamento tomista.[4]

O papel do cristianismo medieval na formação da cultura ocidental encontra-se na raiz das relações e das acusações entre visão religiosa e visão científica da realidade. Se, por um lado, o cristianismo favoreceu o desenvolvimento das ciências, produzindo uma visão objetiva da natureza, por outro lado, sempre reconheceu que esta natureza é criada e dotada pelo Criador de leis que estão acima do saber e do domínio humano. A mudança de visão do geocentrismo para o heliocentrismo marca a ruptura entre o

---

[2] Nome como ficou conhecido no Ocidente, mas se chamava Abu Ali Ibn Sina. Era filósofo e cientista persa (Afshana 980 — Hamadan 1036). Foi um médico célebre, mas destacou-se como filósofo e procurou reelaborar as doutrinas de Aristóteles, com o interesse de alcançar uma concepção geral da realidade que, até então, era de matriz neoplatônica, procurando manter o vínculo com a religião (PANCALDI; TROMBINO; VILLANI, *Atlante della filosofia*, p. 114).

[3] Nome como ficou conhecido no Ocidente, mas se chamava Abu AL--Walid Muhammad ibn Ahmad ibn Muhammad ibn Rushd. Era filósofo e cientista árabe-espânico (Córdoba 1126 — Marraqueche 1198), se dedicou, intelectualmente, à composição de comentários (grandes, médios e pequenos) às obras de Aristóteles. Sempre se declarou mulçumano, mas, ao mesmo tempo, deu o devido crédito a Aristóteles como máxima autoridade no discernimento da verdade. Isso lhe custou uma condenação e o exílio em 1195 (PANCALDI; TROMBINO; VILLANI, *Atlante della filosofia*, pp. 112-113).

[4] Santo Tomás de Aquino representa a máxima expressão da filosofia escolástica (Roccasecca 1225 — Fossanova 1274), empenhou-se em superar o contraste entre revelação divina e razão humana na cultura cristã e, para tanto, procurou fazê-lo através do pensamento de Aristóteles, considerado, na época, como a melhor manifestação do saber natural do ser humano. Para isso, enfrentou dificuldades dentro da academia cristã e com os averroístas (PANCALDI; TROMBINO; VILLANI, *Atlante della filosofia*, pp. 426-429).

pensamento religioso vigente e o ingresso-progresso de uma ciência independente e secular. Uma nova cosmologia se redefiniu e passou a relativizar a lógica e os argumentos teológicos para a explicação da origem e preservação de todas as coisas.

O drama surgiu quando os critérios e os argumentos de ambos os lados passaram a ficar nas mãos dos especialistas, e o confronto aconteceu de forma privada, sem, muitas vezes, equacionar os resultados para favorecer as pessoas, respeitando os seus diferentes níveis de formação. Problema maior é que não houve imparcialidades nas proposições e nas respostas dadas pelos docentes, porque os cientistas não são teólogos, e os teólogos não são cientistas, salvo raras exceções. A Bíblia, nesse debate, tornou-se o alvo de apologias, chacotas e críticas exasperadas. Assiste-se, com isso, ao fracasso do sentido primeiro atribuído à universidade, visto que, quando surgiu, era um espaço que favorecia a busca do saber universal. Esse fracasso, porém, não pode ser atribuído aos "graduandos, mestres e doutores" das universidades medievais, que se dedicavam ao conhecimento e ao ensino de várias áreas do saber.[5]

É possível pensar a religião como uma utopia, mas não se pode negar, sem graves danos, que a religiosidade é uma dimensão intrínseca do ser humano, enquanto manifestação da sua capacidade de transcender. Nesse sentido, o maior problema, nos

---

[5] As universidades medievais estavam divididas em quatro faculdades: Artes (compreendendo a filosofia), Medicina, Direito (civil e canônico) e Teologia. Na alocução que Bento XVI faria, por ocasião da abertura do ano acadêmico, na Universidade Sapienza di Roma, diz que, por sua natureza, a universidade deve estar ligada, exclusivamente, à autoridade da verdade. Esta é o maior anseio do ser humano, porque quer conhecer não somente a teoria, mas quer a verdade como base e suporte para conhecer e praticar o bem. Aí está o que aproxima *teoria* e *práxis*; conhecimento e ação. Tal relação permite colher e propor para a hodierna sociedade o sentido real e profundo da célebre frase de Jesus Cristo: "Conhecereis a verdade e a verdade vos libertará" (Jo 8,32).
(http://www.vatican.va/holy_father/benedict_xvi/speeches/2008/january/documents/hf_ben-xvi_spe_20080117_la-sapienza_it.html).

nossos dias, não diz respeito à aceitação da dimensão religiosa. Ela não é negada *a priori*, mas critica-se o uso e a manipulação da religião com a intenção de fazer aflorar e explorar o afetivo das pessoas. No passado, a religião era usada para apontar a via do transcendente. No presente, porém, ela está sendo usada para beneficiar tudo que diz respeito ao corpo, ocupando-se principalmente do que é imanente. Parece que a religião ficou restrita à prosperidade, à saúde e ao bem-estar. Por isso, em contrapartida, cresce cada vez mais o número dos que se professam sem religião. Tal fato aponta para uma crise das instituições.

Estas questões não incomodam o presente estudo do Salmo 8, pois o orante expressa a sua fé com os seus critérios racionais. Não se deve exigir dele um conhecimento científico, com os critérios, os argumentos e a metodologia nos moldes que hoje se encontram nas universidades. A sua ciência brota do encantamento e da perplexidade. O seu ponto de partida é uma constatação simples, demonstrando possuir uma postura aberta diante da beleza e da grandiosidade da realidade.

Então, o que se experimenta ao contemplar o "universo" em uma visão noturna? O real contraste entre o infinito contemplado e o ser finito que contempla esse infinito. Isso é uma reação que surge quase que espontaneamente, mas é vencida no momento em que se constata o que de sublime existe no ser humano e o especifica: ele é a criatura racional que pode interagir com as demais criaturas e, com elas, por elas e nelas, admitir a existência e a ação do Criador.[6]

---

[6] Acreditar em uma disposição divina não contradiz, por certo, o princípio da evolução da razão humana, segundo o qual o cérebro humano evoluiu a partir da passagem do *homo erectus* (entre 1,8 milhão de anos e 300 mil anos atrás), ao *homo heidelbergensis* (entre 600 mil e 200 mil anos atrás), ao *homo neanderthalensis* (entre 200 mil e 40 mil anos atrás) até chegar ao *homo sapiens* (entre 100 mil e 25 mil anos atrás) graças à ingestão de proteína de origem animal (CUNNANE; CRAWFORD, Survival of the fattest: fat babies were the key to evolution of the large human brain, pp. 17-26). Gn 9,1-7 revela um particular: ao ser humano é dada a autorização divina para se alimentar de carne animal, indo além do pre-

O Salmo 8 representa uma experiência histórica que se torna um hino de louvor a YHWH criador, pela qual o orante, membro do povo eleito, expressa a sua fé (v. 2.10), a partir de uma reflexão sobre a identidade e a missão do ser humano diante de si mesmo e da criação. A linguagem usada interpela o ouvinte-leitor, pois fala ao ser humano a seu respeito. Celebra-se a condição e a posição do ser humano como um dos três vértices da relação com o Criador e a sua criação (v. 3-9). Percebe-se que o Salmo 8 e Gn 1,1–2,4a partilham de uma mesma tradição.[7]

Nessa tríplice relação, ergue-se a profunda e inquietante questão sobre o ato de existir e as suas consequências positivas ou negativas, pois o conhecimento determina o comportamento. Por meio deste, o ser humano manifesta, de forma positiva, o exercício do seu pensamento, a sua dignidade; mas, de forma negativa, o seu rebaixamento diante de si mesmo, diante do seu Criador e diante das demais criaturas. Assim, além da conexão com a doutrina da criação e a cristologia, torna-se oportuno aprofundar o estudo do Salmo 8 em uma perspectiva antropológica, cosmológica e ética, que busque inserir a reflexão teológica diante de novas exigências tanto para a fé como para a razão.

O orante exalta o ato da graça do Criador, exaltando o ser humano: sabe que existe, pode pensar e expressar o seu papel no mundo. Ao fazer isso, reconhece, por sua vez, a sua identidade e missão ao perceber e ao proclamar a presença e a ação de YHWH

---

ceito de Gn 1,29, que previa uma dieta à base de verdura e legumes. Em ambos os textos está o preceito da multiplicação da prole e o "domínio" sobre os animais da terra, as aves do céu e os peixes do mar.

[7] É possível que o Salmo 8 esteja em relação à primeira página da Bíblia, pois o foco não recai sobre a grandeza ou a harmonia do cosmo, mas sobre o papel do ser humano com o Deus Criador, que fez dele o ponto culminante da criação (CHILDS, Psalm 8 in the Context of the Christian Canon, pp. 20-33; WHITEKETTLE, Taming the Shrew, Shrike, and Shrimp: The Form and Function of Zoological Classification in Psalm 8, pp. 749-795). É um argumento válido, mas nada impede, porém, que o autor tenha se valido de uma mesma tradição ou doutrina sobre o ser humano e o seu papel na criação.

através das obras de suas mãos. Ao aceitar o Criador, o orante se aceita como criatura amada. Esse passo é o principal critério interpretativo do Salmo 8. Se a criação submerge o ser humano na sua pequenez, este, porém, com a sua razão e a sua fé, emerge na sua grandeza diante das demais criaturas.

Se, por um lado, encontra-se o êxtase do orante diante de uma magnífica visão noturna, na qual percebe o contraste entre a grandeza da criação e a pequenez humana; por outro lado, este êxtase continua contrastante diante de uma realidade caótica e conflitante: *as crianças* e *os que mamam* aparecem como fortes e capazes de impedir ou inibir a ação de pessoas arrogantes e violentas. Esse contraste não poderia ser uma invenção ou uma utopia, mas uma constatação empírica que se torna a proclamação de um ato de fé.[8]

As questões suscitadas pelo orante, quanto à dignidade do ser humano, servem para buscar certo conforto diante das injustiças que são praticadas por alguns homens. Em outras palavras, se o ser humano foi elevado pelo Criador acima de todas as demais criaturas, por que, em diversas ocasiões, se comporta inferior a elas? Não é difícil de perceber que certos seres humanos possuem determinados tipos de atitudes que não se encontram nos animais. Cito, por exemplo, o descarte da própria prole de forma ignominiosa; resultado, degradante, do mau uso da inteligência, da vontade e da liberdade que caracterizam o ser humano como pessoa.[9]

---

[8] CRÜSEMANN, Die Macht der kleinen kinder. Ein Versuch, Psalm 8,2b.3 zu verstehen, pp. 165-174.

[9] O ser humano é uma pessoa, está acima do mundo material e sensível, por isso anseia pelo bem, pela justiça, pela verdade e pelas virtudes. A raiz dessa afirmação está na sua intelectualidade, na sua realidade existencial, isto é, na sua capacidade autônoma de ser real e distinto da natureza intelectual adquirida. A pessoa é autoconsciência, possuidora de si mesma, livre e destinada a um fim próprio e sublime: a plena realização, a felicidade, ou a perfeição (MONDIN, *O homem, quem ele é?*, pp. 295-298).

Este estudo, partindo de uma análise exegético-teológica do Salmo 8, pretende discutir a possibilidade de o ser humano perceber, reconhecer e refletir sobre a presença e a ação de Deus no mundo, com as suas devidas consequências. Disso deriva uma antropologia e uma cosmologia que podem contribuir para estabelecer um diálogo entre a ciência teológica e as demais ciências.

Tradução e notas de crítica textual

Ao mestre do coro. Sobre o instrumento Guitit. Salmo de Davi.	1a 1b 1c	לַמְנַצֵּחַ עַל־הַגִּתִּית מִזְמוֹר לְדָוִד:
YHWH, nosso senhor, como é admirável[a] o teu nome sobre toda a terra!	2a 2b	יְהוָה אֲדֹנֵינוּ מָה־אַדִּיר שִׁמְךָ בְּכָל־הָאָרֶץ
Declara[b], pois, a tua majestade sobre os céus!	2c	אֲשֶׁר תְּנָה הוֹדְךָ עַל־הַשָּׁמָיִם:
Pela boca das crianças e dos que mamam[a]	3a	מִפִּי עוֹלְלִים וְיֹנְקִים
fundaste um baluarte[b] por causa de teus adversários,	3b	יִסַּדְתָּ עֹז לְמַעַן צוֹרְרֶיךָ
para bloquear o inimigo e o que se vinga.	3c	לְהַשְׁבִּית אוֹיֵב וּמִתְנַקֵּם:
Quando vejo teus céus, obra de teus dedos,	4a	כִּי־אֶרְאֶה שָׁמֶיךָ מַעֲשֵׂי אֶצְבְּעֹתֶיךָ
lua e estrelas que fixaste;	4b	יָרֵחַ וְכוֹכָבִים אֲשֶׁר כּוֹנָנְתָּה:

que é um ser humano, para que dele te recordes,	5a	מָה־אֱנוֹשׁ כִּי־תִזְכְּרֶנּוּ
e um filho de Adão[a], para que o visites?	5b	וּבֶן־אָדָם כִּי תִפְקְדֶנּוּ׃
Fizeste-o pouco menos do que deuses[a],	6a	וַתְּחַסְּרֵהוּ מְּעַט מֵאֱלֹהִים
de glória e de esplendor o coroaste,	6b	וְכָבוֹד וְהָדָר תְּעַטְּרֵהוּ׃
deste-lhe o governo sobre as obras de tuas mãos,	7a	תַּמְשִׁילֵהוּ בְּמַעֲשֵׂי יָדֶיךָ
tudo colocaste sob os pés dele;	7b	כֹּל שַׁתָּה תַחַת־רַגְלָיו׃
ovelhas e bois, todos eles,	8a	צֹנֶה וַאֲלָפִים כֻּלָּם
e também as feras do campo;	8b	וְגַם בַּהֲמוֹת שָׂדָי׃
os pássaros dos céus e os peixes do mar,	9a	צִפּוֹר שָׁמַיִם וּדְגֵי הַיָּם
tudo quanto percorre as rotas marinhas.	9b	עֹבֵר אָרְחוֹת יַמִּים׃
YHWH, nosso senhor,	10a	יְהוָה אֲדֹנֵינוּ
como é admirável o teu nome sobre toda a terra!	10b	מָה־אַדִּיר שִׁמְךָ בְּכָל־הָאָרֶץ׃

v. 2[a]: Literalmente: "Por que é majestoso o teu nome sobre toda a terra?".

v. 2[b]: אֲשֶׁר תְּנָה torna o versículo problemático, difícil de traduzir, pois não é normal uma partícula relativa seguida de um imperativo masculino. As soluções apresentadas acabam por modificar o texto consonantal, salvo as que pretendem unir as duas palavras, a fim de obter um *yiqtol* na primeira do comum singular com *nun* enérgico, expressando desejo (אשרתנה): "Eu quero adorar a tua majestade sobre os céus"[10]. A LXX traduziu por "está elevada a tua majestade acima dos céus" (ἐπήρθη ἡ μεγαλοπρέπειά σου ὑπεράνω τῶν οὐρανῶν) e a Vg seguiu: "elevata est magnificentia tua super caelos". Opto por traduzir a partícula relativa com valor causal e mantenho o imperativo, vendo que a "terra" estaria sendo convocada a manifestar o reconhecimento da majestade de YHWH.

v. 3[a]: A locução "crianças e lactantes" ocorre no livro das Lamentações (Lm 2,11-12; 4,4) e é usada na imagem de Sião, como mãe, que sofre por ver seus pequenos desfalecerem pelas ruas.

v. 3[b]: עֹז pode ser traduzido por: "força", "robustez", "firmeza", "baluarte", "fortaleza" etc.[11] O termo é o objeto do verbo יָסַד na segunda pessoa do masculino singular que, pelo contexto, tem YHWH por sujeito na fala do orante. O mesmo verbo é usado no Salmo 102,26, tendo a terra por objeto, e no Salmo 104,5.8, tendo as águas por objeto, indicado no sufixo de terceira pessoa do masculino plural.

v. 5[a]: A locução בֶּן־אָדָם, em ugarítico, tem o mesmo valor que *ser humano* (SMITH, The "Son of Man" in Ugaritic, pp. 59-60). A atenção que YHWH possui pelo ser humano, que inquieta o salmista (מָה־אֱנוֹשׁ כִּי־תִזְכְּרֶנּוּ וּבֶן־אָדָם כִּי תִפְקְדֶנּוּ), repete-se no Salmo 144,3 (יְהוָה מָה־אָדָם וַתֵּדָעֵהוּ בֶּן־אֱנוֹשׁ וַתְּחַשְּׁבֵהוּ). Nota-se, porém, que aparece o tetragrama sagrado como vocativo; os termos, *ser humano* e *filho de Adão*, em paralelo nos dois versículos, estão invertidos: *Adão* e *filho do ser humano*; os verbos mudam, no lugar de *lembrar* está *conhecer* e no lugar de *cuidar* está *considerar*. O Salmo 8 e o Salmo 144 possuem grandes

---

[10] SMITH, Psalm 8:2b-3: New Proposals for Old Problems, pp. 638-639; posição assumida por ALONSO SCHÖKEL; CARNITI, *Salmos I*, pp. 193.195. Também Ravasi (*Il libro dei Salmi*, pp. 177.193-194), após discutir as possibilidades, opta pela leitura que não muda o texto consonantal: "A tua majestade quero cantar lá em cima nos céus". תְּנָה pode ser considerado tanto como imperativo masculino singular como infinitivo, pois ambas são justificadas pelos críticos (BARTHÉLEMY, *Critique textuelle de l'Ancien Testament*, pp. 21-23).

[11] ALONSO SCHÖKEL, עֹז, p. 487.

afinidades. Não é possível determinar a dependência, pois os dois poderiam depender de uma mesma tradição ou de um modelo geral. O mesmo questionamento serve para a relação do Salmo 8 com Gn 1,1–2,4a (RAVASI, *Il libro dei Salmi*, p. 190).

v. 6[a]: O Texto Massorético traz *'elohîm*. A LXX traduziu por *angélous*, que seria tradução do termo *m;l'k*. Essa mudança reflete uma opção teológica da comunidade da diáspora grega, pois evita a comparação entre YHWH e o ser humano. No Egito, deveria permanecer a ideia de que o ser humano podia ser a "encarnação" da divindade. Optando por *angélous*, o tradutor deu ênfase à natureza e à missão do ser humano.[12] São Jerônimo traduziu por *Deo*, mas a Nova Vulgata optou por *angelis*, seguindo a LXX. O termo *'elohîm* é usado, também, para falar dos *magistrados* ou das criaturas que eram consideradas mais próximas de YHWH (Sl 82,1.6; 86,8). Nesse sentido, a tradução da LXX por *angélous* não seria considerada errônea.

Dimensão literária

Semelhante ao início de uma nova semana, como se fosse o oitavo dia que iniciasse uma nova semana, o Salmo 8 inaugura, no saltério, o gênero *hino de louvor*.[13] Para trás ficam invocações pela salvação (Sl 1–7); a ênfase está em YHWH, como soberano cósmico, e no ser humano, como a sua sublime criatura. Quanto

---

[12] VILLIERS, Reflections on Creation and Humankind in Psalm 8, the Septuagint and Hebrews, pp. 78-79.

[13] É um *hino de louvor* sem invitatório, isto é, sem um explícito convite ao louvor, porque o motivo laudatório (por exemplo: bondade, glória, grandeza, libertação, poder, sabedoria divina) aparece implícito no seu conteúdo (RAGUER, *Para compreender os Salmos*, p. 28). Esse gênero encontra-se nos salmos que apresentam Deus como digno de louvor, em particular por causa das suas obras, no contexto de adoração e de alegria festiva dos que celebram a sua grandeza. Sl 19,2-7; 65; 89,6-12; 104 fazem parte desse gênero.

ao que segue, o Salmo 8 antecipa a vitória de YHWH contra os ímpios, salvando os humildes (Sl 9–10), e prepara para uma série de lamentações (Sl 11–14).

Essa constatação aproxima esse salmo ao ambiente sapiencial, na medida em que reafirma as antigas tradições sobre a sublimidade de YHWH como Criador e do ser humano como o ápice das obras de suas mãos: "*'Elohîm viu tudo quanto tinha feito e era tudo muito bom*" (Gn 1,21). Além disso, o caráter sapiencial do Salmo 8 aparece pelos termos enfáticos e pela forma antitética, que tem por finalidade evidenciar as definições e as diferenças entre as partes relacionadas em paralelismos.

Não é difícil perceber uma aproximação literária ao livro de Jó, que se reconhece pequeno diante da majestade de Deus e de suas obras (Jó 38–39), assumindo, no final do livro, a sua retratação por não ter falado e agido de forma sensata, e condizente com a sua condição mortal.[14] Uma aproximação semelhante encontra-se em Sb 9,2-3: quem fala se abre para a necessidade de receber a sabedoria, a fim de que o agir seja condizente com a grandeza humana (Sb 9,4-11).

Os seres humanos estão distribuídos em dois grupos: pequenos (crianças e lactantes) e soberbos (adversários: inimigo e vingador). Boca, olhos (*vejo*), dedos, mãos e pés expressam o simbolismo somático do ser humano e o simbolismo antropomórfico dado ao Criador.

As criaturas citadas (estrelas, animais miúdos e graúdos, feras do campo, pássaros e peixes) estão distribuídas de acordo com o simbolismo abrangente do local que povoam: céus, terra e mar. Evoca-se a mesma relação existente em Gn 1,1–2,4a, pela qual o ser humano pode descobrir a sua identidade e missão como "governador" de toda a criação.

---

[14] Sobre a reação de Jó e de seus conhecimentos diante experiência de Deus, veja-se: FERNANDES, Jó 42,5: "Deus deixa-se experimentar", pp. 336-349.

A estrutura é facilmente percebida:[15] início e fim expressos por uma visão maravilhada (v. 2.10: מָה־אַדִּיר). Quem reza se assemelha aos pequenos e indefesos diante de certos antagonistas (v. 2-3);[16] seguem-se a contemplação do céu estrelado, da terra e do mar habitados (v. 4-5), e a comparação com o ser humano (v. 6-9); a conclusão retoma (v. 10), fazendo uma moldura (v. 2), a afirmação de quem reconhece a majestade do Nome de YHWH. Esta se estende por toda a terra. O orante se distingue pela dimensão comunitária da sua fé quando a professa: YHWH *nosso Senhor*.[17] Assim, os v. 2.10 agem como refrão, abrindo e fechando o conteúdo descrito, dando ao hino de louvor uma estrutura simétrica e produzindo uma inclusão.

Usando o discurso direto, o orante atesta que o personagem central e o destinatário do seu louvor é YHWH. Essa afirmação é confirmada pelos sufixos pronominais e pelos verbos na segunda pessoa do masculino singular. O orante aparece em primeira pessoa na fala de quem constata: *quando vejo* (v. 4); é ele, porém, quem eleva o hino a YHWH em nome de todos os que partilham e vivem da mesma fé; por isso diz: *nosso senhor* (v. 2.10). Acentua-se, portanto, que a fé do orante tem origem comunitária e para ela serve de eco.

Dentre os seres citados, nota-se, porém, a ausência de referência ao *sol*, grande astro que foi criado para reger o dia (Gn 1,14-19), e acentua-se a visão noturna, pela qual faz nascer a questão sobre a pequenez do ser humano em face da grandeza do cosmo: *Que é o ser humano...?* Em confronto com ele, as criaturas, apesar de grandes e em maior proporção, ficam-lhe abaixo, devido à

---

[15] Vários exemplos de estruturação são oferecidos por MARÉ, The Messianic Interpretation of Psalm 8:4-6 in Hebrews 2:6-9 [Part I], pp. 100-101.
[16] Os v. 2c-3 parecem ter sido introduzidos posteriormente e criam, de certo modo, uma cesura, pois pela sequência dos v. 2ab-4-10 o sentido flui perfeitamente. É comum, por isso, separar o terceiro verso do v. 2 e colocá-lo com o v. 3, a fim de criar, de forma mais clara, a moldura com o v. 10 (BORTOLINI, *Conhecer e rezar os Salmos*, pp. 45-46).
[17] REITERER, שֵׁם, p. 132.

honra que ele recebeu do Criador. Essa honra aproxima o v. 6-7 do salmo a Gn 1,26-27.

Não há, por certo, como estabelecer o *Sitz im leben* pelo nível de dependência literária e cronológica do Salmo 8 com Gn 1,26-28. Há em comum entre os dois textos a ênfase em YHWH Criador admirável, e o ser humano sublime criatura, como sendo a única capaz de reconhecer e confessar a presença e a ação infinitas do seu Deus providente.[18] Igualmente, há entre os dois textos elementos que visam mostrar que a divindade de Israel não se confunde com nenhuma criatura. Nesse sentido, os dois textos são bem apropriados para o uso litúrgico.[19]

Com isso, o orante engrandece YHWH, exaltando o ser humano, isto é, reconhecendo que ele, sendo imagem e semelhança do seu Criador, criado com uma intenção particular, torna-se o critério para estabelecer as relações com o restante da criação. O que se diz sobre o ser Absoluto depende do que se diz sobre o ser relativo, e o que de grande pode ser atribuído ao ser relativo, depende da grandeza do que é atributo próprio da natureza do ser Absoluto. Assim, o orante evidencia e chama a atenção para o fato de que a identidade de YHWH estabelece a identidade do gênero humano, que é na glória de YHWH que o gênero humano encontra a sua glória.

Comentário aos versículos

v. 1: *Ao mestre do coro. Sobre o instrumento guitit. Salmo de Davi.*

---

[18] O orante manifesta, através de um hino, a sua gratidão pela justiça divina, que tem por base a teologia oficial jerosolimita, de acordo com Gn 1,26-28 (SEYBOLD, *Poetica dei Salmi*, pp. 303-304.311).
[19] RAVASI, *Il libro dei Salmi*, p. 191; MARÉ, The Messianic Interpretation of Psalm 8:4-6 in Hebrews 2:6-9, p. 100.

Não existe um consenso entre os estudiosos sobre o sentido de *gittîti*, que poderia ser: a cítara ou um instrumento específico da cidade filisteia de Gat; um tipo de melodia; uma forma de festa religiosa associada à cidade; o "ar" de Gat; ou "a prensa", um instrumento que se usava durante a vindima. A questão continua aberta, e o sentido do termo ainda é desconhecido.[20]

v. 2-3: *YHWH, nosso senhor, como é admirável o teu nome sobre toda a terra! Declara, pois, a tua majestade sobre os céus! Pela boca das crianças e dos que mamam fundaste um baluarte por causa dos teus adversários, para bloquear o inimigo e o que se vinga.*

"YHWH, *nosso senhor*" (יְהוָה אֲדֹנֵינוּ) não é uma locução usual na Bíblia Hebraica, mas evoca a autoridade, a soberania e o sentido de total pertença do povo eleito a YHWH (Ex 34,23; Js 3,13; Is 1,24). Essa locução ocorre duas vezes neste salmo, respectivamente na abertura e na conclusão (v. 2.10). Ocorre ainda em Ne 10,30 no contexto dos que assumiram, por escrito, o empenho de se separar dos "povos da terra" para caminhar segundo a Lei de Deus transmitida por Moisés.[21]

Ao se dizer *como é admirável o teu nome sobre toda a terra* (מָה־אַדִּיר שִׁמְךָ), evoca-se a profunda relação que existe entre o adjetivo masculino singular (אַדִּיר), que expressa excelência, majestade, grandeza, eminência, e a sublimidade do nome YHWH. Nota-se que esta proclamação explicita o sentido para a locução "YHWH, *nosso Deus*", porque poder e esplendor são características do mundo divino. No nome YHWH, Deus de Israel, está o seu ser e a sua dimensão pessoal. O orante compreendeu que YHWH se fez conhecido por suas obras e por sua presença na

---

[20] MARÉ, The Messianic Interpretation of Psalm 8:4-6 in Hebrews 2:6-9, pp. 103-104.
[21] יהוה e אדני estão em paralelismo em muitos textos e aparecem um ao lado do outro. O uso de אדני para יהוה é antigo e, por isso, tornou-se regra para a leitura do tetragrama sagrado (EISSFELDT, אָדוֹן, pp. 61-78).

criação. Desta feita, YHWH reside no templo, mas se encontra em tudo que existe nos céus, na terra e nos mares. Se o Ser de YHWH encontra-se em todas as suas obras, então, as criaturas, em particular o ser humano, revelam a sua glória.

O poder majestoso de YHWH foi experimentado pelo povo eleito sobre a terra de modo singular na libertação do Egito, pela qual o seu Nome foi exaltado em santidade, pois se demonstrou superior ao Faraó e às suas divindades (Ex 15,1-18).[22] O Salmo 93,4 proclama a grandeza de YHWH sobre a impetuosidade das águas torrenciais e as ressacas do mar. YHWH é majestoso porque é insuperável. O orante, ao proclamar o quanto o nome de YHWH é admirável, reconhece que nenhuma das forças conhecidas na terra ou nos céus consegue ser superior ao Deus do seu povo.

O orante eleva, ainda mais, a proclamação precedente ao dizer: *pois declara a tua majestade sobre os céus* (אֲשֶׁר תְּנָה הוֹדְךָ עַל־הַשָּׁמָיִם). O substantivo הוֹד refere-se ao esplendor físico do ser humano (Pr 5,9; Dn 10,8), ou ao vigor de um cavalo no campo de batalha no dia da visitação divina (Zc 10,3). הוֹד significa, então, uma beleza esplendorosa e uma formosura sem iguais, isto é, uma excelência sublime e gloriosa. Isso foi desejado para o rei eleito (Sl 21,6).

O esplendor aplicado a YHWH manifesta seu senhorio na criação e na história. Neste contexto, a afirmação serve de paralelo ao que foi expresso sobre o nome de YHWH na terra. Por isso, seu nome deve ser reconhecido por todos na terra e nos céus (Sl 148,13).[23] Percebe-se a vontade do orante associar o que de YHWH se conhece na terra, pelo que Ele fez e faz, com o que d'Ele se reflete nos céus. As duas grandezas, terra e céus, com seu poder e glória, servem ao orante para exaltar o senhorio universal de YHWH na horizontal e na vertical.

Ao mesmo tempo em que exalta a grandeza e o esplendor de YHWH, o orante evoca a imagem das crianças de colo, dos que ainda não possuem "fundamentos" e dependem do leite materno

---

[22] EISSFELDT, אַדִּיר, pp. 78-80.
[23] WARMUTH, הוֹד, pp. 376-380.

para viver.²⁴ Acentuam-se o poder de YHWH e a contradição sobre os que são considerados estáveis, poderosos e opressores. É possível que o orante estivesse manifestando a sua esperança, sob forma de metáfora, em um descendente da monarquia (seria o menino anunciado em Is 7,14-15 e 9,5-6?) ou sobre um feito monárquico, sinal de esperança diante de uma situação de domínio e opressão.²⁵

YHWH lança um forte fundamento (וְיִסַּדְתָּ עֹז), isto é, estabelece uma oposição entre o que é tido frágil, com os quais Ele está, e o que é tido forte, contra os quais Ele se opõe.²⁶ YHWH, portanto, edifica a sua força não sobre uma estrutura de poder, considerada humanamente estável, mas sim sobre os que, ainda dependentes, representam uma esperança para o povo.²⁷

---

[24] GRENZER, em estudo deste mesmo livro (Como uma criança amamentada sobre sua mãe), afirma: "Aliás, impressiona como uma criancinha, em princípio, exige apenas a satisfação das necessidades básicas: alimentação, higiene e carinho. Por mais que os bebês e os que mamam revelem, com seus gritos, a força enorme de sua boca (Sl 8,3), uma vez atendidas e bem cuidadas, o insistente grito cede lugar à mais profunda paz. Quer dizer: somente exigindo o básico e sentindo-se feliz após ter conseguido o que precisa para continuar a vida, a criancinha dá uma profunda lição de contentamento e vida ao adulto".

[25] Há quem tente estabelecer, nesta linha, uma ligação do Salmo 8 com Is 26,1-6 e Mt 21,9. O contraste fica entre a ação de YHWH, que funda um baluarte e garante a segurança, e as iniciativas humanas de se proteger diante dos inimigos, como foi o caso das providências tomadas por Ezequias contra os Assírios e, nos tempos de Jesus, com relação ao "dogma" da inexpugnabilidade de Jerusalém (THOMPSON, From the mouth of babes, strength: Psalm 8 and the Book of Isaiah, pp. 226-245).

[26] Seria possível, metaforicamente, interpretar *as crianças e os que mamam* como símbolo de pessoas que possuem uma fé simples, mas capaz de confundir a sabedoria dos que se consideram sábios e doutos neste mundo (Mt 11,25-27; Lc 10,21-22). Por certo, o grito de crianças de colo provoca as mais diversas reações nos adultos. Ao lado disso, fazer delas um sinal da força de YHWH implica uma ação que convulsiona a história (Gn 21,16-17; Ex 1,15-22).

[27] MOSIS, יָסַד, pp. 669-682.

Os adversários não são identificados, mas anuncia-se que o seu poder se curva diante do "grito" das crianças de colo. A ação dos malvados conhece limites e é neutralizada pela ação de YHWH. Por isso, a imagem dos bebês serve para o orante mostrar que YHWH age usando o que é frágil *para bloquear o inimigo e o que se vinga* (וּמִתְנַקֵּם). A vingança está na base do primeiro assassinato e tornou-se o temor desmedido dos descendentes de Caim (Gn 4,15.24). A *lei do talião* surgiu para equilibrar essa ação desmedida pela qual uma criança indefesa perdia a sua vida por uma contusão. Os bebês tornam-se uma expressão da força vingadora de YHWH contra os seus inimigos. Contudo, a vingança de YHWH, contra os pecados do seu povo, não retira dele a sua capacidade de ser indulgente (Sl 99,8).[28]

Segundo a mitologia mesopotâmica, o universo foi criado como fruto de um confronto entre a divindade suprema e as divindades inferiores, monstros responsáveis pelo caos (o mar, o dragão, o leviatã, Rahab, o Tannin), que se opunham à ordem cósmica e à vida.[29] É uma luta primordial, e o Antigo Testamento conservou alguns traços (Jó 40–41; Sl 74,13-14; 89,10-11; Is 51,9).

Na mitologia cananeia, essa crença também existia. Baal, termo que significa "senhor", "patrão", "dominador" ou "esposo", era uma divindade suprema, que venceu os seus adversários: "o Mar" (*yam*) e "a Morte" (*mot*). O primeiro foi derrotado por um golpe na cabeça, mas, todos os anos, "o Mar" renascia da "Morte" e recuperava a vida graças ao amor de Anat, sua amante-irmã.[30]

Existem contatos, também, com o pensamento egípcio, que aceitava o monarca como representante da divindade criadora,

---

[28] LIPINSKI, נָקַם, pp. 602-612.
[29] ALONSO SCHÖKEL; CARNITI, *Salmos I*, p. 198; RAVASI, *Il libro dei Salmi*, p. 196; SMITH, Psalm 8:2b-3: New Proposals for Old Problems, pp. 639-640; THOMPSON, From the mouth of babes, strength: Psalm 8 and the Book of Isaiah, pp. 229-231; VILLIERS, Reflections on Creation and Humankind in Psalm 8, the Septuagint and Hebrews, pp. 71-74.
[30] De MOOR, בַּעַל, p. 1707; sobre o culto do Antigo Testamento, pp. 1711-1716.

cuja missão era evitar o caos e manter a ordem cósmica. Antes da unificação do poder no Egito, cada centro religioso possuía a sua divindade criadora e seus mitos criadores. Uma mentalidade central na religiosidade egípcia era a crença em *ma'at*, uma divindade feminina, representante da ordem, da verdade e da justiça, que permeava os céus e a terra. Ela era quem mantinha a estabilidade cósmica. O Faraó era considerado o instrumento humano para que a *ma'at* exercesse o seu domínio em todos os níveis e afazeres humanos da política do estado.[31]

Para o orante, YHWH não se compara às divindades mesopotâmicas, cananeias (Os 2,18), ou egípcias.[32] Ele até possui adversários, mas triunfa sobre todos eles. YHWH é o único ser divino e criador; o ser humano não é divino, mas possui um lugar privilegiado na ordem da criação. O uso do tetragrama sagrado traz consigo toda a sacramentalidade e a superioridade do Deus de Israel. Assim, a força que YHWH concede aos *bebês* e *aos que mamam* é suficiente para mostrar que Ele não se sente ameaçado por seus rivais. Não é raro perceber o quanto os audaciosos projetos humanos esbarram na pureza dos sentimentos dos pequeninos e até sucumbem diante da insistência do seu choro.[33]

Na história religiosa de Israel, vários exemplos concretizam esses inimigos. Um exemplo pode ser evocado. No livro do Êxodo, o bebê Moisés, flutuando sobre as águas, graças ao cesto calafetado pela mãe, vence as águas do Nilo, símbolo da força do

---

[31] As principais divindades egípcias eram Ísis, Osíris, Set e Hórus. Set era malvado, matou seu irmão Osíris e espalhou as partes de seu corpo por todo o Egito. Ísis, irmã e esposa de Osíris, reuniu as partes do seu corpo, menos a sua genitália. Por habilidades mágicas, Ísis cria um pênis de ouro e engravida de seu falecido marido. Osíris revive como senhor do submundo, e Hórus, filho dessa misteriosa união, reencarna-se em cada novo Faraó que sobe ao trono. Explicava-se, dessa forma, a origem divina de cada Faraó (VILLIERS, Reflections on Creation and Humankind in Psalm 8, the Septuagint and Hebrews, pp. 74-76).

[32] RAVASI, *Il libro dei Salmi*, p. 181.

[33] WEISER, *Os Salmos*, pp. 98-99; F. CRÜSEMANN, Die Macht der kleinen kinder. Ein Versuch, Psalm 8,2b.3 zu verstehen, pp. 165-174.

Egito. No momento em que é recolhido pela filha do Faraó (representante da divindade), que por ele se encanta, foi salvo das águas (Ex 2,1-6.10). Com isso, a sentença de morte decretada é vencida (Ex 1,15-22), e o bebê Moisés pode regressar aos braços da mãe que o amamentou (Ex 2,7-9). Depois disso, ele habitou o palácio e tornou-se o mediador e o líder libertador do povo oprimido. Por meio de Moisés, YHWH se revelou ao seu povo e mostrou ao Faraó e ao Egito o seu poder e a sua força libertadora.

A insubmissão apresentada tem a ver não com as divindades, que já perderam a sua qualificação, mas sim com seres humanos hostis e rebeldes, que atentam contra a vida dos inocentes, presumindo da presença e da ação de YHWH. Assim, pode-se dizer: o ser humano é capaz de atos de justiça quando reconhece o seu Criador, mas fica vulnerável e destoa do plano original quando se torna injusto, praticando todo tipo de maldades, ferindo e distanciando-se do bem, da justiça e da verdade.

v. 4-5: *Quando vejo teus céus, obra de teus dedos, lua e estrelas que fixaste; que é o ser humano, para que dele te recordes, e um filho de Adão, para que o visites?*

Quando vejo ou *porque vejo* (כִּי־אֶרְאֶה) denota a percepção fundamental do ser humano ao lado do ouvir (שָׁמַע). Ver, ouvir e obedecer geram um novo agir (Dt 4,1-2; 5,1; 6,4-6). As obras criadas por YHWH denotam a capacidade do artista de transformar o material bruto em obra de arte. Em linguagem antropomórfica, YHWH é um escultor. Pela experiência física do ver, pela qual se iniciam as descobertas da realidade visível, o orante consegue ver além e vai ao mais profundo do que existe diante de si tanto na vertical como na horizontal. Para admirar e contemplar a natureza, é preciso ter uma ideia de Deus, mas para experimentá-Lo na criação é preciso ter um olhar maravilhado, que consegue ver além das aparências físicas, ou consegue fazer delas a lente de aumento para enxergar a grandeza do Criador.[34]

A experiência do ver é feita como totalidade e, nela, a sensação e a percepção se fundem em uma unidade empírica do

---

[34] GRÜN, *Se quiser experimentar Deus*, p. 220.

transcendente e do imanente. Esse *ver* é a capacidade de encontrar e experimentar YHWH em suas obras celestes, mas, em particular, no *ser humano* ou *filho de Adão*, sua obra-prima. Pela sua atenção, o orante discerne, reflete e se encontra diante dessa certeza. Essa experiência faz parte de um processo particular que conduz à interrogação a respeito do que consegue reconhecer de modo consciente.[35]

O que o orante vê e o que interroga se fundem em um nível de conhecimento para além da percepção visual. Isso fica devidamente marcado pela orientação rumo a YHWH presente nos termos com sufixo de segunda do masculino singular: *teus céus* (שָׁמֶיךָ), *teus dedos* (אֶצְבְּעֹתֶיךָ), e nos verbos na segunda do masculino singular: *fixaste* (כּוֹנָנְתָּה), *te lembres* (תִּזְכְּרֶנּוּ) e *visites* (תִּפְקְדֶנּוּ). São ações que o orante não somente atribui, mas reconhece presentes em YHWH.

Ser humano (אֱנוֹשׁ) e *filho de Adão* (וּבֶן־אָדָם) estão em paralelismo e são expressões recorrentes no Antigo Testamento, pois testemunham a fragilidade humana. אֱנוֹשׁ é um ser mortal. Nome que foi dado ao filho de Set e neto, por assim dizer, de Adão e de Eva. É alguém sujeito, pela condição humana de pecado, à fragilidade e à fraqueza (אֱנַשׁ Jó 7,17; Sl 90,3). Com isso, o orante deseja mostrar que YHWH, à diferença do ser humano, quando fala, faz. Marca-se a distância entre Criador e criatura, entre fidelidade e infidelidade.[36]

Apesar dessa distância, o ser humano não foi criado, como nas cosmogonias da Mesopotâmia, para ser expressão das necessidades dos deuses, mas para ser, junto ao Criador, o interlocutor da criação. Assim, fica evidente que, para a tradição do Antigo Israel, o gênero humano chega ao conhecimento de si mesmo pelo conhecimento do seu Deus. Há uma íntima relação entre a

---

[35] FUHS, רָאָה, pp. 225-267.
[36] MAASS, אֱנוֹשׁ, pp. 373-375.

revelação de Deus e a compreensão que o gênero humano possui de sua própria existência.[37]

Ao lado de אֱנוֹשׁ, a locução בֶּן־אָדָם é usada pela primeira vez em Nm 23,19 com a intenção de deixar clara a diferença entre Deus e o ser humano (Dn 7,13 traz uma locução em aramaico bem próxima בַּר אֱנָשׁ; no saltério e no livro de Ezequiel encontra-se o maior número de ocorrências.). Nessa diferença, porém, reside um particular: o *filho do homem* é a criatura sobre a qual YHWH volta, continuamente, a sua face para conceder justiça, misericórdia e compaixão. É com ele que YHWH dialoga e entra em comunhão. É no mistério de YHWH que o *filho do homem* pode perceber a grandeza do seu ser e da sua liberdade. Ao mesmo tempo em que a locução marca a consciência da distância, marca, também, a consciência da responsabilidade do ser humano em relação ao seu semelhante e, em particular, a sua dependência do seu Criador.[38]

Uma noite luminosa, esplêndida e grandiosa, se descortina ante os olhos atentos do orante, que, extasiado e inquieto, emite uma correta pergunta, querendo interpelar YHWH: *que é o ser humano para que dele te lembres; um filho do homem para que dele cuides?*[39] Ou, em outras palavras, por que, YHWH, esta criatura, que sou eu, tão efêmera e fraca, foi elevada a uma condição e dignidade tão sublimes?[40] O ponto de partida do que é dito nesses versículos advém da constatação diante da realidade que retrata a imensidade e a fidelidade sem medidas de YHWH.

---

[37] MARÉ, The Messianic Interpretation of Psalm 8:4-6 in Hebrews 2:6-9, p. 108.
[38] MAASS, אָדָם, pp. 81-94.
[39] A LXX, ao traduzir אֱנוֹשׁ e a locução בֶּן־אָדָם apenas por ἄνθρωπος, perdeu o paralelismo sinonímico do texto hebraico. Com isso, optou por simplificar ou, por razões teológicas, não quis dar ao texto uma conotação messiânica (VILLIERS, Reflections on Creation and Humankind in Psalm 8, the Septuagint and Hebrews, p. 78).
[40] A mesma questão encontra-se em Jó 7,17-18. O sentido, porém, não é o mesmo. Jó sente-se vigiado e questiona sobre a grandeza do ser humano fadado ao sofrimento sem razões claras.

No decorrer do Saltério, essa mesma pergunta receberá várias respostas, principalmente através da manifestação dos sentimentos que o orante, em cada salmo, demonstra ter diante das mais diversas situações e circunstâncias. Isso é feito, principalmente, porque a morte ronda o ser humano de diversas maneiras e o afeta em sua instabilidade enquanto criatura.

O Salmo 90,1-3 atesta o contraste entre a grandeza divina e a pequenez humana: "Adonay, tu tens sido nosso refúgio de geração em geração. Antes que as montanhas fossem geradas e nascessem a terra e o orbe, desde sempre e para sempre tu és Deus. Fazes o ser humano retornar ao pó e dizes: 'Voltai, filhos de Adão!'". Todavia, a força reside na certeza que o orante tem: YHWH não abandona o ser humano em nenhuma circunstância de sua existência.

O Antigo Testamento atesta que o israelita devia transcorrer a sua existência lembrando-se dos feitos de YHWH (Dt 8,18-19; Is 63,7), mas é inovador dizer que YHWH é quem se lembra do ser humano. Algo próximo encontra-se em Jeremias, em um texto no qual YHWH diz que se recorda de quando Israel era-lhe fiel e não andava atrás dos ídolos (Jr 2,2). O mesmo Jeremias pede que YHWH dele se lembre pelos sofrimentos que suporta por sua causa (Jr 15,15). Jonas, na sua aflição mortal, também se lembra de YHWH (Jn 2,8). Sansão, em seu último ato heroico, pede a YHWH que dele se recorde, a fim de que tenha força para se vingar dos inimigos filisteus (Jz 16,28). O rei Ezequias, na sua aflição devido a uma doença mortal, eleva uma prece, pedindo que YHWH se recorde da retidão e da fidelidade com as quais procurou agradar-lhe em sua conduta (2Rs 20,3; Is 38,3). Além disso, afirma-se que YHWH não é igual aos ídolos sem memória, pois se faz presente, manifesta-se favorável e socorre quem o busca, porque se lembra do seu povo (Sl 115,12). O convite a se recordar de YHWH, de seu nome e de seus grandes feitos, recorre como um forte motivo teológico no saltério (Sl 63,7; 77,4.12; 105,5; 119,55; 135,13).

YHWH não somente se lembra do ser humano, mas o visita, isto é, vem a ele com cuidados, mostra-lhe a sua solicitude diante das suas necessidades. O verbo פָּקַד (*pāqad*), quando YHWH é o sujeito da ação, atesta uma verificação atenta da realidade e com ela subjaz uma sentença jurídica. Pode assumir, também, o sentido de *castigar-castigo* (Is 26,16; Jr 10,15; 23,2), uma vez que esta visita possui um propósito muito específico e determinado: um ajuste de contas. YHWH visita no sentido de inspecionar, pondo às claras os delitos humanos, a fim de gerar uma mudança no meio do seu povo ou, mais especificamente, o de eliminar, se for necessário, os insubordinados por terem se tornado impiedosos e indiferentes em suas atitudes para com Ele e o próximo (Sl 8,2-3).[41]

v. 6-9: *Fizeste-o pouco menos do que deuses, de glória e de esplendor o coroaste, deste-lhe o governo sobre as obras de tuas mãos, tudo colocaste sob os pés dele; ovelhas e bois, todos eles, e também as feras do campo; os pássaros dos céus e os peixes do mar, tudo quanto percorre as rotas marinhas.*

Fizeste-o pouco menos (וַתְּחַסְּרֵהוּ) é a tradução para o verbo חָסֵר no intensivo (*piel*), que significa privar, carecer ou fazer menor, seguido do adjetivo masculino singular: *pouco* (מְעַט). De forma legítima se pergunta: o que falta ao ser humano em relação aos *deuses* ou *seres angélicos* (אֱלֹהִים)?[42] Arriscar uma resposta pode não ser a melhor opção, pois o orante não diz o motivo de o ser humano ter sido feito pouco menos do que eles. Em contrapartida, a glória, com a qual YHWH coroou o ser humano,

---

[41] ANDRÉ, פָּקַד, pp. 706-707.
[42] Não vejo uma referência direta à idolatria. Caso *'elohîm* seja entendido, como interpretou São Jerônimo, seria uma classificação de posição explícita do ser humano em relação a Deus, uma afirmação clara quanto à distinção entre a natureza da criatura e a do Criador (FABRY, חָסֵר, pp. 98-99; ALONSO SCHÖKEL; CARNITI, *Salmos I*, p. 198). Sl 29,1 e Jó 38,7 trazem a locução *benê 'elohîm*, que foi também interpretada como criaturas angélicas (Sl 86,8; 97,9). Se o termo *'elohîm* (v. 6a) fosse outro elemento pessoal no texto, isso perturbaria a tríplice relação.

contrasta com o fato de ele ser frágil e efêmero. A carência, além disso, torna-se orientação ou aptidão para algo ainda não recebido ou alcançado. Isso permite pensar em uma série de capacidades que podem ser desenvolvidas, denotando a sua inteligência e sabedoria para ordenar as coisas à sua volta.

O ser humano encontra-se abaixo dos *deuses* e não pode contemplar o seu Criador face a face, mas pode reconhecê-lo na beleza e magnificência da criação. Age como sábio e vence a insensatez quando admite que na criação o ser humano é abraçado pelo Criador. Por isso, e em contrapartida, o orante apresenta a grandeza do ser humano: é um ser revestido de *glória e esplendor* (וְכָבוֹד וְהָדָר), isto é, portador de uma honra específica que o faz majestoso como o seu Criador. A glória de YHWH só YHWH suporta, mas o ser humano, por ser *imago Dei*, possui a glória da predileção divina estampada em sua face e brilhante em suas capacidades sensitivas e intelectivas.[43]

A inferioridade é rebatida, de novo, com a afirmação *deste-lhe o governo sobre as obras de tuas mãos*. O verbo מָשַׁל, no *hifil*, tem YHWH por sujeito, pois é quem tem o domínio sobre tudo o que existe.[44] Assim como o *grande astro* governa o dia e o *pequeno astro* governa a noite (Gn 1,18), o ser humano recebeu a tarefa de governar com sabedoria as obras que saíram das mãos de YHWH. De algum modo, YHWH quer que o ser humano seja a máxima proverbial de toda a criação.[45] Dessa acepção passa-se, facilmente, para a compreensão do *messias-rei* como sábio e máximo representante de YHWH em Israel.

A superioridade do ser humano acontece quando ele age como embaixador, isto é, de acordo com o que é por natureza: *está abaixo de* YHWH, *mas acima das obras de suas mãos: ovelhas e bois,*

---

[43] FABRY, חָסֵר, pp. 89-99.
[44] Toda soberania humana está orientada para YHWH e somente n'Ele os seres humanos podem recebê-la e exercê-la de forma válida (GROSS, מָשַׁל II, pp.73-78).
[45] Sobre a terra não existe outra criatura com a qual o ser humano possa ser comparado ou que a ele se assemelhe (BEYSE, מָשַׁל I, pp. 69-73).

as feras do campo, os pássaros dos céus e os peixes do mar, tudo quanto percorre as rotas marinhas. O ser humano não domina os *astros*, mas pode se orientar por eles, principalmente para uso agrícola.

Se o salmo tem afinidades com a vida no campo, o orante torna-se representante de todos os que amam, respeitam e fazem o solo produzir.[46] Talvez, ao lado dessa base, esteja o conhecimento ou a interpretação de catástrofes: de terra fértil e cultivável, graças ao sistema de irrigação implantado pelos sumérios, passou-se a um deserto inóspito, visto que houve a indevida exploração do solo e de seus recursos de forma desmedida.[47]

Em um contexto de idolatria ou de culto aos astros, fica patente que o orante, ao proclamar a soberania do Nome de YHWH[48] e ao indagar sobre a grandeza do ser humano diante da criação, manifesta que o ser humano comete injustiça se atribuir a algum elemento da natureza a glória devida somente ao Criador. Isso ele tem por certo, mas, estando no meio de um povo que convive com realidades divinas — um panteão formado por diferentes divindades inferiores (Sl 86,8; 97,7; 136,2) —, o orante recoloca a posição do ser humano abaixo do que poderia ser considerado o senado de YHWH, Deus dos deuses (Dt 10,17; Dn 2,47).

A expressão *Senhor dos Exércitos* (יְהוָה צְבָאוֹת) ocorre mais de duzentas e trinta vezes na Bíblia Hebraica e refere-se à majestade e ao domínio de YHWH sobre o exército celeste, considerado

---

[46] Essa nossa posição encontra oposição na leitura que se faz do Salmo 8 em chave monárquica, sustentando que no v. 6 estaria um simbolismo régio, base provável para dizer que o ser humano estaria acima de todos os animais e, de algum modo, justificaria o título atribuído ao rei Davi (RAVASI, *Il libro dei Salmi*, p. 198).

[47] Sobre o clima, o meio ambiente e as modificações que ocorreram na Meia-Lua do Crescente Fértil, veja-se ROAF, *Mesopotamia y el antiguo Medio Oriente*, pp. 16-25.

[48] A referência ao *Nome* divino, para além da revelação feita a Moisés, serve para criar o ambiente apto a dar ao ser humano a possibilidade de celebrar o *Ser* de quem todos os *seres* recebem existência. Esse pensamento se completa no Salmo 72,19: "Bendito seja o nome de sua glória para sempre, e plena de glória está toda a terra. Amém! Amém!".

divino na cultura mesopotâmica e egípcia. O Salmo 82,1 atesta que Deus se levanta na assembleia divina e julga entre os deuses que são, de acordo com a fé de Israel, uma espécie de corte celeste. Essa ideia também aparece no início do livro de Jó, ao colocar Satanás em diálogo com Deus (Jó 1,6–2,7). É uma possível razão para o termo *'elohîm* do Salmo 8 ter sido traduzido na LXX por *angelos*. Israel, nesse sentido, deu um passo importante na fé ao vencer a idolatria e a concepção panteísta que dominava o Egito e a Mesopotâmia.

A "voz" da criação encontra-se nos lábios do seu representante. Assim, o confronto passa, então, do nível entre o ser humano e a criação para o nível do ser humano em confronto com o Criador. A desmedida se acentua quando se constata a infidelidade do primeiro diante da fidelidade do segundo. Essa desmedida é vencida não por alguma virtude do ser humano, mas porque sobre ele recai a atenção e os cuidados de YHWH, que não o abandona quando se perde no erro.

Apesar de feito do pó da terra (הָאֲדָמָה Gn 2,7), o *filho de Adão* (בֶּן־אָדָם) tem a sua dignidade exaltada, ao ser comparado à corte celeste, isto é, quase divino, mas, principalmente, por ter sido criado à imagem e semelhança do seu Criador (Eclo 16,24–17,16; Sb 2,23). Encontra-se acima da corte celeste, pois recebeu o encargo de "dominar" os seres da terra. Nota-se que, a exemplo do que acontece no primeiro relato da criação, o domínio do ser humano sobre as demais criaturas aparece após a referência do plural majestático presente em Gn 1,26: "Façamos Adão como nossa imagem, como nossa semelhança, e dominem o peixe do mar e o volátil dos céus e a fera e toda a terra e todo o réptil que rasteja sobre a terra".[49]

---

[49] Sabe-se, por experiência, que o ser humano não conseguiu ainda o domínio sobre todas as espécies de animais, e não é essa a intenção primária do autor do Salmo 8, porque o domínio não se encontra no mesmo patamar da domesticação. Para uma discussão sobre a lista dos animais citados no Salmo 8 em relação a Gn 1,26-28, veja-se WHITEKETTLE, Taming the Shrew, Shrike, and Shrimp: The Form and Function of Zoological Classification in Psalm 8, pp. 749-795.

Esse domínio, porém, apesar de ser expresso com o sentido de submissão, não pode, em hipótese alguma, ser interpretado como se YHWH estivesse dando ao ser humano a autorização para desfrutar da criação de forma indiscriminada. Desfrutar apareceria como sinônimo de agredir e de depredar o mundo criado. Pelo contrário, o ser humano deve aprender a dominar no sentido de organizar e de preservar a terra que lhe foi dada como ambiente vital.[50]

O v. 10 encerra o salmo com a mesma declaração da primeira parte do v. 2. Fica marcado, então, que o conteúdo desenvolvido está na dependência da sublimidade do nome de YHWH.

Dimensão cosmológica

A situação atual em que o planeta terra se encontra requer a mobilização de diversos seguimentos humanos em prol de uma profunda mudança de comportamento, a fim de que interesses pessoais não continuem sendo feitos acima do bem comum, gerando todo tipo de injustiças sociais e ambientais.[51] O cuidado com o planeta tornou-se uma exigência fundamental e passou a fazer parte de encontros internacionais em foros políticos e acadêmicos, dedicados ao debate sobre as sérias e pertinentes questões

---

[50] Defendemos a hipótese de que o sentido do verbo "dominar" ou "submeter", em Gn 1,28, tem a ver com a condição dos filhos de Israel exilados na Babilônia. Estes resistiriam à dura situação, preservariam a sua raça e a sua cultura, se não deixassem de se casar e de procriar em terra estrangeira. Com isso, dominariam a "terra" pela proliferação dos filhos e filhas; "conseguiriam *submeter* a Babilônia e *não ser submetidos* por ela" (FERNANDES, Teologia, Antropologia e Ecologia em Gn 1,1–2,4a, 27-46). Algo parecido, em relação aos mulçumanos e chineses que estão em vertiginoso crescimento, dominando a terra pela explosão demográfica em contínua "exportação" de pessoas, cultura e imposição econômica, respectivamente, pelo petróleo e pelo comércio.

[51] Nesse sentido, é valioso o artigo de JUNGES, Ética Ecológica: Antropocentrismo ou Biocentrismo?, pp. 33-66.

ecológicas, visando a uma maior conscientização e à busca por soluções.[52]

Todo ser humano, comprometido com a vida, deve se unir e se envolver nas questões ecológicas, sobretudo quem acredita na existência de Deus e o aceita como Criador, que está sempre agindo e interagindo com a sua criação.[53] Essa ação não é externa ou arbitrária, mas interna, pois continua o processo de organização de tudo o que existe, sem nada tirar da autonomia que foi dada às criaturas, em particular ao ser humano, e sem interferir nas leis evolutivas que nelas se encontram e atuam.[54]

Professar a fé no Deus Criador, então, não é um ato subjetivo apenas, mas demanda ações concretas a favor da vida humana, do nosso planeta e de todos os seres vivos que nele surgiram, desenvolveram-se e continuam evoluindo ao longo dos tempos.[55]

A nobreza da criação, evocada nesse salmo, ressoa como uma interpelação necessária. Escutar e rezar com esse salmo dinamiza a fé dos que acreditam, como o orante, que a vida e o seu ambiente são dons do Criador à sua amada criatura (Gn 1,29-30; Sl 104,14-15). Ao colocar a centralidade no ser humano, não se está defendendo um retorno ao nefasto antropomorfismo, mas, acima de tudo, chamando o ser humano ao reconhecimento da

---

[52] O Rio de Janeiro sediou duas Conferências das Nações Unidas para o desenvolvimento sustentável: a Eco 92 e a Rio + 20. Sobre várias abordagens ligadas ao tema socioambiental, veja-se SIQUEIRA, *Reflexões sobre a sustentabilidade socioambiental* (edição bilíngue, português-inglês).

[53] O interesse ecológico e socioambiental já há algum tempo está também presente nas ações da CNBB e tem sido tema de Campanhas da Fraternidade: "Preserve o que é de todos" (1979); "Amazônia e Fraternidade" (2007); "Fraternidade e Vida no Planeta" (2011).

[54] GARCIA RUBIO, A Teologia da criação desafiada pela visão evolucionista da vida e do cosmo, p. 35.

[55] O teólogo, por vocação, com o seu saber próprio, não pode ficar alheio à cosmovisão científica, mas deve conhecer os critérios e os argumentos que estão na base da visão evolucionista e do conhecimento científico, a fim de poder dialogar e mostrar que a fé no Deus criador não contradiz a fé na evolução.

sua dignidade. A centralidade do ser humano acontece pelo seu empenho e compromisso com o bem-estar de toda a criação.[56]

O antropomorfismo nefasto busca, somente, considerar a natureza como um objeto das experiências científicas que geraram uma civilização de bárbaros e inconsequentes, adeptos de uma metodologia comportamental justificada pelos fins. Nesse sentido, os v. 2-3, que anunciam a força presente *nos bebês e nos que mamam*, contraposta à ação dos adversários, permitem dizer que o orante percebe a Deus em ação na criação e na luta contra o que nela destoa. Deus é adversário do mal!

As ciências têm oferecido uma série de estudos e resultados sobre as eras que marcam a evolução do nosso planeta. É impossível não se encantar com tudo o que foi necessário acontecer para que a vida surgisse e evoluísse. Ao lado disso, sabe-se, até o presente momento, que não existe outro local no universo que reúna as condições necessárias para abrigar a vida como nós a conhecemos.

As pesquisas nesse sentido continuam, e cifras enormes são destinadas às pesquisas que avançam em larga escala. Um questionamento, porém, me preocupa: como é possível se destinar tanto dinheiro para programas espaciais, enquanto milhões de seres humanos encontram-se vivendo abaixo do nível de certos animais? Por que os investimentos usados para essa finalidade, embora sublime, não são revertidos para tirar a vida humana e planetária do colapso. Sim, o progresso não pode parar, mas o ser humano esta acima do progresso. É este que deve servir ao ser humano, e não o contrário. Busca-se descobrir a vida fora do planeta Terra, enquanto isso a vida humana e do planeta Terra estão sendo continuamente ameaçadas. E o que dizer da ciência usada para produzir armas biológicas e letais? Que contradição! Que drama! Inversão na escala de valores? Cegueira dos que se dizem sábios? Ou malícia de uma rede de sistemas egoístas? O

---

[56] MARÉ, The Messianic Interpretation of Psalm 8:4-6 in Hebrews 2:6-9, pp. 110-112.

Salmo 8 e tantos textos bíblicos ecoam como consciência de uma voz divino-humana diante dos que se consideram poderosos!

Dimensão antropológica

O orante, inicialmente, apresenta uma contradição entre os seres humanos que são citados. De um lado, os que são tidos por frágeis representam uma força nas mãos de YHWH: *crianças* (עוֹלְלִים) e *os que mamam* (וְיֹנְקִים). O primeiro termo significa uma criança bem pequena, que ainda é amamentada, e está em paralelo com o segundo termo, que também significa "um broto" que cresce sobre a terra (Is 53,2). Do outro lado, os que são considerados soberbos em relação a YHWH: *adversários* (וֹרְרִים צ), no sentido de quem causa aflição, angústia e opressão; a sua condição é de um *inimigo* detestável (אוֹיֵב), que pratica a desforra em suas ações, provocando o derramamento de sangue: *o que se vinga* (וּמִתְנַקֵּם). Com isso, contrapõem-se seres humanos pelas suas condições: dependentes *versus* "independentes". Anuncia-se que a fraqueza dos pequenos freia a ação dos "grandes". O que se espera dos pequeninos é que não se tornem como esses "grandes".

Duas locuções são decisivas para a concepção e a compreensão da antropologia presente nesse salmo: *ser humano* (אֱנוֹשׁ) e *filho do homem* (בֶן־אָדָם). Ambas, unidas, atestam o que de melhor pode definir a criatura feita à imagem e semelhança de Deus: é um ser necessitado e frágil (Gn 1,26; 2,7), mas também é "divino" no seu princípio relacional e no seu destino. Sem a vontade previdente e os cuidados providentes do seu Criador, ele não existiria e muito menos subsistiria. Ao aceitar a sua condição, o ser humano não somente descobre que Deus existe, mas intui como Ele existe. Ao exaltar o Criador, o ser humano sai, igualmente, exaltado como criatura.

Esse conteúdo serve para dar uma forma apropriada à experiência teológica do orante, mas serve, também, para continuar maravilhando o ser humano diante das inúmeras descobertas feitas não mais a olho nu. Graças ao progresso e às novas tecnologias, o ser humano consegue olhar para além do que os seus olhos conseguem alcançar. Poderosos telescópios permitem enxergar galáxias até então desconhecidas. O encantamento e a perplexidade continuam provocando o ser humano na sua contemplação que o incita à ação: fazer o bem, buscar a justiça e praticar a verdade.

A afirmação do domínio humano sobre a criação não é somente de natureza filosófica, mas é também religiosa, pois, no centro, está uma pergunta inquietante e retórica: *o que é o ser humano* diante da grandeza do Criador e das criaturas que habitam os céus, a terra e o mar? Tal pergunta já traduz uma certeza: o ser humano não possui o domínio absoluto sobre a terra e o que ela contém. É uma reflexão que pode ajudar a ciência e a fé a não se verem como realidades conflitantes, mas partes dialogantes. Ao sublimar o ser humano, o orante não está propondo um antropocentrismo.[57]

A pergunta *que/quem é o homem* ocupou e continua ocupando o tempo e o raciocínio de filósofos, teólogos, sociólogos, psicólogos etc.[58] Questão e solução de si mesmo e para si mesmo, o

---

[57] MAYS, What is a Human Being? Reflections on Psalm 8, pp. 511-520. O antropocentrismo foi uma mudança de paradigma na história da humanidade. "Em lugar de Deus como referente de centralidade, o ser humano foi ocupando este espaço central, passando a se construir gradativamente em uma visão de mundo tendencialmente antropocêntrica. Com a afirmação do antropocentrismo no processo da Modernidade ocidental, a criação passa gradativamente a ser vista como natureza, passando o ser humano a se entender como sobreposto a ela por meio da razão instrumental" (REIMER, Criação e Cuidado. Perspectivas bíblicas, p. 16).

[58] Sem dúvida alguma, as questões *que é o homem?* e *quem é o homem?* estão na base e no centro de toda a reflexão filosófica, pois emergem como de uma necessidade externa — *ad extra* —, bem como de uma necessidade interna — *ad intra* — por querer superar as crises. As respostas que foram dadas ao longo dos séculos, pelos diversos tipos de correntes filosóficas, a meu ver, ainda não ofereceram uma resposta satisfatória, por não se ocuparem com uma antropologia integral e que respeite todas as dimensões da vida humana. Cito, em particular, o descartar da dimensão religiosa pela dimensão científica, como se as duas estivessem em desacordo ou em essencial conflito. A dessacralização do ser humano pelo seu

ser humano foi, é e continua sendo o sujeito e o objeto mais complexo que existe para ser pensado, analisado e definido. O orante chega a uma resposta, provocado pela sua religiosa contemplação da criação.[59] Isso, porém, não o diminui em face dos que abdicam da fé e pretendem ficar só com a razão. Na verdade, o ponto de vista transcendente do orante interpela o ponto de vista imanente de qualquer ciência humana que não tem e não pode pretender ter a última palavra sobre a realidade.

Por um lado, os animais são passíveis de serem dominados e domesticados; por outro lado, o ser humano em diversas circunstâncias não reconhece a sua finitude e, tampouco, recua diante dos desejos ilimitados que se propõe como objetivos acima do seu controle. Teria podido o orante pensar que o ser humano voaria pelos céus, navegaria imerso nos oceanos e seria capaz de criar meios de transportes tão rápidos sobre a terra, encurtando o tempo entre as distâncias geográficas?

A sublime posição que o ser humano ocupa na criação é apresentada pelas expressões que denotam o particular interesse de YHWH por ele: *dele te lembras* (תִזְכְּרֶנּוּ) e o *visitas* (תִפְקְדֶנּוּ) no v. 5; *foi feito pouco menos do que deuses* (וַתְּחַסְּרֵהוּ מְעַט מֵאֱלֹהִים) no v. 6; *o governo das obras de* YHWH (תַּמְשִׁילֵהוּ בְּמַעֲשֵׂי יָדֶיךָ) *está tudo debaixo de seus pés* (כֹּל שַׁתָּה תַחַת־רַגְלָיו) no v. 7.

A centralidade fica clara pela relação estabelecida: quanto aos deuses, o ser humano foi feito *pouco menos*, pois não é imortal (Eclo 17,30); quanto aos demais seres da criação, o ser humano está acima, o que corresponderia a dizer que foi feito *pouco mais*. Isso justifica dizer que YHWH fez do ser humano o "senhor" das

---

cientificismo ou o seu de-cientificismo pela sua sacralização são opções que reduzem o ser humano ao vento de modismos. O orante, certamente, não tinha em mente as questões que hoje envolvem todos os critérios e argumentos sobre a evolução da espécie humana de um primata, mas tinha em mente propor ou repropor a grandeza da dignidade humana em conformidade, talvez, com a afirmação de que, dentre os animais criados e nomeados pelo ser humano, não se encontrou um semelhante que lhe correspondesse (Gn 2,20).

[59] ALONSO SCHÖKEL; CARNITI, *Salmos I*, p. 197.

obras de suas mãos. Ele foi colocado como ápice da criação, mas, apesar disso, não consegue fazê-la súdita, porque não é o seu criador, mas seu administrador.

O orante pode ser comparado a um camponês atento que não só observa os céus em função das estações do ano, para planejar e preparar as semeaduras em vista de boas colheitas. Ele, também, é alguém sensível, que se encanta diante do movimento dos astros no firmamento e é capaz de se comprazer diante da criação, sabendo colher uma mensagem para si, mas que pode servir para que outros dela se beneficiem: as criaturas atestam o Criador e elas não são objeto de culto.

Diante da capacidade do orante em reconhecer e se admirar com a beleza e a grandeza da criação, a nossa visão vem interpelada pela incapacidade de encontrar soluções para as injustiças sociais e para as inúmeras provas de desumanidade que assolam os quatro cantos da terra.

Se a dança do universo causava estupor ao orante, a nós deveria causar estupor ainda maior o fato de sermos detentores de alta tecnologia capaz de perscrutar as galáxias mais distantes; encontrar e classificar novos sistemas solares; contemplar os buracos negros que distam vinte milhões de anos luz; descobrir que há matéria escura no universo que atua na contração e expansão do universo;[60] mas não sermos capazes de conviver com as diferenças culturais e erradicar a miséria e a fome que assolam milhões e milhões de pessoas. Enquanto uns adoecem pelo excesso de comida, outros vivem na inanição e na desnutrição. É triste, mas verdade: um dia do "lixo" alimentar dos EUA e da União Europeia seria capaz de alimentar durante um mês, por exemplo, a Somália. Por que tamanha discrepância? Será, de fato, que o crescimento demográfico resultará, como defendem alguns, em falta de alimentos?

A experiência religiosa, subjacente ao Salmo 8, não pode ser negligenciada, mas por ela percebe-se o profundo interesse de mostrar por que o ser humano é capaz de entrar em relação com

---

[60] VILICIC, Cabo de Guerra Cósmico, pp. 104-105.

Deus, com a criação, com o próximo e consigo mesmo: a alteridade que não restringe o outro à minha percepção, mas o aceita no seu incomensurável mistério, no qual Deus habita. Essa é a força que renova o ser humano e faz dele um ser com liberdade responsável.[61]

Na base dessa relação está o reconhecimento humano de sua condição e a sua capacidade de elevar um hino pelo qual agradece ao Criador a sua condição de criatura. Ao aceitar Deus como Criador, o ser humano não está se anulando, mas dando a si mesmo a possibilidade de agir como sua imagem e semelhança, porque Ele cria e preserva tudo que, por amor, fez de bom e de belo. O ser humano pode se ver e se experimentar a si mesmo pelo reto conhecimento que pode ter de Deus, pois como vê a Deus vê, também, a si mesmo.[62] Esta condição, quando aceita, torna-se uma aliada e não uma adversária, pois permite ao ser humano nunca se pensar acima dos seus limites; quando vence um limite, deve-se voltar para Quem é sem limites.

Dimensão ética

Diante de um céu estrelado, o orante pode contemplar a glória de YHWH, da qual deriva a glória do ser humano colocado acima dos animais do campo, dos pássaros dos céus e dos peixes do mar. Esta glória do ser humano não reflete apenas um privilégio, mas demanda uma responsabilidade, pois possui implicações à altura de tamanha dignidade. A percepção de si mesmo, em

---

[61] GRÜN, *Se quiser experimentar Deus*, p. 151. "A ideia de uma liberdade totalmente independente dos outros seres humanos, do cosmo e de Deus, é um engano. Dependemos, os humanos, uns dos outros e dependemos do nosso ecossistema. E, no nível mais profundo, dependemos de Deus. O ser humano é criatura e como tal a dependência de Deus é constitutiva do seu ser e do seu existir. Só que se trata de uma *dependência no amor*, fonte de liberdade e de criatividade" (GARCIA RUBIO, A Teologia da criação desafiada pela visão evolucionista da vida e do cosmo, p. 50).

[62] GRÜN, *Se quiser experimentar Deus*, pp. 38-39.

relação à criação e ao Criador, exige a reflexão que, por sua vez, aporta em consequências comportamentais.

O sublime conhecimento do ser humano sobre si mesmo como glória do Criador funda, igualmente, um comportamento superior, de quem só consegue submeter as criaturas se aceitar ser submetido ao Criador. O drama, porém, aparece no momento em que o ser humano, não reconhecendo a sua dignidade e a sua grandeza, torna-se adversário do Criador, das criaturas e se faz inimigo dos mais fracos. Em última instância, torna-se o seu próprio inimigo e adversário.

Por um lado, a glória do ser humano, qual marca do Criador em sua amada criatura, dele exige uma abertura e uma sensibilidade, para que não coloque os interesses pessoais acima das necessidades da criação, do semelhante e da vida em geral. O altruísmo torna-se exigência de vida!

Por outro lado, a sensibilidade, unida à reflexão, permite ao ser humano vencer a indiferença, o descaso e, acima de tudo, a omissão diante do bem, da justiça e da verdade que devem ser buscados com afinco e praticados em tudo que pensa e faz, porque são os critérios para todo e qualquer comportamento condizente com a dignidade humana e com o direito das criaturas.

A insensibilidade humana diante da flora (desmatamentos criminosos) e da fauna (maus-tratos aos animais) desemboca na insensibilidade diante do ser semelhante com toda a sorte de violências e descasos. Tudo fica relativo! Os valores, outrora fundamentados em uma Verdade Absoluta, passam de essenciais e orientadores, para o ranque dos próprios interesses, pois vale a verdade subjetiva e relativa. Estabelece-se a lei do mais forte sobre o mais fraco, presente nos diferentes níveis das culturas e das sociedades, das ideologias políticas, das filosofias *niilistas* contra a razão[63] e das teologias engessadas em fundamentalismos.[64] Reina o colonialismo global dos "novos coronéis dos novos sistemas", e o ser humano e a natureza tornam-se as vítimas de um nefasto e corrupto sistema econômico!

Se a perspectiva relacional, apresentada no Salmo 8, é tríplice, a postura ética também deverá ser um tríplice movimento. Do ser humano para consigo, para com as criaturas e para com o Criador. A distinção feita a seguir é apenas funcional, pois o conhecimento e aceitação das diversas dimensões do ser humano estabelecem as dimensões do seu comportamento.

A dimensão ética do ser e do agir humano pode ser denominada *ética pessoal*. Na base desta encontra-se a dinâmica de que ninguém busca o seu próprio mal, mas quer sempre o seu bem. A aquisição de conhecimento é fundamental para que aconteça uma formação ou uma transformação do comportamento. As virtudes são adquiridas e os vícios combatidos. Admitindo que a inteligência humana é uma capacidade que está orientada para a verdade, porque foi criada para a verdade. A adequação à verdade resulta na razão ética do ser humano, porque *o agir segue o ser*. Assim, o seu agir é reto e verdadeiro se é conforme à verdade conhecida.

A dimensão ética do ser humano para com as criaturas pode ser denominada *ética ambiental*. Nos nossos dias, urge-se por uma mudança de conduta diante dos modelos injustos assumidos

---

[63] "O niilismo pode ser considerado a *filosofia do nada*. Trata-se de corrente de pensamento que afirma a ausência de valor e de referência sólida para a vida [...]. O niilismo representa certa forma de *desraciocinação*, de renúncia ao empenho para descobrir o sentido racional da existência. Seu principal equívoco reside em admitir a tese de que a dificuldade de descobrir um sentido para a vida é justificativa para negar a existência de tal sentido" (JULIATTO, *Ciência e Transcendência, duas lições a aprender*, p. 85).

[64] "O cosmo também parece caminhar à deriva. Diz-nos a ciência que ele não tem um plano fixo e, por mais que acreditemos no cuidado de um Deus providente, sabemos que ele também respeita a nossa liberdade, daí a incerteza do futuro, mesmo tendo Deus ao leme" (PINTO, Farinha pouca? Meu pirão primeiro! Ética cristã e visão evolucionista: desafios, pp. 255-286).

de forma pessoal ou comunitária, nos quais a produção de bens de consumo está reduzindo o relacionamento com a natureza ao mero negócio.

A ética ambiental não constitui apenas um saber acadêmico voltado para a formação da consciência crítica em busca de sustentabilidades socioambientais, mas é também uma atividade prática que está relacionada com as mudanças de posturas das pessoas, transformando o modo de ser e agir da relação do ser humano com Deus, com a natureza e com a sociedade.[65]

O Salmo 8 permite que a reflexão progrida e passe do maravilhar-se com a criação à exigência de uma postura ética em prol da sua preservação para o bem de todos os seres vivos do planeta. O reconhecimento do valor do ser humano, no plano original do Criador, possibilita a atenção para com a natureza e promove o equilíbrio entre os recursos que ela possui e pode oferecer com o desejo humano de se realizar.

A dimensão ética do ser humano para com o Criador pode ser denominada *ética religiosa* ou *transcendente*. É a base dos relacionamentos que orienta a vida para além de uma mera necessidade social do ser humano e favorece o estabelecimento de uma interação singular com a criação, como local do encontro com o Criador, pois Ele se comunica, continuamente, através das suas criaturas (Rm 1,19-21). A presença e a ação do Criador evidenciam a

---

[65] SIQUEIRA, *Reflexões sobre a sustentabilidade socioambiental*, p. 9. O tema da ética é tratado, ainda, em outras partes do livro: Ética ambiental e crise planetária, pp. 9-16; Ética ambiental no contexto da globalização, pp. 17-27; Princípio ético do respeito planetário, pp. 36-38; Ética e biodiversidade, pp. 69-76. O debate atual sobre a mudança de mentalidade e de visão do mundo tem se intensificado. Surgem tendências e propostas para propor novos modelos éticos. Dentre estes, propõe-se que se passe do modelo antropocêntrico para o modelo biocêntrico. Cria-se, porém, um impasse, na medida em que se opera uma simples substituição de modelo (JUNGES, Ética Ecológica: Antropocentrismo ou Biocentrismo?, p. 33).

sua constante relação com tudo o que foi criado como providência (Sl 104,5-9). Por meio desta, o acaso cede espaço à finalidade, e a fatalidade ou destino cede lugar à Divina Providência. Não é porque alguém julga servir bem a Deus que passa a ter o direito de ser bem servido por Deus. A dimensão religiosa não é uma barganha e tampouco licita a pessoa a fazer o que bem entende em nome de sua fé.

Dimensão religiosa

As sociedades antigas possuíam profundas concepções e raízes religiosas. O ser humano nascia imerso nesta atmosfera e era educado para perceber e reconhecer a presença e a ação divina na sua vida, na história do seu povo e nos acontecimentos do mundo que o circundava. As divindades eram representadas através de imagens que tinham a ver com a crença no poder que a elas era atribuído. Assim, quando um povo era vencido em uma batalha, a imagem da divindade era, muitas vezes, destruída como sinal da derrota ou, quando havia tolerância, era honrada com solenes procissões.

Essas concepções religiosas, hoje, são consideradas como meramente supersticiosas ou míticas. O ser humano está ligado à ciência e à tecnologia e, em tese, está ligado ao positivismo. Não necessita mais acreditar em Deus ou em um ser supremo que rege o universo. Ele passou a acreditar que a ciência é a forma suprema do saber e que por ela conseguirá conhecer e desvendar o mundo. No fundo, o ser humano criou um novo mito, pois "a clássica noção de ciência, como explicação *certa* e absolutamente *confiável* do mundo, dá lugar à visão da ciência como elaboração *provisória, falível* e *relativa*".[66]

Todavia, YHWH, Deus do orante e da comunidade de fé presente no Salmo 8, não possui uma representação física ou uma imagem da divindade. Isso é proibido por lei (Ex 20,1-6;

---

[66] JULIATTO, *Ciência e Transcendência, duas lições a aprender*, p. 91.

Dt 5,5-10). YHWH é o Criador do mundo, e só o ser humano, criado à sua imagem e semelhança, pode significá-lo (Gn 1,27). O orante, então, percebe e acolhe os sinais da presença do Criador no mundo e transcende ao indagar sobre a posição sublime do *ser humano* e *filho de Adão*.

O orante tem diante de si a grandeza da criação, que ocasiona a pergunta por meio da qual ele expressa os seus sentimentos religiosos e consegue ir além do que os seus olhos podem ver. O orante, ao contemplar, sai de si, isto é, transcende, para retornar a si certo de que a resposta não está fora do seu alcance.[67] Ele exalta a majestade do nome de YHWH, reconhecendo que este nome se estende por toda a terra e não está preso dentro dos confins geográficos do seu povo. É provável que, sobre o plano teológico, o santuário de Jerusalém tenha sido o local no qual o orante aprendeu a confiar no *Nome de* YHWH, principalmente diante de inimigos e adversários.[68]

Dimensão teológica

No Antigo Oriente Próximo, a concepção vigente atribuía à divindade um local específico, isto é, cada deus era proprietário do seu espaço físico e lutava por ele através dos seus seguidores. 2Rs 17,25-28 é um exemplo dessa concepção que perdurou, entre os israelitas, até a trágica, mas benéfica, experiência do exílio na Babilônia (597-538 a.C.).

A partir dessa experiência, principalmente através da presença e ação do profeta Ezequiel, as classes sacerdotal e leiga,[69] dotadas

---

[67] ALONSO SCHÖKEL; CARNITI, *Salmos* I, p. 197.
[68] Considerando o conteúdo de aflição presente nos Salmos 7; 9–10; 11, respectivamente funcionando como contexto anterior e posterior, percebe-se que o orante do Salmo 8 tem os motivos necessários para acreditar na presença e na ação salvífica de YHWH contra os seus adversários (SEYBOLD, *Poetica dei Salmi*, pp. 227-228).
[69] Entendemos por classe leiga uma elite pensante, ligada à monarquia jerosolimita antes e depois da destruição de Jerusalém pelos Babilônios

de maiores conhecimentos, começaram a perceber e a intuir que o domínio de YHWH não estava limitado ao seu território — em primeiro lugar, o Sinai, e, depois, Sião — mas se estendia sobre toda a terra. Essa concepção universalista da presença e da ação de YHWH encontra-se atestada nesse salmo, sem que o ensinamento salvífico, que dele deriva, possa advogar a favor de um teocentrismo. O livro de Jó é um bom exemplo.

Elemento particular recai sobre a teologia do *Nome* ligado ao tetragrama sagrado, que assume, por assim dizer, o critério exemplar e diferenciador entre o Deus de Israel e as demais divindades cultuadas pelos outros povos. Para além da dinâmica da revelação do nome divino a Moisés (Ex 3,14), o orante do Salmo 8 entende que a proclamação da grandeza do nome divino se alarga na dinâmica do horizonte cósmico.[70]

Essa teologia sobressai, fortemente, na inovação que o orante propõe ao dizer: *fizeste-o pouco menos do que deuses*. YHWH não só preside um panteão divino,[71] mas fez o ser humano acima de tudo o que é terrestre e pouco menos do que é celeste. Surge

---

em 587/6 a.C. A esta classe pertenciam os nobres, isto é, escribas, profetas, oficiais, secretários, conselheiros, artesãos que viviam e atuavam no palácio. Sãos os "homens da corte" que podemos denominar de grupo deuteronomista. São pessoas instruídas e cultas capazes de pensar e de planejar a vida civil e religiosa do povo. Uma classe, de algum modo, concorrente com a classe sacerdotal pelo poder (RÖMER, *A chamada história deuteronomista*, pp. 51-61).

[70] TOURNAY, Le psaume 8 et la docrtine biblique du Nom, pp. 18-30.

[71] A Mesopotâmia foi um berço de expressões religiosas e nela se reconheceu um panteão graças a um elenco de divindades honradas com hinos, preces, rituais e inscrições históricas devocionais (LIMET, Pantheon, pp. 1576-1577). Panteão é um termo de origem grega e vem de *pan* ("tudo"/"todo") + *theós* ("deus"); panteísmo é derivado e indica a postura religiosa de quem cultuava vários deuses. Por esse termo, indica-se o lugar ou a concepção religiosa de quem reunia um conjunto de divindades que eram sujeitos da adoração em uma cidade ou um estado. Segundo a visão grega, as divindades eram potências que ora se *combinavam* para evitar o caos do mundo, ora se *combatiam* para evitar que o mundo fosse imóvel (SCHLESINGER; PORTO, Panteão e Panteísmo, pp. 1977-1978).

dessa constatação que o significado do gênero humano (antropologia), e do seu lugar na criação, não pode prescindir nem estar isolado da reflexão sobre Deus (teologia).

A exaltação de YHWH, Deus Criador, é feita de forma delicada pelo orante: *obra de teus dedos* (v. 4a). A criação é fruto de um Deus artista que planeja e coloca cada criatura no seu devido lugar (Gn 1,1–2,4a). O ser humano pode, ao contemplar uma visão noturna, descobrir duas coisas: primeiro, é pequeno e limitado; segundo, recebeu do seu Criador uma dignidade que o coloca acima de todos os seres que existem sobre a terra. Esta dignidade aparece sublimada pelo fato de o Criador possuir atitudes singulares em relação ao ser humano: *para que dele te lembres* (v. 5a) e *para que o visites* (v. 5b).

A descoberta da existência de Deus não acontece a partir de reflexões abstratas, mas através da confrontação concreta diante dos acontecimentos históricos. O ordinário da existência humana atesta o extraordinário envolvimento com Deus e com o seu zelo pela criação. As dificuldades, porém, acontecem quando a riqueza, expressa no pensamento de pessoas simples, parece se tornar um obstáculo para quem, em nome da ciência e da técnica, abdicou da pré-compreensão do mundo, julgando que é anticientífico. A fé pode livremente se expressar à medida que a razão a ela se abre novamente. Se a fé falir, pode-se dizer que faliu a razão e, se a razão falir, faliu a fé, porque a relação entre fé e razão é uma questão ontológica e decisiva para que a verdade se estabeleça na vida do ser humano e enriqueça todas as suas dimensões.[72]

Conclusão

A aceitação da existência de Deus, pelo ser humano, é o passo cognitivo inicial que implica uma dinâmica relacional, estabelece a base e expressa a sua dimensão religiosa. A especulação humana

---

[72] GRIMALDI, La Nuova Evangelizzazione e i moderni "inquisitori": una riflessione filosofica in risposta alle sfide post-moderne, pp. 93-98.

sobre Deus, então, desdobra-se em uma busca por conhecer como Ele existe, como se manifesta e como interage no mundo. O ser humano está em busca de Deus porque antes foi buscado por Deus, que sempre dá o primeiro passo na sua direção. O conhecimento que deriva dessa especulação torna-se um critério para estabelecer os critérios para o comportamento humano. Essa dinâmica e desenvolvimento relacional encontram-se presentes na fé do homem bíblico expressa no Salmo 8.

Neste salmo, YHWH é o primeiro vértice da tríade relacional, ao qual a criação desponta como o segundo vértice; ambos, porém, são vistos e aceitos pelo ser humano, terceiro vértice relacional, que recebeu a missão de protagonizar a sua sublime participação no desenvolvimento do plano divino para todo o cosmo. As intervenções humanas na natureza, quando refletidas com base na tríplice relação, permitem que o ser humano não aja de forma irresponsável e inconsequente.

A superioridade do ser humano encontra a sua força e razão de ser na aceitação da sua missão diante dos demais seres criados. Essa missão consiste, também, na contemplação do caráter divino de cada ser criado enquanto centelha da presença e da ação do Criador, pois tudo o que existe traz consigo o seu Ser. O desejo do orante, ao colocar a pergunta sobre o ser humano, a partir do confronto com a criação, é manifestar o seu conhecimento do Criador e, assim, render-lhe um ato de justiça diante de injustos e arrogantes.

Ao perguntar *que é o ser humano*, o orante coloca-se como representante de toda a humanidade. A sua questão é inquietante, pois deflagra que um ser humano mal intencionado em seu conhecimento, deformado e egoísta em seu comportamento, revela-se um tirano e não um embaixador inteligente e sábio. A história mostra que o ser humano já progrediu muito, mas tem disseminado uma série de injustiças, tais como devastações ambientais e abusos sociais.[73] Vence-se, com isso, a falsa pretensão humana do domínio pela hegemonia sobre as demais criaturas e se instaura

---

[73] MAYS, What is a Human Being? Reflections on Psalm 8, pp. 513-516.

uma ética ecológica, na qual o ser humano protagoniza o uso correto da natureza e das suas fontes.

Se é possível fazer uma comparação, permito-me essa: deve-se deixar as coisas de criança para trás, principalmente o conhecimento infantil, mas não se deve deixar a inocência da pureza. É possível que a fala de Jesus aos sumos sacerdotes fosse uma referência ao v. 3 deste salmo: "Sim. Nunca lestes: 'Da boca dos pequeninos e dos bebês de colo te preparaste uma aclamação" (Mt 21,16). Com isso, atualizou a mensagem e contrapôs a atitude das lideranças do seu povo, injustas, às atitudes justas das crianças que o aclamaram com hosanas.

A tradição régia que está por detrás do Salmo 8,5-7, segundo o texto da LXX, foi aplicada em Hb 2,5-9 no contexto da glorificação de Jesus como rei escatológico.[74] Os primeiros cristãos, de origem judaica, se valeram das escrituras para atestar a proclamação régia de Jesus e sua unção sacerdotal. Enfatiza-se que a encarnação, vida e ressurreição do Verbo Divino inauguraram, sobre a terra, a salvação. A grandeza da glória humana, desfigurada pelo pecado, foi restituída e se estabeleceu a relação entre natureza e graça: o Reino de Deus.[75]

A apologia sobre Jesus funda a apologia sobre a vocação do ser humano, *pois a glória de Deus é o homem vivente*.[76] Tal apologia mostra o contraste que existe na escolha divina do que é

---

[74] CHILDS, Psalm 8 in the Context of the Christian Canon, pp. 24-26; FABRY, חָסֵר, p. 99; VILLIERS, Reflections on Creation and Humankind in Psalm 8, the Septuagint and Hebrews, pp. 79-82; sobre a importância do Salmo 8 na reflexão da Carta aos Hebreus, veja-se: FUHRMANN, The Son, The Angels and The Odd: Psalm 8 in Hebrews 1 and 2, pp. 83-98 e MARÉ, The Messianic Interpretation of Psalm 8:4-6 in Hebrews 2:6-9 [Part I], pp. 99-112; De WET, The Messianic Interpretation of Psalm 8:4-6 in Hebrews 2:6-9 [Part II], pp. 113-125.

[75] Desenvolver essa perspectiva vai muito além da nossa proposta. Aos interessados indicamos os seguintes artigos: MOLTMANN, A Common Earth Religion. World Religions from na Ecological Perspective, pp. 15-29; Da SILVA, A Criação e a Questão Ecológica no Pensamento de Jürgen Moltmann, pp. 30-49.

[76] IRINEU DI LIONE, *Contro le Eresie*, p. 71 [IV,20,7].

pequeno e frágil para realizar o desígnio salvífico. Jesus de Nazaré, à diferença dos que almejam dominar para escravizar os seus semelhantes, manifestou o seu domínio através do messianismo segundo a perspectiva do *servo sofredor*, isto é, a sua unção como diácono do Pai a favor de todos os seres humanos. Por isso, todas as coisas foram postas debaixo dos seus pés (Ef 1,22; Fl 2,5-11).

Este salmo representa uma fala de esperança quando suscita a contemplação e a oração de ação de graças pela maravilha da criação. Diante de uma noite estrelada, ou de um pôr do sol ao mar, ou em uma montanha, o ser humano, sensível a esta beleza, pode experimentar uma ocasião propícia à recitação desse salmo.

Por meio dele, é possível enfrentar os momentos difíceis e amargos, que causam desilusão e fazem perder a coragem de lutar pelas mudanças no modo de pensar e de se comportar diante dos recursos da natureza. Aos olhos de Deus, toda a criação possui um valor infinito, mas cabe ao ser humano reconhecer esse valor e lutar por ele, como ser que possui uma fé racional e capaz de escolhas, com toda a sua inteligência e forças.

3

PASTOREIO E HOSPITALIDADE DO Senhor
Salmo 23

Matthias Grenzer*

Introdução

O Salmo 23 é um dos textos bíblicos mais populares. Pendurado em paredes de salões de beleza, sorveterias, oficinas e lares de famílias, esta oração bíblica acompanha as pessoas em seu dia a dia. Embora existam centenas de outras orações bíblicas, as palavras do Salmo 23, facilmente, ganham a preferência quando alguém está à procura de conforto espiritual. Como se justifica que o Salmo 23 se tornou tão simpático e acessível a tantas pessoas? E, em contrapartida: será que o Salmo 23 não corre o risco de uma "espiritualização prematura" e de uma "leitura exangue"?[1]

---

* Dedico este estudo às Irmãs de Santa Catarina em Frankfurt, na Alemanha. Em especial agradeço à Irmã Martina, por ter sido tão hospitaleira comigo, na ocasião das minhas diversas estadas na cidade, a fim de aproveitar a Biblioteca da Faculdade de Filosofia e Teologia St. Georgen. Também esta pesquisa nasceu lá.

[1] ALONSO-SCHÖKEL; CARNITI, *Salmos I*, p. 380.

Uma razão para a preferência talvez se encontre no fato de a oração ser relativamente curta. Seis versículos apenas. Na versão hebraica, cinquenta e seis palavras, ou seja, oito vezes sete, sendo que o número sete serve, aos poetas hebreus, como elemento estilístico. Com um mínimo esforço, o leitor decora as palavras do Salmo 23.

Outro motivo da simpatia cultivada pelo Salmo 23, provavelmente, esteja ligado às duas imagens no poema. Na primeira parte do texto, o Senhor, Deus de Israel, é apresentado como *pastor* (v. 1b-4). Na segunda parte, o mesmo Deus é mostrado como anfitrião (v. 5-6). Não são imagens simples, mas são retratos compostos por diversos elementos. Dessa forma, as metáforas prendem a atenção de seus leitores por mais tempo. Além disso, por mais que o trabalho do pastor e o cultivo da hospitalidade, na perspectiva original do Salmo 23, tenham seu lugar no contexto geográfico-cultural do Antigo Israel — e do Antigo Oriente em geral —, as realidades do pastoreio e da hospitalidade, assim como suas conotações simbólicas, atravessam os séculos e continuam a ser acessíveis. Nesse sentido, "o salmo tornou-se um formulário, no qual cada indivíduo insere seus dados pessoais, [...] a fim de o poema realizar, de forma admirável, um processo de condensar e concretizar a experiência e o sentimento de vida de muitos".[2]

Contudo, a beleza literária do Salmo 23 não se limita às duas imagens criadas pelo autor, a fim de descrever a atuação do Senhor. O poema revela ainda o uso de outros recursos retóricos e estilísticos. Pode ser observada, por exemplo, uma estrutura concêntrica. Tal composição artística torna-se visível quando se descobre a direção do discurso de quem levanta, poeticamente, sua voz. Ao se apresentar como indivíduo, pois, o salmista dirige-se, no início (v. 1b-3) e no final (v. 6), à comunidade de seus ouvintes, para lhe falar sobre o comportamento do Senhor. É um primeiro tipo de diálogo. Centralmente, por sua vez, em um segundo tipo de diálogo, o salmista propõe-se a falar, diretamente, ao Senhor,

---

[2] OEMING, *Das Buch der Psalmen*, p. 155.

seu Deus (v. 4.5). É provável que esse fato — quer dizer, o fato de o Salmo 23 apresentar um discurso individual de quem se dirige ora aos outros ora a Deus — favoreça, também, o acolhimento dessa oração bíblica pelas pessoas, sobretudo quando estas querem expressar, de forma individual, sua reflexão religiosa. Em geral, pois, prevalece uma ambivalência entre o diálogo com as outras pessoas e um direcionamento direto da palavra a Deus.

Aliás, justamente o aspecto da individualidade destaca, mais uma vez, o Salmo 23 e torna-se, provavelmente, outro motivo da preferência por esse poema. Quer dizer: enquanto a imagem do *pastor* (divino) e do *gado miúdo* ou do *rebanho* (Sl 80,2; Is 40,11; Jr 31,10; Ez 34,11-16; Mq 7,14) é comum e tradicional, o Salmo 23 aliena a metáfora que visa ao coletivo. Identifica-se, ao contrário, com um só animal e descreve a atuação do *pastor* a partir da experiência de vida feita por este animal.[3] De certa forma, tal visão corresponde às palavras do *pastor* divino em Ez 34,15: *Procurarei pela [ovelha] que se perdeu, farei voltar a que se dispersou, enfaixarei a que se quebrou e fortalecerei a que se retorce de dores; a gorda e forte, porém, destruirei — pastoreá-la--ei segundo o direito*. Também neste discurso, prevalece, no que se refere ao animal, uma perspectiva individual. Todavia, "que um indivíduo confesse o Senhor ser seu *pastor* acontece unicamente no Salmo 23 e em Gn 48,15".[4]

Enfim, ganha visibilidade o fato de que o Salmo 23, "de um modo extraordinário, foi artisticamente elaborado".[5] O texto não quer ser lido somente de forma linear, ou seja, do início ao fim. Ao apresentar uma estrutura concêntrica (a-b-b'-a'), o poema precisa ser lido também "das margens rumo ao centro".[6] De certo,

---

[3] SEYBOLD, *Poetik der Psalmen*, p. 207.
[4] HUNZIKER-RODEWALD, *Hirt und Herde*, p. 172.
[5] ZENGER, *Der Psalter als biblisches Buch*, p. 334.
[6] Ao analisar Sl 118, MARK (*Meine Stärke und mein Schutz ist der Herr*, p. 500) destaca o poema como "obra artística de três dimensões": a primeira dimensão aparece quando o texto é lido de forma "linear"; a segunda dimensão ganha presença ao se insistir na leitura concêntrica ou "palindrômica"; e a terceira dimensão torna-se visível ao se descobrir "as

somente uma leitura atenta é capaz de evidenciar os elementos estilísticos utilizados pelo poeta, a fim de formar as unidades literárias menores de seu poema e criar as ligações necessárias entre elas. O presente estudo propõe-se a evidenciar tais pormenores. Neste sentido, apresenta, de forma antecipada, um pequeno esquema, o qual procura visualizar a estrutura presente no Salmo 23, a fim de facilitar a leitura e a compreensão do poema bíblico.

> (a) v. 1b-3: o salmista fala sobre o SENHOR, dirigindo-se a seu ouvinte
> > (b) v. 4: o salmista dirige-se, diretamente, ao SENHOR
>
> ---
>
> > (b') v. 5: o salmista dirige-se, diretamente, ao SENHOR
>
> (a') v. 6: o salmista fala sobre o SENHOR, dirigindo-se a seu ouvinte[7]

Contudo, por mais bonita que seja a forma do Salmo 23, para a maioria dos leitores-ouvintes, provavelmente, as dimensões teológicas sejam a razão principal para o sucesso dessa oração. As pessoas sentem-se *confortadas* pelo que está sendo afirmado. Por isso, é preciso descrever, com exatidão, o que se diz a respeito do SENHOR nesse texto. Como o *pastor* divino atua em favor do ser humano? Qual é o comportamento correspondente, da parte do homem, à atuação do SENHOR? Afinal, por mais que o princípio da gratuidade prevaleça em Deus, prevê-se, na religião do Antigo Israel, a corresponsabilidade de quem foi criado e eleito pelo SENHOR *bondoso* e *fiel*.

O título (v. 1a)

1a   *Salmo de Davi.*

---

citações e alusões a outros textos sagrados" que o salmo traz para dentro de si.

[7] Sobre a estrutura concêntrica, ver ZENGER, Psalm 23, p. 152.

O Salmo 23 faz parte do primeiro "Saltério de Davi" (Sl 3–41), sendo que os Salmos atribuídos a este rei formam cinco grupos no livro dos Salmos (Sl 3–41; 51–72; 101–103; 108–110; 138–145).[8] Com isso, o leitor ou ouvinte é convidado a imaginar as palavras do Salmo 23 como *salmo de* ou *para Davi*, personagem acompanhada de diversas conotações simbólicas. *Davi*, originalmente, era um *pastor de gado miúdo* (2Sm 16,11). Mais tarde, porém, recebeu a tarefa de *pastorear seu povo* (Sl 78,71-72). Todavia, logo no início do Salmo 23, o próprio *Davi* afirma que o Senhor, ou seja, Deus mesmo, é seu *pastor*. O rei insiste no *pastoreio* divino! Sublinha-se, dessa forma, que a verdadeira liderança pertence ao Senhor, Deus de Israel. A *Davi*, por sua vez, cabe a tarefa de *salmodiar*, a fim de proclamar o *pastoreio* e a hospitalidade do Senhor, único capaz de garantir o bem-estar e a sobrevivência ao homem.

O pastoreio divino na base da justiça (v. 1b-3)

Após o título, inicia-se a primeira parte do Salmo 23. Nela, o salmista descreve as qualidades do *pastoreio* do Senhor.

1b O Senhor *é meu pastor:*
1c *não sinto falta de nada.*
2a *Faz-me reclinar em verdes pastagens.*
2b *Conduz-me a águas em lugares de repouso.*
3a *Traz de volta minha alma.*
3b *Guia-me por trilhas de justiça,*
3c *por causa de seu nome.*

Ao se empregar, em todas as frases, a primeira pessoa do singular, as palavras ganham a característica de um canto individual. O salmista chama, pois, o Senhor de *meu pastor* (v. 1b). Declara: eu *não sinto falta de nada* (v. 1c). Afirma: o Senhor *me faz*

---

[8] ZENGER, Das Buch der Psalmen, p. 353.

reclinar (v. 2a), *me conduz* (v. 2b) e *me guia* (v. 3b) Além disso, formula: *traz de volta minha alma* (v. 3a).

No mais, o salmista fala sobre o Senhor, apresentando a atuação do Deus de Israel sempre na terceira pessoa do singular. Testemunha que o *pastor* divino *faz reclinar, conduz, traz de volta* e *guia,* e tudo isso *por causa de seu nome.* Quer dizer: na primeira parte do poema (v. 1b-3c), o salmista não se dirige, diretamente, a seu Deus, mas fala sobre o Senhor.

Além disso, quem canta aqui *salmodia* para quem o ouve. Ou seja: dirige-se a um público anônimo, a fim de dar seu testemunho pessoal. Quer dizer: o salmista, com o qual o leitor talvez queira se identificar, conta o que o Senhor está fazendo ou já fez para ele.

Observando o conteúdo do Salmo 23, percebe-se o seguinte: o salmista começa com a criação de uma imagem que apresenta o Senhor como *pastor* (também Gn 48,15 e Sl 80,2). A frase *O Senhor (é) meu pastor* (v. 1b) ganha destaque tanto por sua brevidade — apenas duas palavras no texto hebraico! — como por ser uma frase nominal, a qual, no hebraico, dispensa o verbo auxiliar. Exclusivamente "o *pastoreio* do Senhor, ou seja, a sensação de sentir-se guardado na proximidade agradável e sossegadora dele é o assunto aqui, e não a distinção entre o Senhor como *pastor* e possíveis outros *pastores*".[9] Daqui para frente, o Salmo 23 concentra-se justamente na descrição do *pastoreio* do Deus de Israel. Nesse sentido, "a frase nominal — *O Senhor: meu pastor* —, ao descrever um estado ou uma situação, ganha função de um lema, sendo que seu conteúdo será desdobrado e ilustrado no decorrer do salmo".[10]

No Antigo Israel, o trabalho do *pastor* é descrito como uma luta árdua e, às vezes, dramática, a fim de garantir a permanência do rebanho. Basta lembrar as palavras que *Jacó* dirige a *Labão,* seu sogro: *Eis que são vinte anos que eu estou contigo. Tuas ovelhas e tuas cabras não abortaram. E não comi nenhum carneiro de teu gado miúdo. Não fiz chegar um animal despedaçado a ti, mas*

---

[9] MÜLLER, Psalm 23,1 und der identifizierende Nominalsatz, p. 151.
[10] MÜLLER, Psalm 23,1 und der identifizierende Nominalsatz, p. 152.

eu o compensava. Procuravas de minha mão o que fora furtado de mim durante o dia e o que fora furtado de mim à noite. Durante o dia, o calor me comeu e, à noite, o frio. E meu sono fugiu de meus olhos (Gn 31,38-40). Em outras palavras, a vida do *pastor* não pode ser caracterizada como algo romântico, idealizado. Pelo contrário, trata-se de um trabalho exigente e perigoso.

No caso do Salmo 23, a imagem do *pastor*, aparentemente, limita-se a quem lida com gado miúdo, pois somente este tipo de *pastor* anda com seu rebanho, à procura de *verdes pastagens* (v. 2a) e *águas em lugares de repouso* (v. 2b). Entrementes, é preciso observar o uso do plural na apresentação das localidades. Quer dizer: o *pastor* do gado menor é transeunte. De época em época, transmigra, fazendo o rebanho mudar de pasto. As *trilhas*, mencionadas em v. 3b, lembram os caminhos estreitos na região montanhosa, onde o gado menor sabe se equilibrar, por mais perigoso que seja. Até certa época do verão, *pastor* e rebanho ficam ali, pois encontram *pastagem* suficiente. Após a colheita, porém, descem para os vales. Na época da maior seca, o gado precisa alimentar-se do restolho. Em princípio, *pastor* e gado são até bem-vindos entre os agricultores sedentários, uma vez que os animais fertilizam, com seus excrementos, os campos. Além disso, surge um intercâmbio e uma troca interessante de produtos entre os pastores transeuntes e os agricultores sedentários. Ao contrário de ovelhas e cabras, o gado maior anda muito pouco, pois logo *sente falta de água*. Muito menos saberia equilibrar-se em *trilhas* não niveladas (Pr 4,26; Is 26,7).

Sobre si mesmo, por sua vez, o salmista afirma: *Não sinto falta de nada* (v. 1c). A frase chama a atenção do leitor por vários motivos. É a única vez na primeira unidade literária (v. 1b-3) que o Senhor não é o sujeito da frase. Ou seja: a ênfase está sobre o ser humano, presente como sujeito oculto no verbo que aparece na primeira pessoa do singular. Da mesma forma, o significado da raiz verbal — *sentir falta de algo* ou *carecer* — refere-se, em princípio, ao ser humano (Dt 15,18; Is 32,6; Ez 4,17; Pr 13,25). Não se encontra, pois, nenhuma referência na Bíblia Hebraica, onde tal verbo seja usado para descrever um animal *necessitado*.

Mais ainda: a frase *Não sinto falta de nada* tem caráter de resumo antecipado. Com apenas duas palavras em hebraico, prevalece, outra vez, a brevidade. Assim, v. 1c acompanha bem v. 1b em sua função de servir como lema.

A ideia da ausência de qualquer *carência, necessidade* ou *falta* de bens é trabalhada também em Salmo 34,11. Afirma-se ali que *aqueles que buscam o* Senhor, em vez de *tornarem-se indigentes* e *passarem fome, não sentem falta de bem nenhum*. Da mesma forma, Salmo 8,6, ao promover sua reflexão antropológica, sublinha a seguinte característica do Senhor em relação ao *ser humano*: *Deixaste-lhe faltar pouco em relação aos deuses*! Resumindo: *indigência, necessidade* ou *falta de bem-estar*, em princípio, contradizem a vontade do Deus de Israel. Resta, no entanto, descobrir quais são as *trilhas* indicadas pelo Senhor, a fim de que todos possam dizer: *Não sinto falta de nada*.

O salmista segue com a descrição das razões pela ausência da *falta* de bens. Com isso, volta a "aplicar a terminologia rica da linguagem pastoril ao Senhor".[11] O enfoque concentra-se agora no que o *pastor de Israel* (Sl 80,2) oferece a seu rebanho, sendo que, na perspectiva individual do Salmo 23, o rebanho se reduz a um animal. Neste sentido, o cantor descreve, de um lado, os alimentos básicos que o *pastor* divino disponibiliza: *pastagens verdes* (Ez 34,14), ou seja, *prados com erva nova* (v. 2a) e *água*, ou melhor, *água em lugares de repouso*, ou seja, *em um* ambiente que oferece descanso (v. 2b). De outro lado, o salmista deixa claro que os alimentos se tornam acessíveis por causa da atuação favorável do Senhor, ou seja, é o *pastor* divino quem *conduz* (v. 2b) rumo a *lugares* que oferecem fartura e bem-estar. Da mesma forma, é o *pastor* divino quem *faz* o animal, respectivamente a pessoa representada pelo animal, *reclinar-se* (v. 2a; Ez 34,15), sendo que *o conduziu*, anteriormente, a tal *lugar de repouso*.

Em v. 3, continua a linguagem metafórica e o tema da *condução*. Com a brevidade já observada em v. 1b.c, o salmista afirma

---

[11] JANOWSKI; NEUMANN-GORSOLKE, Der "gute Hirte" und seine Herde, p. 87.

agora: *Minha alma traz de volta* (v. 3a). A raiz verbal *voltar* pode ganhar, na conjugação hebraica, o significado de *trazer de volta* ou *fazer voltar*, no sentido de *recolher* o que antes estava disperso (Ez 39,27).[12] Além disso, existe a possibilidade, no texto hebraico, de a expressão *minha alma* substituir o pronome pessoal *me*. Compreendido assim, v. 3a ganha maior plasticidade, a qual se perderia caso se optasse pela tradução: *Minha alma restaura*. Outra vez: o que é dito em v. 3a pode se referir tanto ao animal como à pessoa representada pelo animal, o que é típico para a linguagem metafórica. Em todo caso, o SENHOR é *pastor* que *traz de volta* o que ou quem estava perdido.

Na frase final de seu testemunho inicial (v. 1b-3), o salmista, de um lado, dá continuidade a sua reflexão sobre o *pastor* divino. Apresenta um terceiro ambiente. Após as *pastagens verdes* (v. 2a) e os *lugares de repouso* com *água* (v. 2b), surgem agora as *trilhas* (v. 3b). Mais tarde, o *vale escuro* (v. 4a) completará esta lista. Todas essas localidades ajudam a criar a imagem do *pastor* e de seu rebanho, por mais que um animal não seja mencionado expressamente. No mais, o salmista afirma agora: é o SENHOR quem *me guia* (v. 3b). É interessante observar o paralelismo que se forma com os dois verbos anteriores: veja a sequência *conduzir* em v. 2b, *trazer de volta* em v. 3a e *guiar* em v. 3b. Aliás, o que o cantor no Salmo 23 afirma de forma individual, Salmo 77,21 diz sobre Deus em uma perspectiva comunitária: *Guiaste teu povo como um rebanho*.

De outro lado, entra agora um conceito-chave na reflexão de quem canta as palavras do Salmo 23. Afirma-se, pois, que, pelas *trilhas da justiça* (v. 3b), o SENHOR pretende *trazer* a pessoa *de volta* (v. 3a) ao bem-estar. Este bem-estar inclui a disponibilidade dos alimentos necessários — veja as *pastagens verdes* em v. 2a e as *águas* em v. 2b — e o descanso — veja o *repouso* em v. 2b. Enfim, busca-se uma realidade em que o ser humano *não sente falta de nada* (v. 1c). Contudo, seja sublinhado outra vez — e isso em sintonia com as palavras do Salmo 23 — que o caminho

---

[12] Ver a discussão em WILLIS, A Fresh Look at Psalm XXIII 3a, p. 105.

de salvação rumo a uma situação satisfatória de bem-estar passa pelas *trilhas da justiça*. Pois é *com sua justiça* que o Senhor quer *guiar* o ser humano (Sl 5,9), sendo que *pastoreia segundo o direito* (Ez 34,16).

Enfim, o discurso do cantor no Salmo 23 culmina no assunto da *justiça*. Com isso, o salmista promove a sabedoria profética da religião do Antigo Israel. Afinal, sabe-se que as *trilhas do bem* são *justiça, direito e retidão* (Pr 2,9) e que justamente estas são as *trilhas do* Senhor (Sl 17,5), *trilhas* que *pingam gordura* (Sl 65,12). Mais ainda: Deus propõe-se até a *aplainar a trilha do justo* (Is 26,7; Pr 5,21), no sentido de lhe ensinar *o caminho da sabedoria* e *fazê-lo andar nas trilhas da retidão* (Pr 4,11).

Além do mais, a palavra *trilha* permite imaginar "um caminho no qual alguém já andou anteriormente, ou seja, os rastros como resultado visível deste andar".[13] Isso vale também para a questão da *justiça*. Trata-se de um *caminho* que o povo de Deus conhece, desde as origens de sua história. E esse *caminho* se transformou em *ensino*. Basta ler o *ensino* por excelência — a Torá, ou seja, o Pentateuco —, sobretudo, as tradições do êxodo, inclusive os *mandamentos* de Deus, sendo que estes últimos se propõem a transformar a experiência de libertação em um projeto jurídico. *Feliz* quem sente *prazer* com este *ensino* (Sl 1,2).[14] Pois é aqui que se descobre a natureza do Senhor, marcada pela insistência na inversão do destino dos *pobres* (Sl 113).[15] E é por causa disso que *Israel*, sempre de novo, *volta à casa do* Senhor (v. 6), uma vez que o *Templo* e a cidade de *Jerusalém* encontram sua tarefa mais sublime na promoção da *justiça* (Sl 122).[16]

Finalmente, o cantor no Salmo 23 fecha a primeira parte de seu poema insistindo no *nome* do Senhor (v. 3c) como modelo decisivo de *justiça*. Afinal, o Deus de Israel *santificou* seu *nome* quando libertou seu povo da escravidão no Egito (Lv 22,31-33).

---

[13] ZEHNDER, *Wegmetaphorik im Alten Testament*, p. 414.
[14] GRENZER, Caminhos de justos e perversos (capítulo deste livro).
[15] GRENZER, Ação inversora do destino dos pobres (capítulo deste livro).
[16] GRENZER, As tarefas da cidade (capítulo deste livro).

Nesse sentido, o *nome* de Deus pretende garantir que o SENHOR sempre *será quem está* (Ex 3,14) *com* os *carentes* e *necessitados*, ou seja, *com* quem *sente falta* do que é necessário para uma sobrevivência digna. Quem reza no Salmo 23 realçará tal presença salvadora do SENHOR ainda mais ao afirmar: *Tu estás comigo!* (v. 4c).

No mais, o *nome* de Deus, além de trazer o SENHOR presente, destaca a característica principal da ação dele. Pois é *por causa de seu nome* (v. 3c), ou seja, de acordo com o significado de seu *nome*, que o SENHOR é *pastor* (v. 1b). Nesse sentido, o primeiro testemunho do salmista (V. 1b-3) encontra-se moldurado por elementos que fazem de Deus o foco de atenção: o SENHOR é *pastor* (v. 1b) e ele age *por causa de seu nome* (v. 3c). Ou, observada a forma do texto: a expressão *seu nome* em v. 3c faz referência à presença do nome do SENHOR — o tetragrama — em v. 1b.[17] Os elementos centrais (v. 1c-3b), por sua vez, levam a atenção aos que creem neste Deus, sendo descrito, mais concretamente, o que o SENHOR faz em benefício deles.[18]

O conforto da presença protetora do SENHOR (v. 4)

A perspectiva do poema muda em v. 4. O salmista dirige-se agora, de forma direta, ao SENHOR (v. 1b), em vez de se pronunciar sobre o *pastor* divino (v. 1b-3c). Ou, em outras palavras, a imagem e a experiência do *pastoreio* exercido pelo SENHOR transformam-se em "alocução comprometedora de oração".[19] As duas conjunções hebraicas, traduzidas como *mesmo que*, "marcam", logo no início da segunda unidade literária do poema, "uma cesura".[20] Elas introduzem uma oração subordinada que traz

---

[17] MITTMANN, Aufbau und Einheit des Danklieds Psalm 23, p. 11.
[18] MAZOR, Psalm 23, p. 417.
[19] SEYBOLD, *Poetik der Psalmen*, p. 218.
[20] ZENGER, *Mit meinem Gott überspringe ich Mauern*, p. 228.

uma situação específica à mente, na qual há de se provar que o *pastoreio do* Senhor *realmente existe.*

4a *Mesmo que ande por um vale escuro,*
4b *não temo mal algum,*
4c *porque tu estás comigo.*
4d *Teu bastão e teu cajado:*
4e *eles me confortam.*

Ao empregar o pronome pessoal da segunda pessoa do singular, o cantor do Salmo 23 chama o Senhor agora de *tu* (v. 4c). Da mesma forma, os sufixos pronominais nos substantivos *teu bastão* e *teu cajado* (v. 4d), traduzidos como pronomes possessivos, confirmam essa nova perspectiva. De outro lado, continua prevalecendo a perspectiva individual no que se refere ao salmista. Os verbos *andar* e *temer* são apresentados na primeira pessoa do singular. Igualmente, o sufixo pronominal da primeira pessoa do singular, acrescentado à preposição *comigo* e ao verbo *confortam-me*, faz referência ao mesmo "eu".

Indo ao encontro do conteúdo do discurso, outro elemento completa a imagem composta do mundo *pastoril*. De repente, é preciso *andar por um vale escuro.* As *trilhas* anteriormente mencionadas (v. 3b) já levam o pensamento do ouvinte-leitor à região montanhosa, onde os caminhos se estreitam. O *vale escuro* suscita ainda mais a lembrança dos desfiladeiros e barrancos íngremes na região desértica de Judá. Ali "a luz do dia chega somente de forma atenuada e a sombra da noite se estende cedo".[21]

Contudo, dois instrumentos são muito úteis na travessia perigosa de um *vale escuro.* De um lado, o *pastor* usa o *bastão.* Trata-se, conforme a iconografia do Antigo Oriente, de uma *clava* mais curta, bastante resistente e mais pesada, sobretudo, no lado oposto à empunhadura, tendo, muitas vezes, semelhança a uma maça. Tal *bastão* serve como arma, em especial para defender-se a si mesmo ou para defender um membro do rebanho contra

---

[21] MITTMANN, Aufbau und Einheit des Danklieds Psalm 23, p. 9.

um animal selvagem. O *cetro* dos reis no Antigo Oriente imita a forma do *bastão*, sendo que, em hebraico, se trata da mesma palavra. De outro lado, o cantor do Salmo 23 lembra o *cajado*. Este é mais comprido e o *pastor* pode *apoiar-se* nele. Mais ainda: é com o *cajado* que *conduz* o rebanho. Às vezes, o *pastor* toca, com o *cajado*, as rochas no caminho, a fim de que os animais sejam guiados pelo som. Outras vezes, afasta com o *cajado* um arbusto. Em uma situação de emergência, o *cajado* estendido pode tornar-se uma ajuda bem-vinda, para que um animal, ao se *apoiar* nele, supere um desnível.[22]

Mais ainda: embora a imagem do ambiente *pastoril* prevaleça em v. 4, o *vale escuro* ou, mais literal ainda, o *vale da escuridão* provoca ainda outras associações. A *terra de treva e escuridão*, pois, é o lugar da *morte*, rumo à qual a pessoa *caminha* e da qual *não volta*, lugar *sem ordem* (Jó 10,21s; 38,17). Nesse sentido, em hebraico, a palavra *escuridão* espelha até o significado de *sombra da morte*. Além disso, o motivo da *escuridão* serve, na cultura do Antigo Israel, para ilustrar um lugar marcado pela opressão (Is 9,1.3) e pela presença de *prisioneiros de ferro e miséria* (Sl 107,10.14). Por último, vale lembrar que o *deserto*, *terra de estepes e barrancos* — região pela qual o Senhor *fez caminhar* seu povo, quando o *fez subir do Egito*, durante o êxodo — é tido como *terra de aridez e escuridão*, sendo que o *ser humano*, normalmente, não *atravessa* ou *habita* tal lugar (Jr 2,6).

Resumindo: a *escuridão* "simboliza a ameaça da existência".[23] Onde a sobrevivência da pessoa não se encontra mais garantida — por causa de um poder opressivo, da miséria ou da própria morte —, a realidade torna-se *escura*. Contudo, o Salmo 23 afirma, junto à tradição religiosa do Antigo Israel, que o Senhor está com quem passa por essa situação, sendo que tal realidade não foge do poder dele. Afinal, o Senhor pode *transformar* a *luz* em

---

[22] Ver imagens e explicações em KEEL, *Die Welt der altorientalischen Bildsymbolik und das Alte Testament*, p. 208s.
[23] MITTMANN, Aufbau und Einheit des Danklieds Psalm 23, p. 10.

escuridão (Jr 2,16), mas também a *escuridão em manhã* luminosa (Am 5,8).

Nesse sentido, o povo de Deus, de acordo com sua experiência histórica — coletiva ou individual —, testemunha e cultiva a esperança de que a ação divina possa ocorrer de acordo com as circunstâncias dadas. O justo perseguido, cuja voz se escuta no Salmo 23, espera poder verificar o companheirismo *confortante* do Senhor (v. 4e), ao *andar em um vale escuro*. Eis a sua razão por *não* querer *temer mal algum* (v. 4b).

Cabe ainda observar dois paralelismos que, mais facilmente, podem ser vistos ou ouvidos em hebraico. Em v. 1b, o Senhor é chamado de *meu pastor*. O substantivo *mal* em v. 4b revela uma escrita e pronúncia semelhante.[24] Trata-se, portanto, de um paralelismo com base em uma aliteração. No mais, duas expressões verbais ganham certa semelhança por apresentarem a mesma forma e por ser repetida a negação: *não sinto falta* em v. 1c e *não temo* em v. 4b.[25] Surge, com isso, a impressão de que a forma do texto apoia o conteúdo. A primeira parte do Salmo 23, formada por duas unidades literárias menores (v. 1b-3c e v. 4a-e), encontra-se, de certa forma, moldurada pelos paralelismos existentes entre v. 1 e v. 4. No mais, a metáfora complexa do mundo *pastoril*, ao perpassar toda a primeira parte do Salmo 23, confere coesão literária a v. 1-4.

A ceia festiva promovida pelo anfitrião divino (v. 5)

Na segunda parte do Salmo 23 (v. 5-6), é trabalhada outra imagem: o bom anfitrião e a hospitalidade que este oferece. Novamente, duas pequenas unidades literárias formam o trecho. Na primeira delas (v. 5), é mantida a direção do discurso da unidade literária anterior (v. 4). O salmista dirige-se diretamente ao

---

[24] DAHOOD, Stichometry and Destiny in Psalm 23,4, p. 417.
[25] MITTMANN, Aufbau und Einheit des Danklieds Psalm 23, p. 11.

SENHOR, dizendo-lhe como experimenta a ação hospitaleira dele como anfitrião divino.

5a Preparas uma mesa diante de mim,
5b oposta aos que me agridem.
5c Oleaste minha cabeça com perfume.
5d Minha taça é transbordante.

O primeiro elemento da hospitalidade descrita no Salmo 23 refere-se à alimentação. O salmista imagina o SENHOR *preparar uma mesa diante* dele (v. 5a), de acordo com a cultura do Antigo Oriente, onde se cultiva "a expectativa de anfitriões, em suas mesas, providenciarem comida para seus hóspedes".[26] Uma série de narrativas bíblicas ilustra este costume. Ao apresentar a visita misteriosa a *Abraão*, a narrativa, no caso, reserva um espaço significativo à preparação e à colocação dos alimentos diante dos visitantes (Gn 18,1-8).[27] De forma semelhante, também *Melquisedec* (Gn 14,18), *Ló* (Gn 19,1-3), *Raguel* (Ex 2,20), o *homem* de *Belém* (Jz 19,4-8), o *imigrante* de *Gabaá* (Jz 19,21), *Booz* (Rt 2,14), a *viúva* de *Sarepta* (1Rs 17,8-16) e a *mulher de Sunam* (2Rs 4,8-10) celebram sua hospitalidade, oferecendo comida a seus hóspedes.

Mais ainda: da mesma forma que o SENHOR preparou uma mesa para seu povo *no deserto* (Sl 78,19), no tempo em que este, após a saída do Egito, caminhou rumo à liberdade na terra prometida, ele alimenta agora o salmista, novamente em meio a circunstâncias adversas e em um ambiente hostil. *Agressores*, pois, se *opõem* a quem dialoga no Salmo 23 com o SENHOR (v. 5b). O termo *agressor* refere-se a pessoas que causam *aflições* a outros. De forma *insensata* (Sl 74,23), *encolerizam-se* (Sl 7,7), favorecendo *pranto* (Sl 6,7s), *escárnio* (Sl 31,12), *insulto* (Sl 42,11), *afronta, vergonha* e *opróbrio* (Sl 69,20). Os que *afligem* os demais podem ser conterrâneos, mas também invasores estrangeiros que se fazem

---

[26] ARTERBURY; BELLINGER, "Returning" to the Hospitality of the Lord, p. 391.
[27] GRENZER, Três visitantes (Gn 18,1-15), pp. 61-73.

presentes *em meio aos encontros no santuário* (Sl 74,3s). Em todo caso, oferecer proteção e segurança ao hóspede — ou seja, *conforto* em meio a uma situação perigosa (v. 4) — é outra tarefa do anfitrião, sobretudo, à noite. Exemplifica isso o comportamento de *Ló* (Gn 19,4-11), de *Raab* (Js 2), do *imigrante velho* de *Gabaá* (Jz 19) e de *Jó* (Jó 31,32).

Ao avançar com sua descrição da hospitalidade do Senhor, o salmista traz, como terceiro elemento, a ideia de sua *cabeça ter sido oleada com perfume* (v. 5c; Lc 7,46). "Na ocasião de uma refeição festiva, pois, gordura perfumada é colocada sobre a cabeça dos hóspedes, sendo que ela derrete com o calor do corpo, espalhando seu cheiro (Sl 133,2)".[28] Composto por diversos aromas e tendo como base o azeite, o *perfume oleoso* refresca a pele da *cabeça*, favorecendo, desse modo, o *repouso* (v. 2b) e a recuperação do alento (v. 3a), devolvendo *vigor* ao corpo inteiro (Sl 92,11). Nesse sentido, é bom que, além dos *vestidos brancos, não falte perfume sobre a cabeça* do homem (Ecl 9,8) e que o *perfume* não caracterize apenas o bem-estar dos *nobres* (Am 6,6).

O quarto elemento da hospitalidade oferecida pelo anfitrião divino consiste na *taça transbordante* (v. 5d). O hóspede é convidado a participar da abundância dos bens do hospedeiro. Em hebraico, pois, o adjetivo *transbordante* traz a conotação de *beber muito* e até *embriagar-se*. Mais ainda: ao pensar que *a taça transborde* de *vinho*, favorece-se, então, a *alegria* e o *bem-estar do coração* (Sl 104,15; Ecl 9,7) de quem se acomoda em uma casa alheia. Por consequência, surge o resultado de que "o Senhor não conforta apenas o salmista em tempos difíceis, para que o salmista não sinta medo, mas que a presença de Deus é tão profunda que Deus oferece até regozijo neste momento".[29]

Enfim, "a imagem do trato principesco do Senhor com quem reza em v. 5, com os três aspectos básicos da comida, bebida e

---

[28] KEEL, *Die Welt der altorientalischen Bildsymbolik und das Alte Testament*, p. 311.
[29] SYLVA, The Changes of Images in Ps 23,5.6, p. 114.

unção, pertence, no Antigo Oriente, à tradição real".[30] Textos revelam como reis oferecem este tipo de ceia festiva.[31] Seja citada a inscrição do rei assírio Asarhaddon (680-669 a.C.):

> Os grandes e o povo de meu país: fiz todos se assentarem em mesas festivas, com refeição e muita comida. Fiz jubilar seu coração, molhei seu interior com vinho branco e vinho tinto. E fiz suas cabeças molharem-se com perfume precioso.[32]

Também as imagens do Antigo Oriente apresentam este tipo de cena, sendo que "a *taça* se torna o símbolo de tais refeições".[33] No Salmo 23, por sua vez, o SENHOR, Deus de Israel, assume a função do rei e oferece os bens de forma abundante a seu hóspede, sendo que este último, como justo perseguido, se encontra, neste momento, ameaçado em sua sobrevivência por enfrentar *opositores*.

O encontro repetido com o SENHOR na casa dele (v. 6)

Como no início da oração (v. 1b-3c), o salmista dirige-se, também no final de seu discurso (v. 6), a quem o ouve, dando destaque à atuação do SENHOR com ele. Dois paralelismos reforçam a conexão entre as unidades literárias no início e no final do poema, tornando visível uma moldura em torno da parte central (v. 4.5), onde o salmista fala diretamente a seu Deus. De um lado, observa-se que a oração começa com a menção do nome de Deus, sendo que o tetragrama é traduzido aqui como SENHOR (v. 1b). Pela segunda vez, o nome de Deus aparece somente no final do

---

[30] SPIECKERMANN, Heilsgegenwart, p. 271.
[31] Veja os paralelos extrabíblicos a v. 5-6 em BARRÉ; KSELMAN, New Exodus, Covenant, and Restoration in Psalm 23, pp. 104-114.
[32] Tradução segundo BORGER, *Die Inschriften Asarhaddons König von Assyrien*, § 27A, VI 49-53.
[33] A respeito das tradições do Antigo Oriente, veja as informações em EHLERS, "JHWH ist mein Becheranteil", pp. 48-49.

poema (v. 6c). De outro lado, a raiz verbal *voltar* ganha presença na primeira e última parte da oração, ou seja, nas frases *Minha alma traz de volta* (v. 3a) e *Voltarei à casa do* SENHOR (v. 6c). No mais, v. 6 tem caráter de conclusão e resumo. A linguagem metafórica cede lugar à linguagem abstrata. O salmista contempla sua *vida* inteira, focando sua ida repetida ao templo como movimento desejado.

6a *Apenas bondade e fidelidade me perseguem,*
6b *todos os dias de minha vida.*
6c *E voltarei à casa do* SENHOR,
6d *ao longo dos dias.*

Pressupondo que o tema da hospitalidade continue em v. 6 — veja a imagem da *casa* —, surge "um contraste irônico: em vez de inimigos *perseguirem* o viajante, *bondade* e *graça* fazem isso".[34] Em geral, pois, o verbo *perseguir* indica uma situação em que alguém é *agarrado* (Sl 71,11), *gratuitamente* (Sl 119,161), por *agressores* (Sl 119,157). Quer dizer: *o mais robusto* (Sl 142,7), em vez de *praticar a fidelidade, persegue o oprimido e pobre* (Sl 109,16), fazendo a *falsidade* prevalecer (Sl 119,86). Não obstante, existe também a experiência contrária. É possível *perseguir o bem* (Sl 38,21) e, com isso, a *paz* (Sl 34,15).

Todavia, quem levanta sua voz no Salmo 23 traz, no final de sua reflexão, dois conceitos abstratos à reflexão, sendo que estes carregam e condensam o sentido do texto. Após ter mencionado a *justiça* em v. 3b, o salmista faz agora os termos *bondade* e *fidelidade* ganharem a atenção dos ouvintes.

O conceito *bondade* lembra um dado primário da religião do antigo Israel: o SENHOR *é bom e faz o bem* (Sl 119,68; 125,4). Tal *benfeitoria* quer favorecer o homem e se concretiza no *ensino bom* que o SENHOR faz *sair de sua boca* (Sl 119,72), quando promove seus *bons julgamentos* (Sl 119,39) e revela sua *retidão*

---

[34] ARTERBURY; BELLINGER JR., "Returning" to the Hospitality of the Lord, p. 392.

ao povo (Sl 25,8). Além disso, o SENHOR, em sua *bondade*, está disposto a *perdoar* (Sl 86,5) e a fazer o homem experimentar sua *bondade*, em especial, quando *a terra dá seu produto* (Sl 85,13), quando *a alma faminta se enche com o que é bom* (Sl 107,9) e quando o homem pode sentir que sua *juventude* está sendo *renovada* (Sl 103,5).

O conceito de *fidelidade* indica a *graça* divina, no sentido de o homem poder experimentar a *solidariedade* do SENHOR. Aliás, os três conceitos indicam possíveis traduções da mesma palavra hebraica. Seguindo os paralelismos, a ideia da *fidelidade* divina traz as características principais do SENHOR à memória: sua *misericórdia, compaixão* e *paciência* (Sl 51,3; 69,17; 86,15; 103,4.8; 109,12; 145,8), sua capacidade de realizar *maravilhas* (Sl 107,8.15.21.31), de *salvar* (Sl 6,5; 13,6; 31,17; 85,8; 98,3; 109,26; 119,41) e de *redimir* (Sl 44,27; 130,7), de *ver a opressão* que atinge o homem (Sl 31,8), de *libertar a alma* do homem *da morte e fazê-lo viver na fome* (Sl 33,18; 86,13; 109,21), de oferecer-lhe proteção (Sl 36,8; 59,17; 144,2), opondo-se à *agressores* e *inimigos* (Sl 143,12). No mais, a *fidelidade* divina *enche a terra* por Deus *amar justiça e direito* (Sl 33,5) e *fazer* o homem *aprender suas prescrições* e *ordens* (Sl 119,64.88.124.149.159). Nesse sentido, a *fidelidade* divina se manifesta como *retribuição* (Sl 62,13), mas também como *perdão* (Sl 86,5), sendo ela expressão da *aliança* concluída com seu povo (Sl 89,29; 106,45). O maior número de paralelismos indica, porém, a correspondência da *fidelidade* divina à *verdade*, ou seja, à *lealdade* presente no SENHOR (Sl 25,10; 26,3; 36,6; 40,11s; 57,4.11; 61,8; 69,14; 85,11; 86,15; 88,12; 89,3.15.25.34.50; 92,3; 98,3; 100,5; 108,5; 115,1; 117,2; 138,2).

Resumindo: a criação, a libertação de Israel da escravidão no Egito, o presente da terra e a possibilidade de todos poderem comer — tudo é resultado da *graça* divina (Sl 136). Afinal, o SENHOR *pratica a fidelidade* (Sl 18,51; 109,16), sendo *fiel* e *bom* (Sl 25,7; 107,1; 118,1.29; 136,1), justamente como é declarado por quem reza no Salmo 23.

Igualmente, a *volta à casa do* Senhor *ao longo dos dias* (v. 6c.d) é resultado da *graça* divina. Ou seja: primeiramente, a possibilidade de *alcançar* tal *casa* é uma experiência da *fidelidade* do Senhor (Sl 5,8). No segundo momento, o *interior* desta *casa*, ou seja, a parte interior do *templo*, oferece a oportunidade de *meditar a fidelidade* divina (Sl 48,10; 138,2). E, por terceiro, é nesta *casa* que o fiel *se sacia com a gordura* ali presente e *bebe da torrente dos prazeres de Deus*, sendo tudo isso fruto da *fidelidade valiosa* do Senhor, uma vez que o *manancial da vida está com ele* (Sl 36,8-10).[35]

Considerações finais

Quem emite sua voz no Salmo 23 se encontra ameaçado em sua sobrevivência. Observando, pois, a sequência das orações no livro bíblico dos Salmos, há a impressão de que, "a partir do Salmo 22, quem reza no Salmo 23 se apresenta como um pobre",[36] pois no Salmo 22 guarda-se o grito de quem *nem se sente mais homem, mas verme* (Sl 22,7). Não obstante, como miserável, faz a experiência de que Deus *não menospreza, nem tem aversão à miséria do oprimido* (Sl 22,25a.b); pelo contrário, *escuta o grito* de quem está sendo *curvado* e *humilhado* (Sl 22,25d).

O Salmo 23 mesmo revela apenas poucos pormenores da vida de quem se manifesta aqui. No caso, uma das afirmações sobre o Senhor — *Minha alma traz de volta!* (v. 3a) — leva o leitor a

---

[35] As consoantes da expressão hebraica *e voltarei* podem ser lidas também com outra vocalização, pressupondo que se trate do verbo *sentar/assentar-se/morar*. Dessa forma, algumas traduções já compreenderam v. 6c como *Meu sentar/meu morar está na casa do* Senhor. Contudo, por causa do paralelismo criado com base na presença dupla do verbo *voltar* (v. 3a.6c) e por causa de o Salmo 24, ao seguir o Salmo 23, acolher o desejo final de quem pretende *voltar* ao templo e apresentar uma liturgia de entrada no santuário, a leitura *Voltarei à casa do* Senhor *ao longo dos dias* (v. 6c.d) é preferível (KNAUF, Psalm XXIII 6, p. 556).

[36] HOSSFELD; ZENGER, "Wer darf hinaufziehen zum Berg JHWHs?", p. 181.

imaginar "as inquietações precedentes de quem fala assim; antes das pastagens verdes, existiram, então, períodos difíceis; era preciso que a força de vida fosse restaurada".[37] Talvez o Salmo 23 seja até "o canto de um israelita que, diante de seus perseguidores, encontrou refúgio no templo de Jerusalém"; neste sentido, "a assistência do pastor divino não estabelece aqui quem já é forte ou quem já é dominante na sociedade, mas se dirige aos fracos e perseguidos, os quais temem não apenas por seu direito mas também por sua simples existência".[38]

Contudo, o Salmo 23 sonha com a inversão do destino de quem é *agredido* e, por isso, se tornou carente nos mais diversos sentidos. Nem é difícil vislumbrar os elementos que fazem parte da concretização deste sonho apresentado. Trata-se de um processo, pois, aparentemente, "o poema descreve uma viagem" (v. 1b-4e) "que culmina na chegada ao templo" (v. 5-6).[39] Quais são, no entanto, as etapas?

Para começar, o *nome* do Senhor (v. 3b) quer garantir que, na base da *justiça* divina (v. 3c), se chegue a uma situação marcada pela presença dos bens materiais absolutamente necessários para a sobrevivência, a fim de que a pessoa *não sinta falta de nada* (v. 1c). Ou seja: tudo começa com a ausência de fome e sede (v. 2). Além disso, a pessoa, em meio às diversas ameaças, deve ter a possibilidade de experimentar proteção e condução (v. 4). Mais ainda: um bem-estar maior marca o destino, sendo que, na forma de *mesas preparadas*, gente *perfumada* e *taças transbordantes* (v. 5), a fartura possa ser experimentada em uma ceia festiva. Tudo culmina, por sua vez, no momento em que a pessoa *volta à casa do Senhor*, pois sabe que a *bondade* e *fidelidade* deste Deus se fizeram presentes (v. 6).

Todavia, *salmodiando* (v. 1a), ou seja, falando diretamente ao Senhor e falando sobre o Senhor aos outros, se cultivam a confiança em Deus e a esperança de que o futuro possa ser bom para quem ainda *anda pelo vale escuro* (v. 4a).

---

[37] GOULDER, David and Yahweh in Psalm 23 and 24, p. 466.
[38] SCHOTTROFF, Psalm 23, pp. 48.51.
[39] SMITH, Setting and Rhetoric in Psalm 23, p. 63.

4

O FIEL DIANTE DAS CRISES
Salmo 42,1-12

Leonardo Agostini Fernandes

Introdução

O Salmo 42,1-12 revela-nos uma pessoa angustiada, que vive um momento de grande dor, oprimida de forma física e espiritual, e que não tem com quem se lamentar. Essa pessoa, porém, supera a ausência de um interlocutor desejado, por meio de um solilóquio cheio de fé e esperança.[1] Chamaremos esta pessoa angustiada de orante, que expressa um profundo desejo de vida física e espiritual.[2] Ele busca consolar-se, falando ao seu sopro vital,

---

[1] Sobre a forma, aceita-se "diálogo consigo mesmo [...] diálogo como fato psicológico [...] função monológica da linguagem, imitando a função impressiva" (ALONSO SCHÖKEL; CARNITI, *Salmos I*, p. 596). Esse tipo de solilóquio já era conhecido na antiguidade; é célebre a obra egípcia *Diálogo de um suicida com a sua alma*, um papiro de 156 linhas, datado, aproximadamente, do ano 2200 a.C. (RAVASI, *Il Libro dei Salmi*, v. 1, p. 768).

[2] Hermann Gunkel procurou classificar os diferentes tipos de salmos, presentes no saltério, à medida que conseguia entender e alcançar a experiência religiosa original subjacente a cada um deles, percebendo o seu contexto vital (KLATT, Hermann Gunkel). Admite-se que a catalogação dos gêneros literários do saltério já está concluída, mas, caso um salmo

minha alma (*nafshî*), locução que ocorre seis vezes neste salmo (v. 2.3.5.6.7.12).

A angústia deste orante diz respeito, em particular, à nostalgia que sente do seu Elohîm. Este epíteto é, igualmente, marcante e determinante neste salmo, pois ocorre treze vezes (Elohîm/El). Ao lado do termo Elohîm, o tetragrama sagrado aparece uma única vez, perfazendo um total de catorze alusões que, simbolicamente, propõe duas vezes o número sete, concebido como o número da perfeição.[3]

O orante está longe ou se distanciando da *casa de Elohîm*, para a qual se dirigia em alegre peregrinação, com voz de júbilo e hinos de ação de graças, no meio de uma multidão em festa (v. 5).

O orante tornou-se, então, um membro da diáspora e, em sua nova condição, habitando em uma terra estrangeira, recebe, continuamente, um insulto insuportável do inimigo opressor que lhe diz: *onde está o teu Elohîm?* (v. 4.11). Este insulto aumenta ainda mais a dor do orante, porque não é dirigido só para ele, mas é um insulto que escarnece, acima de tudo, o seu Elohîm.

Um refrão marca esta plenitude simbólica. Nele se afirmam a certeza e a esperança de que o Elohîm do orante não o decepcionará em sua dor e sofrimento (v. 6.12). Este refrão delimita as duas grandes partes do Salmo 42: primeira parte: v. 2-5 + refrão (v. 6) e segunda parte: v. 7-11 + refrão (v. 12).

No primeiro ponto deste trabalho, oferecemos uma tradução a partir do Texto Massorético (TM) e discutimos alguns pontos de filologia e crítica textual.[4] No segundo ponto, apresentamos a questão sobre a estrutura do Salmo 42, suas relações com o Salmo 43 e indicamos algumas conclusões. No terceiro ponto, a partir da nossa proposta de estruturação do Salmo 42 em duas

---

não se enquadre dentro de um gênero específico, respeitar a sua autonomia e propô-la como única é uma postura acadêmica condizente com o salmo estudado (ALONSO SCHÖKEL, *I Salmi della fiducia*, p. 11).

[3] BORTOLINI, J. *Conhecer e rezar os Salmos*; comentário popular para nossos dias. São Paulo: Paulus 2000.

[4] Seguimos o texto de ELLIGER; RUDOLPH (eds.), *Biblia Hebraica Stuttgartensia* (quarta edição).

partes, tecemos breves comentários, buscando perceber as razões e as motivações que se encontram na base do solilóquio realizado pelo orante. No quarto ponto, a partir dos indícios formais e materiais do salmo, apresentamos, de forma alternativa, o possível contexto vital que estaria na base do Salmo 42. Enfim, no quinto ponto, oferecemos uma proposta de atualização da mensagem do Salmo 42.

Tradução e notas de crítica textual

Ao regente – maskîl[a] – dos filhos de Qorax[b].	1a	לַמְנַצֵּחַ מַשְׂכִּיל לִבְנֵי־קֹרַח׃
Como um cervo[a] anseia[b] por cursos de água,	2a	כְּאַיָּל תַּעֲרֹג עַל־אֲפִיקֵי־מָיִם
Assim, minha alma anseia por ti, ó Elohîm[b]!	2b	כֵּן נַפְשִׁי תַעֲרֹג אֵלֶיךָ אֱלֹהִים׃
Minha alma está sedenta de Elohîm[a],	3a	צָמְאָה נַפְשִׁי לֵאלֹהִים
do El vivo.	3b	לְאֵל חָי
Quando irei e me mostrarei[b] à face de Elohîm?	3c	מָתַי אָבוֹא וְאֵרָאֶה פְּנֵי אֱלֹהִים׃
Ela, minha lágrima, é para mim um pão, dia e noite,	4a	הָיְתָה־לִּי דִמְעָתִי לֶחֶם יוֹמָם וָלָיְלָה
enquanto dizem[a] para mim todos os dias:	4b	בֶּאֱמֹר אֵלַי כָּל־הַיּוֹם
onde está o teu Elohîm?	4c	אַיֵּה אֱלֹהֶיךָ׃
Essas [coisas] eu quero recordar	5a	אֵלֶּה אֶזְכְּרָה
e eu quero derramar contra mim, minha alma,	5b	וְאֶשְׁפְּכָה עָלַי נַפְשִׁי
porque eu passava[a] com a multidão,	5c	כִּי אֶעֱבֹר בַּסָּךְ

eu os conduzia até a casa de Elohîm,	5d	אֶדַּדֵּם עַד־בֵּית אֱלֹהִים
ao som de júbilo[b] e hino de ação de graças	5e	בְּקוֹל־רִנָּה וְתוֹדָה
de uma multidão em festa.	5f	הָמוֹן חוֹגֵג׃
Por que tu te deixas abater, minha alma,	6a	מַה־תִּשְׁתּוֹחֲחִי נַפְשִׁי
e te perturbas[a] contra mim?	6b	וַתֶּהֱמִי עָלָי
Espera por Elohîm,	6c	הוֹחִילִי לֵאלֹהִים
porque eu ainda poderei confessá-lo: salvação[b] da minha face e meu Elohîm[c].	6d	כִּי־עוֹד אוֹדֶנּוּ יְשׁוּעוֹת פָּנָיו׃ אֱלֹהָי
Contra mim, minha alma está perturbada;	7a	עָלַי נַפְשִׁי תִשְׁתּוֹחָח
contra isso[a], eu recordo de ti[b]	7b	עַל־כֵּן אֶזְכָּרְךָ
da terra do Jordão e dos Hermons[c], de entre o monte Mizar.	7c	מֵאֶרֶץ יַרְדֵּן וְחֶרְמוֹנִים מֵהַר מִצְעָר׃
Abismo[a] pelo abismo está clamando	8a	תְּהוֹם־אֶל־תְּהוֹם קוֹרֵא
ao som de tuas cascatas;	8b	לְקוֹל צִנּוֹרֶיךָ
todos os teus perigos e tuas ondas contra mim passaram.	8c	כָּל־מִשְׁבָּרֶיךָ וְגַלֶּיךָ עָלַי עָבָרוּ׃
De dia, YHWH determina a sua bondade,	9a	יוֹמָם יְצַוֶּה יְהוָה חַסְדּוֹ
e, de noite, o seu cântico[a] está comigo,	9b	וּבַלַּיְלָה שִׁירֹה עִמִּי
uma oração[b] ao El da minha vida[c].	9c	תְּפִלָּה לְאֵל חַיָּי׃
Eu quero dizer para El:	10a	אוֹמְרָה לְאֵל
Minha rocha!	10b	סַלְעִי

Dança, ó terra!

Por que me esqueceste?	10c	לָמָה שְׁכַחְתָּנִי
Por que eclipsado eu caminho,	10d	לָמָּה־קֹדֵר אֵלֵךְ
por causa da opressão do inimigo?	10e	בְּלַחַץ אוֹיֵב:
Como um triturado em meus ossos, eles reprovam-me, os meus adversários,	11a	בְּרֶצַח בְּעַצְמוֹתַי חֵרְפוּנִי צוֹרְרָי
quando dizem a mim todo o dia:	11b	בְּאָמְרָם אֵלַי כָּל־הַיּוֹם
onde está o teu Elohîm?	11c	אַיֵּה אֱלֹהֶיךָ:
Por que tu te deixas abater, minha alma,	12a	מַה־תִּשְׁתּוֹחֲחִי נַפְשִׁי
e te perturbas contra mim?	12b	וּמַה־תֶּהֱמִי עָלָי
Espera por Elohîm,	12c	הוֹחִילִי לֵאלֹהִים
porque eu ainda poderei confessá-lo:	12d	כִּי־עוֹד אוֹדֶנּוּ
salvação da minha face e meu Elohîm.	12e	יְשׁוּעֹת פָּנַי וֵאלֹהָי:

v. 1[a]: O termo *maskil* ocorre treze vezes no título de salmos (32; 42; 44; 45; 52-55; 74; 78; 88; 89; 142), mas o seu significado é incerto. Pensa-se, comumente, que *maskil* seria uma forma para determinar o gênero de um hino ou de um cântico, cujo conteúdo é de índole didática ou sapiencial. A base dessa concepção seria o verbo *sākal*, que significa "instruir", "ser prudente", "compreender", "fazer entender", "acertar" (ALONSO SCHÖKEL, *Dicionário Bíblico Hebraico-Português*, pp. 405.643). Ao lado dessa concepção, uma conotação musical foi atribuída ao termo *maskil* (GERTNER, *Bulletin of the School of Oriental African Studies*, pp. 22-24). Recentemente, passou-se a falar em "canto alternado" (SEYBOLD, *Poetica dei Salmi*, p. 289).

v. 1[b]: O Salmo 42 abre os salmos atribuídos a *Qoraḥ*, ligados ao santuário de Dã (SEYBOLD, *Poetica dei Salmi*, p. 319). *Qoraḥ* foi chefe de um clã e liderou uma revolta contra Moisés e seu irmão Aarão (Nm 16), e, por causa disso, teve seu clã exterminado. Todavia, textos pós-exílicos como 1Cr 9,19; 16,1-19 citam os *qoraxlitas* como pessoas dedicadas ao serviço litúrgico do templo.

v. 2[a]: *como um cervo* (כְּאַיָּל) é uma forma masculina atestada (Is 35,6). Existe a proposta, do aparato crítico da BHS, de se ler: *como uma cerva* (כְּאַיֶּלֶת), uma forma feminina no estado construto (Sl 22,1; Pr 5,19; Jr 14,5 são textos em que ocorre a forma sem preposição), supondo que a letra *tau* tenha caído por haplografia.[5] Isso não resolve a questão de concordância entre o verbo no feminino e o sujeito no masculino. A proposta de ler um feminino, *corsa*, seria válida se houvesse a aceitação da forma masculina com um sentido epiceno, o que não vem ao caso, já que o termo nos dois gêneros aparece na Bíblia Hebraica. Manter a forma masculina seria interessante, pois favoreceria o contraste entre o orante e a sede que sente por seu Elohîm.[6]

v. 2[b]: O verbo *ᶜarag* ("anelar", "desejar", "ansiar") está na terceira pessoa do feminino singular, mas tem como sujeito um substantivo masculino, *cervo*, seguido do substantivo feminino *nefesh*.

v. 2[c]: dois manuscritos da Peshita e do Targum trazem o tetragrama, YHWH, em vez de Elohîm. Esta mudança nas versões busca amenizar a tensão que se cria no texto em virtude da única alusão isolada do tetragrama no v. 9.

v. 3[a]: Não traduzimos Elohîm/El por Deus, pois no salmo utiliza-se o termo tanto no plural como no singular. Dos Salmos 42 a 83, predominam os termos Elohîm/El (epíteto comum para definir a divindade no Antigo Oriente Próximo). Disso resulta a nomenclatura de *Saltério elohista* para os salmos que pertencem a esse bloco (RAVASI, *Il Libro dei Salmi*, p. 757; SEYBOLD, *Poetica dei Salmi*, pp. 251.308).

---

[5] RAVASI, *Il Libro dei Salmi*, p. 765, nota 11.
[6] BARTHÉLEMY, *Critique textuelle de l'Ancien Testament* [Tome 4], pp. 243-244.

v. 3[b]: a única ocorrência no saltério do verbo רָאָה ("ver"), na primeira pessoa do singular no *nifal* ("ser visto", "aparecer", "mostrar-se") encontra-se neste salmo; razão de poucos manuscritos da Peshita e do Targum corrigirem para o *qal*. É possível que o uso da forma no *nifal* tenha um valor teológico, pois seria a tentativa de um copista escrupuloso, desejoso de corrigir teologicamente o texto, uma vez que ninguém pode "ver" a face de YHWH e continuar vivendo (Ex 33,20).[7] A LXX, porém, apoiaria o TM, pois traz ὀφθήσομαι (segunda pessoa do indicativo futuro passivo: "serei visto"). A Peshita acrescentou, por causa da mudança na forma verbal, um sufixo de segunda pessoa do masculino singular: "tua face" (em hebraico, *panèkā*). A tradução, "me mostrarei", manteria o sentido *nifal* e evitaria o problema (Lv 16,2; 1Rs 18,15).

v. 4[a]: Literalmente: *ao dizer* ou *no dizer*. O verbo encontra-se no infinito construto preposicionado e sem um sujeito explícito, podendo ser traduzido tanto no singular como no plural. Admite-se o valor impessoal da forma verbal (JOÜON, *Grammaire de l'hebreu biblique*, nn. 124-125) e o sentido temporal para a preposição *be*, que aparece ligada só mais duas vezes a esse verbo (Dt 4,10; Ez 36,20).

v. 5[a]: as traduções possuem diversas opções de leitura:[8] "sob a Tenda do Poderoso", interpretando *sōk* como tenda (BJ); "eu transpunha a barreira", interpretando o termo como derivado do verbo *s'kar*, com o sentido de interromper (TEB); "desfilava entre fileiras de notáveis", interpretando o segundo termo como derivado do verbo *ʾādar* com o sentido de pessoas notáveis (Cantera-Iglesias); "como passava ao recinto e avançava até a casa de Deus", interpretando *sōk* como recinto e mantendo o verbo *d'dah* com o sentido de

---

[7] BARTHÉLEMY, *Critique textuelle de l'Ancien Testament* [Tome 4], pp. 245-247; ALONSO SCHÖKEL; CARNITI, *Salmos I*, p. 592.
[8] RAVASI, *Il Libro dei Salmi*, p. 767; ALONSO SCHÖKEL; CARNITI, *Salmos I*, p. 592.

caminhar (Peregrino). Nossa tradução assume a via intermediária entre a versão de Cantera-Iglesias e do Peregrino.[9]

v. 5[b]: O termo *ranan* indica a alegria que acompanha a dança litúrgica; *tôdah* evoca os sacrifícios de louvor e de ação de graças; e *ḥagag* evoca a celebração litúrgica, na qual os participantes vivem uma euforia muito forte. Todos estes três termos, que evocam uma experiência do orante, estão contrapostos à situação angustiante que ele está vivendo no seu presente.

v. 6[a]: à diferença do TM, que traz somente o pronome interrogativo no v. 12 e no Salmo 43,5 (וּמַה־תֶּהֱמִי עָלָי), a LXX e a Peshita possuem uma lição uniforme, com o pronome, nos três versículos do refrão (Sl 42,6.12; 43,5): *e por que te perturbas contra mim* (καὶ ἵνα τί συνταράσσεις).

v. 6[b]: *salvações das minhas faces* seria uma tradução literal, pois יְשׁוּעוֹת é um plural intensivo,[10] concordando com o plural construto פְּנֵי, com ou sem a *mater lectiones* (Sl 42,12 e Sl 43,5); lemos no singular.

v. 6[c]: a LXX traz o primeiro termo do v. 7 unido ao final do v. 6: σωτήριον τοῦ προσώπου μου ὁ θεός μου (*salvador da minha face [e] meu Deus*), considerando a lição do final do v. 12 e do Salmo 43,5. A proposta de correção é aceitável, visto que o próprio texto hebraico apoiaria a correção, sem que houvesse mudança consonantal. Assume-se uma separação consonantal diferente, vendo o *waw* final do termo *pānāw* pertencendo ao termo *wᵉlōrāy* do versículo seguinte (פָּנַי וֵאלֹהָי). Todavia, o problema ainda persiste, pois a locução final do v. 12b-b e do Salmo 43,5 (פָּנַי וֵאלֹהָי), que serviria para corrigir o v. 6c/7, em alguns manuscritos hebraicos e no Targum aparece, exatamente, separada: פָּנָיו אֱלֹהַי. Dois manuscritos hebraicos tentam resolver a questão colocando também um *waw* no termo Elohîm וֵאלֹהַי פָּנָיו, o que criaria uma dificuldade maior. Dois códices da LXX

---

[9] ALONSO SCHÖKEL, *Biblia del Peregrino*, p. 634; CANTERA; IGLESIAS, *Sagrada Biblia*, p. 627.

[10] KAUTZSCH; COWLEY (eds.), *Gesenius' Hebrew Grammar*, § 124d.

(Vaticanus e Sinaiticus) e a versão Copta tentaram resolver o problema omitindo o *waw* copulativo.

v. 7[a]: a locução ʿ*al-kēn* denota a luta interior do orante, pois ele não aceita o que está remoendo dentro de si.

v. 7[b]: alguns códices da LXX (Coislianianus, Veronensis e Sinaiticus) e a versão Copta trazem o tetragrama após dizer *eu me recordo de ti*, a fim de não se fazer confusão do objeto ao qual se refere o sufixo pronominal. Alguns manuscritos hebraicos trazem Elohîm, procurando manter o epíteto que é predominante no salmo.

v. 7[c]: a citação no plural corrobora um conhecimento geográfico, pois corresponde à cadeia montanhosa do Líbano. O orante encontra-se em uma zona de confins territoriais na parte setentrional da Palestina.

v. 8[a]: o termo *tehôm* é, normalmente, traduzido por "oceano", que representa uma enorme massa de águas profundas (Jn 2,6). Dá-nos a ideia de um imenso reservatório de água que se vê do alto de uma colina, formado pelas fortes águas que correm de um rio e se precipitam do alto em um grande buraco e não se sabe o seu fim. A imagem da catarata traduz bem a realidade de um lugar profundo (HARRIS, תְּהוֹם, pp. 1632-1633).

v. 9[a]: seguimos o Qere da lição massorética, lendo *o seu canto* (שִׁירוֹ) em referência a Elohîm e não o Ketib *o canto dela* (שִׁירָהּ), que poderia ser uma referência ao canto que a noite traz à lembrança do orante.

v. 9[b]: poucos manuscritos hebraicos trazem תְּהִלָּה, *louvor*, em vez de תְּפִלָּה, *oração*, buscando harmonizar com o termo *seu canto* (שִׁירוֹ).

v. 9[c]: a frase é usada ainda em Eclo 23,4 em um contexto que alude à ação do inimigo opressor (Eclo 23,3).

Em síntese, os problemas apontados pelo aparato crítico da BHS não afetam, essencialmente, o TM. Se, por um lado, busca-se corrigir certos problemas do Salmo 42 com o Salmo 43, por outro lado, as mesmas diferenças encontradas podem servir para questionar, a partir do Salmo 42, o valor textual das variantes presentes no Salmo 43. Julgo oportuno, porém, seguir a sugestão do aparato crítico, quanto ao final do v. 6 e o início do v. 7, a fim de se manter o refrão completo, bem como a leitura do Qere no v. 9.

Estrutura

Os Salmos 42 e 43 poderiam ser considerados um único salmo.[11] A estrutura estaria demarcada pela dúplice pergunta: *onde está o teu Deus?* (42,4.11) e na fala do orante, como se reconhecesse, de fato, tal abandono (Sl 43,2). A expectativa salvífica está presente no refrão do Salmo 42,6.12 e Salmo 43,5. Caso os dois salmos sejam lidos como um só salmo, o nome divino apareceria 22 vezes e corresponderia às letras do alfabeto.[12]

Todavia, o Salmo 42 possui duas partes que se desenvolvem em torno dos tormentos que o orante está passando e se concluem com a certeza que brota da sua esperança: *salvação da minha face e meu Elohîm* (v. 6.12). Se a tradução do final do v. 6 e do v. 12 for feita de forma análoga, considerando o problema textual que existe entre o final do v. 6 e o início do v. 7, a relação das duas partes ficaria ainda mais enfatizada.

---

[11] O Salmo 42 e o Salmo 43 podem ser lidos como um único, mas nada impede de ler, individualmente, o Salmo 42,1-12. O principal argumento sobre a unidade entre esses dois salmos recai na presença do mesmo refrão: 42,6.12 e 43,5 (ALONSO SCHÖKEL; CARNITI, *Salmos I*, pp. 593-594). WEISER (*Os Salmos*, p. 256) e RAVASI (*Il Libro dei Salmi*, p. 758-759.761) estão entre os que defendem a hipótese da unidade entre o Salmo 42 e o Salmo 43, e, além do argumento sobre o mesmo refrão, citado por Alonso Schökel e Carniti, aludem à semelhança temática, estilística e na ausência da epígrafe no Salmo 43.

[12] ALONSO SCHÖKEL; CARNITI, *Salmos I*, pp. 593-594; BORTOLINI, *Conhecer e rezar os Salmos*, p. 180; RAVASI, *Il Libro dei Salmi*, p. 761.

O Salmo 43 poderia ser, igualmente, uma releitura posterior do Salmo 42 para aplicar, ao inimigo e opressor (Sl 42,10), a conotação desejada pelo orante ao pedir que Elohîm seja o seu juiz diante de uma nação infiel e do homem iníquo (Sl 43,1). Tal observação poderia justificar a ausência de um título para o Salmo 43, dado que apoiaria a intenção posterior de criar uma unidade pela continuidade temática com o Salmo 42.

Ravasi considera a estrutura do Salmo 42–43 sob o aspecto de três cenas.[13] A primeira cena trata do passado nostálgico (v. 2-6), construída sobre os tópicos: água (v. 2-3); alimento: a pergunta sarcástica, "onde está o teu Deus?", (v. 4); templo (v. 5), e a *antífona* (v. 6). A segunda cena trata do presente trágico (v. 7-12), construído sobre os tópicos: água (v. 7-8); lamentação (v. 9-10): inimigos e "rocha"; ossos e a pergunta sarcástica: "onde está o teu Deus?" (v. 11), e a *antífona* (v. 12). A terceira cena trata do futuro luminoso (43,1-5), construído sobre os tópicos: lamentação (v. 1-2); inimigos e "fortaleza"; templo (v. 3-4); e a *antífona* (v. 5).

A tríplice divisão temporal, passado-presente-futuro, proposta por Ravasi não é, a meu ver, totalmente feliz. Nas duas primeiras partes, no que Ravasi chama de antífona, encontra-se exatamente um sinal da esperança do orante. Este dado poderia, facilmente, ser colocado como anúncio de um futuro luminoso. O mesmo diga-se sobre o presente, pois o Salmo 43,1 denota que o orante ainda continua em uma situação de aflição e que não lhe resta outra alternativa senão invocar Elohîm como juiz da sua causa.

Outro elemento que não nos permite falar de total simetria entre o Salmo 42 e o Salmo 43 está no fato de a expressão *minha alma* reaparecer somente uma só vez no Salmo 43,5, enquanto no Salmo 42 ela é uma constante: v. 2.3.5.6.7.12. Contra o nosso argumento teríamos, pelo somatório das alusões, o número sete, indicando uma plenitude ao lado do termo Elohîm. Todavia, a expressão *minha alma* poderia estar subentendida na expressão *minha vida* (v. 9), perfazendo, igualmente, o total de sete ocorrências. O Salmo 42,1-12 tem como protagonistas o orante-criatura,

---

[13] RAVASI, *Il Libro di Salmi*, p. 764.

simbolizado pelas expressões *minha alma/minha vida*, e Elohîm, a rocha em quem o orante confia o seu destino e situação.

Uma estrutura alternativa

No Salmo 42 encontra-se um destinatário psicológico: *minha alma*. A ela, o orante fala a respeito de outros sujeitos: Elohîm, que é o principal objeto do seu desejo, e os inimigos opressores, que o ofendem com a pergunta sarcástica: *onde está o teu Elohîm?*

O primeiro sujeito de quem o orante fala, pela metáfora com a *minha alma*, é Elohîm. Este epíteto é citado treze vezes no salmo, e em uma única vez o orante utiliza o tetragrama sagrado YHWH (v. 9). Em todas as outras treze ocorrências, o orante utiliza o nome comum *El* no singular (v. 9.10) e o plural *Elohîm* (v. 2.33.4.5.6.7.11.122). O uso de *Elohîm*, com sufixos pronominais, aparece duas vezes na primeira pessoa do singular, *meu Deus* (v. 7.12), e na segunda pessoa do singular, *teu Deus* (4.11).

Ao lado de Elohîm, o orante trava uma espécie de diálogo com a *minha alma*. Ele tenta consolar sua alma inconsolada e sedenta de Elohîm. O orante e sua alma figuram como se fossem distintos, estão feridos, e, então, descobre-se o terceiro sujeito: são os que dizem: *onde está o teu Elohîm?* (v. 4.11), denominados de inimigo opressor (v. 10).

Apesar desse inimigo, o solilóquio do orante com a sua alma revela um fator psicológico: ele está vivendo um drama-litígio que o consome fortemente por dentro.[14]

A profissão de fé no Salmo 42,6.12 evoca as maravilhas operadas por Deus no passado. O sofrimento pelo qual passaram os israelitas no Egito e as etapas necessárias da libertação, operadas por Elohîm, alimentam a fé do orante. Ele, apesar de tão grande

---

[14] O solilóquio tem neste salmo a função psicológica de autoexortação, na qual o orante busca estimular-se, a fim de suportar suas dores e desterro (ALONSO SCHÖKEL; CARNITI, *Salmos I*, p. 596).

sofrimento, continua certo de que Elohîm agirá em seu favor, revertendo a situação.

Portanto, o Salmo 42 pode ser divido em duas partes levando-se em consideração a expressão *minha alma*, a pergunta dos opressores (*onde está o teu Elohîm?*) e a esperança do orante duplamente marcada: *salvação da minha face e meu Elohîm*.

As partes do Salmo 42 e seu respectivo comentário

Primeira parte: v. 2-5 + refrão

² *Como um cervo anseia por cursos de água,*
assim minha alma anseia por ti, ó Elohîm.

A primeira parte tem início com uma metáfora[15] contendo um paralelismo que evoca o anseio do orante, que se expressa e se derrama por inteiro, corpo e alma, bramando pelo que proporciona a vida. De fato, *nefesh* evoca a pessoa em sua totalidade,[16] isto é, o "eu" do orante lúcido, mas profundamente assolado pela sua dura realidade.

A água desejada pela garganta sedenta do orante é expressão, por um lado, do seu ardente desejo pelas fontes que proporcionam o necessário para se viver, mas, por outro lado, simbolizam o seu desejo de salvação. A experiência da aridez, do desejo da chuva e da água, que mantém homens e animais com vida, é uma típica imagem que acompanhou os povos do Antigo Oriente Próximo.[17]

---

[15] O Salmo 42 é o único caso do saltério que começa com uma metáfora (ALONSO SCHÖKEL; CARNITI, *Salmos I*, p. 594; RAVASI, *Il Libro dei Salmi*, p. 759).
[16] *Nefesh* conota, ao mesmo tempo, *alma, goela,* ou *garganta*, evidenciando a pessoa como um todo (JENNI; WESTERMANN, *Diccionario Teologico Manual del Antiguo Testamento*, pp. 102-133).
[17] Sobre a importância teológica da água no Antigo Oriente Próximo, em particular na Palestina, ver MCKENZIE, Água, pp. 18-19; KAISER, *May — mayim*, pp. 829-832.

O anseio do orante por Elohîm, como providência e salvação, imprime o sentido que ele deseja manifestar através da metáfora do cervo que, sequioso, anseia pelas águas correntes.[18] O verbo ᶜārag representa, aplicado ao ser humano, um desejo interior por aquilo que pode satisfazer a necessidade de quem está privado de um elemento fundamental para viver.[19] Nesse caso, Elohîm é a única água capaz de saciar os anseios do orante, isto é, de salvar. Por isso, o orante inicia seu solilóquio por um pesar cheio de nostalgia.

Assim como um cervo deseja saciar sua sede com águas correntes, isto é, com água não estagnada, mas que corre e fecunda o solo por onde passa, o orante deseja saciar sua sede com a presença do seu Elohîm, que é uma divindade viva, à diferença das divindades onde o orante se encontra ou para onde ele se encaminha.

Essa diferença está evidenciada, exatamente, no v. 3, no qual o orante faz uma afirmação que distingue o seu Elohîm dos elohîm dos outros povos:

³ *Minha alma tem sede de Elohîm,*
do Elohîm vivo;
Quando irei e me mostrarei à face de Elohîm?

---

[18] A imagem da água é pertinente no Salmo 42: foi introduzida nos v. 2-3, retomada nas lágrimas do orante no v. 4 e na alusão às cascatas e ondas do v. 8. Ao lado disso, o Salmo 63,2 apresenta uma temática bastante próxima ao Salmo 42. Aqui, a comparação da alma sedenta por Deus é feita com o cervo sedento por águas correntes; lá, a alma sedenta por Deus é feita com a terra seca, desejosa das águas das chuvas que amolecem os seus sulcos e a fazem florescer. De igual maneira, pode-se perceber uma alma que se consome no desejo de salvação, como expressa no Salmo 119,81-84.

[19] Em Jl 1,20, temos a última alusão ao verbo, que se encontra aplicada diretamente ao anseio dos animais pelo líquido precioso, a água, pois eles estão em uma situação de aridez desoladora.

O desejo do orante é manifesto através da primeira pergunta, que ele faz para si mesmo no v. 3c: *Quando irei e me mostrarei à face de Elohîm?* Esta pergunta denota uma situação de privação vital do orante. É uma pergunta repleta de nostalgia, razão do sofrer do orante, porque alude a um passado alegre e marcado pela experiência religiosa quando, constantemente, ele se encaminhava para o templo e frequentava o seu culto.[20]

O orante não contempla o lugar daquele em que ele crê, mas procura entender o que ama, sofrendo diante da realidade que o angustia e torna seu coração pesado pela luta interior que trava consigo mesmo. A sede de Elohîm é a sede de quem deseja se apresentar diante do único capaz de saciar, em plenitude, o seu desejo de salvação.[21]

A angústia físico-espiritual do orante, expressa pela realidade da sede, nos v. 2-3, é ampliada com a imagem da fome, simbolizada pela amargura diante da dor e da miséria de quem se alimenta do pão das suas próprias lágrimas:

⁴ *Ela, minha lágrima, é para mim um pão,*
dia e noite,

Enquanto o orante caminha, "engolindo suas lágrimas, sem dúvida, sente mais sede das águas das fontes".[22] As lágrimas que afloram das pupilas do orante, que escorrem pelo seu rosto e que deveriam saciar a sua sede[23] são evocadas, curiosamente, como alimento dentro de uma realidade temporal completa: *dia e noite*.

---

[20] Para Ravasi (*Il Libro dei Salmi*, p. 760), o orante seria um levita, forçado a viver na alta Galileia, impedido de se dirigir em peregrinação ao templo de Jerusalém. A lembrança da peregrinação do orante no v. 5 não seria, necessariamente, um argumento a favor de que o orante fosse, de fato, um levita.
[21] SANTO AGOSTINHO, *Comentário aos Salmos*, pp. 694-695.
[22] SANTO AGOSTINHO, *Comentário aos Salmos*, p. 695.
[23] RAVASI, *Il Libro dei Salmi*, p. 763; ALONSO SCHÖKEL; CARNITI, *Salmos I*, p. 599.

O orante transcorre o tempo entre lágrimas. Grande é o seu sofrimento (Sl 80,6; 102,10). Um pranto de lamentação causado, talvez, por uma real situação de carestia e maus-tratos, agravada pelo pior insulto que um fiel piedoso poderia receber dos seus opressores:

enquanto dizem para mim todos os dias:
onde está o teu Elohîm?

O insulto sarcástico traduz uma dura realidade:[24] o orante é membro de um povo derrotado pelo seu inimigo (v. 10). A derrota de um povo era vista como derrota do seu Elohîm, porque este não teria sido capaz de evitar a vitória do inimigo opressor.[25] O orante é membro de um povo no qual o seu Elohîm não pode ser mostrado, porque não permite ser confundido com nada na criação.

A resposta para a pergunta insolente — *onde está o teu Elohîm?* — encontra-se na lembrança do orante, quando ele era livre para participar da peregrinação anual à casa do seu Elohîm.[26] Uma peregrinação que acontecia em meio à alegria de uma multidão que caminhava entre cantos, louvor e festa. O orante lembra-se de

---

[24] ALONSO e CARNITI (*Salmos I*, p. 599) admitem que a pergunta possa advir de "politeístas estrangeiros", mas não a ligam com inimigos bélicos. Todavia, 2Rs 18,13–19,19 e Jl 2,17 são textos que oferecem um contexto favorável para essa ligação, pois o insulto ao Elohîm do povo eleito transparece através da mesma pergunta: *onde está o teu Elohîm?*

[25] O Elohîm do orante, representante do povo eleito, é diferente dos elohîm dos outros povos. A polêmica não assume, categoricamente, um debate anti-idolátrico neste salmo, mas evidencia a disputa comum em torno da divindade que mais prontamente é capaz de responder aos apelos dos seus devotos (Dt 4,7).

[26] O silêncio de Deus diante do sofrimento do justo (Sl 22,1-6) foi utilizado pelos inimigos opressores como um ato manifesto da impotência, do descaso e da indiferença de Deus em relação ao seu povo, ou, na pior das hipóteses, como uma prova da sua não existência. A posição teológica, porém, do lado do povo eleito irá conceber esse silêncio como uma forma de corrigir as suas infidelidades (Mq 7,10).

que ele era um dos primeiros, pois conduzia os demais e porque desejava chegar logo à *casa de Elohîm*.

⁵ *Essas coisas eu quero recordar
e eu quero derramar contra mim, minha alma,
porque eu passava com a multidão,
eu os conduzia até a casa de Elohîm,
ao som de júbilo e hino de ação de graças
de uma multidão em festa.*

O orante encontra-se longe do templo, isto é, longe do sinal e da fronteira sagrada da vida, onde o culto expressava o seu íntimo convívio com o seu Elohîm. A lembrança da *casa de Elohîm*, da sua liturgia e da alegria, supria a carência da sua imagem e mostra que o orante vive, agora, um presente repleto de tristezas, que se opõe a um passado de alegria. A recordação da dinâmica festiva, com as orações e louvores que se elevavam a Elohîm durante a peregrinação e, principalmente, ao adentrar em sua casa, são a tentativa de sustentar o orante, ajudando-o a suportar a dor dos insultos.

Diante desse quadro, pode-se pensar em um movimento inverso. Em vez de uma peregrinação em direção ao templo, em ritmo festivo, o orante encontra-se entre os que sobreviveram ao ataque do inimigo e, feito prisioneiro, está sendo conduzido para o cativeiro, experimentando a sede, a fome, o pranto, a lamentação e o insulto.

Enquanto caminha, distanciando-se da sua pátria e da casa do seu Elohîm, o orante, que não pode falar com alguém do seu próprio povo, emite gemidos e por eles expressa sua autoconfiança em Elohîm a sua própria *nefesh*:

⁶ *Por que tu te deixas abater, minha alma,
e te perturbas contra mim?
Espera por Elohîm,
porque eu ainda poderei confessá-lo:
salvação da minha face e meu Elohîm.*

Esse apelo, que se repete duas vezes no Salmo 42 (v. 6.12), é uma tentativa de repelir o sofrimento evocando uma confiança inabalável em Elohîm. O orante busca na sua fé, depositada no seu Elohîm, um consolo capaz de mantê-lo com vida no presente, alentando a esperança de um futuro diante do seu Elohîm.

A alma do orante está triste e o agita, isto é, o reprova interiormente talvez com gemidos perturbadores. É um modo para expressar o próprio íntimo abatido, sofrido e angustiado. Não obstante tudo, o orante define o seu Elohîm: é digno de louvor, mesmo tendo permitido a vitória do inimigo opressor. O seu Elohîm, mudando a calamitosa situação, mostrará o seu poder subtraindo o orante da sua angústia.

Ao inimigo opressor que lhe diz: *onde está o teu Elohîm?*, o orante não responde. A sua fala é interna, dirigindo à sua própria alma um sopro de esperança: *Espera por Elohîm, porque eu ainda poderei confessá-lo: salvação da minha face e meu Elohîm.*

Se, por um lado, a face do orante recebe insultos; por outro, ele tem sua face, mesmo longe e distante, voltada para o seu Elohîm, que lhe traz salvação.

Segunda parte: v. 7-11 + refrão

A segunda parte do salmo relaciona-se bem com a primeira parte. Liga-se ao v. 6 pela frase: *Contra mim, minha alma está perturbada* (v. 7a); liga-se ao v. 5, pelo verbo na primeira pessoa do singular: *eu recordo* (v. 7b); e liga-se com os v. 2-4, ao citar a região setentrional da Galileia, onde se encontram as fontes do rio Jordão, que alimentam os cursos de água citados v. 2: *da terra do Jordão e dos Hermons, de entre o monte Mizar* (v. 7c). Uma região marcada pela presença de água contrasta com a dureza de quem estava suspirando por águas correntes, da primeira parte deste salmo.

⁷ *Contra mim, minha alma está perturbada;*
contra isso, eu me recordo de ti,
da terra do Jordão e dos Hermons,
de entre o monte Mizar.

O combate interior, que o orante trava com sua alma, parece ser mais duro e cruel do que a experiência da falta de água, dos seus anseios por Elohîm e do sarcasmo que vem do inimigo opressor. A luta interna que abate o orante é muito mais dura do que a luta externa. O seu íntimo perturbado é sinal de um terrível quadro psicológico.

A referência à terra do Jordão evoca o local, atualmente conhecido por *Baneas*, onde se encontra, ainda hoje, uma das fontes do rio Jordão.[27]

A referência à cadeia montanhosa do Hermon mostra que o orante está se distanciando da terra prometida, em particular do monte que ele ama, o monte Sião, onde se encontra a casa de Elohîm. Esta referência evoca, também, os cursos de águas que eram alimentados pelo degelo na Primavera, ajudando a florescer o território.

Quanto ao monte Mizar, não temos informação sobre a sua exata localização.[28]

A referência geográfica pode ser uma alusão aos locais pelos quais o orante passou ou estava passando, vendo que se distanciava, cada vez mais, da *casa de Elohîm*.

Pode-se afirmar, contudo, que o orante nos situa no local onde se encontram as cascatas que formam o Jordão, o qual atravessará e irrigará a terra prometida.

Todavia, o orante ao dizer: *contra isso, eu recordo de ti*, expressa uma aflição causada em seu íntimo, à diferença do insulto que lhe vem do externo: *onde está o teu Elohîm?* (v. 4c.).

O verbo *zākār* com sufixo pronominal masculino, na segunda pessoa do singular, refere-se, provavelmente, a Elohîm. A

---

[27] *Baneas* é uma deturpação de *Paneas*. *Pan* era a divindade dos prados e rebanhos, cultuada ao Norte da Palestina em uma gruta-santuário sobre a base meridional do Hermon. Nesse local, fluía a fonte oriental do Jordão (KOPP, *I Luogui Santi degli Evangeli*, p. 387; WEISER, *Os Salmos*, p. 258; RAVASI, *Il Libro dei Salmi*, p. 769), no território que, nos tempos de Jesus, fora administrado por Filipe, após a morte de Herodes Magno (Mt 16,13).

[28] Para uma discussão a respeito, veja-se RAVASI, *Il Libro dei Salmi*, p. 769.

perturbação da alma deste orante é combatida com a lembrança de Elohîm ou ela lhe dá a ocasião para o orante se lembrar de seu Elohîm.

A imagem descrita no v. 8 não deveria ser vista, em um primeiro momento, como algo nocivo, como se fosse uma inquietação psicológica negativa que retorna à mente e ao coração do orante. Não há razões para se pensar que o orante esteja fazendo uma alusão à ação punitiva de seu Elohîm, porque, logo a seguir, proclamará a ação bondosa do Senhor, que o acompanha de dia e de noite (v. 9), pois dirá a respeito do seu Elohîm: "minha rocha" (v. 10).[29]

⁸ *Abismo pelo abismo está clamando,*
ao som de tuas cascatas;
todos os teus perigos e tuas ondas
sobre mim passaram.

Essa imagem pode ser uma constatação sobre uma localidade impressionante. O orante a conhece ou a presenciou quando estava passando por ela. *Abismo, cascatas, perigos* e *ondas* representam, ao lado da terra do Jordão, da cadeia montanhosa do Hermon e do monte Mizar, uma forma de o orante descrever a experiência que faz da força da natureza, constatando as obras magníficas do seu Elohîm Criador.[30] As forças da natureza contrastam com a força que oprime e abate a sua alma.

---

[29] RAVASI (*Il Libro dei Salmi*, pp. 763.769-770) defende esta negatividade, contrapondo os v. 2-6 aos v. 7-12: "O poeta buscava uma água alentadora (I estrofe), encontrou uma água oceânica destruidora (II estrofe); buscou Deus, água que cria e fecunda (I estrofe), encontrou Deus, água tempestiva e irresistível (II estrofe)". A positividade, segundo Ravasi, só retornará no Salmo 43, que compõe a III estrofe. BORTOLINI também alude à segunda parte do salmo de forma negativa (*Conhecer e rezar os Salmos*, pp. 180-181).

[30] A imagem do abismo é admitida como uma alusão ao sheol, temido quando se experimenta uma grave enfermidade, pautada na força da alusão aos ossos triturados do v. 11 (ALONSO SCHÖKEL; CARNITI,

O orante experimentou sem interrupção uma dura realidade: um combate externo diante do inimigo opressor, que o insulta, insultando o seu Elohîm; e um combate interno diante da sua desolada alma, que combate com a força da lembrança consoladora de YHWH, seu Elohîm salvador, narrada no contexto de um dia completo.

⁹ *De dia, YHWH determina a sua bondade*
e de noite o seu cântico está comigo,
uma oração ao El da minha vida.

Dia e noite simbolizam a totalidade do tempo, mas também refletem um esquema binário, no qual uma realidade se contrapõe à outra: prosperidade alcançada durante o dia e adversidade sofrida durante a noite.[31] É um artifício literário e teológico que ajuda a perceber a continuidade da situação vivida pelo orante que oscila entre lamentação e esperança, angústia e busca de consolo, prostração e soerguimento.

Nesses dois polos, porém, a presença de YHWH é reconhecida e manifestada, lembrada e experimentada pelo orante: por um lado, ele, em seu solilóquio, vive um drama que o angustia; por outro, ele proclama para si mesmo uma certeza capaz de ajudá-lo a superar o seu drama: na ausência de seu Elohîm, ele encontra a sua constante presença de fidelidade e de graça. Em outras

---

Salmos I, p. 595; RAVASI, *Il Libro dei Salmi*, p. 769). Todavia, a imagem do inimigo opressor tem mais a ver com uma situação de escravidão, em terra estrangeira, do que um insulto dirigido ao orante por causa de uma enfermidade. Para RAVASI (*Il Libro dei Salmi*, p. 763), as águas evocam o caos do oceano primordial e elas são uma precisa referência de uma região topográfica no saltério ao lado da referência aos "canais da Babilônia" do Salmo 137. Parece-me desproporcional a citação de Jn 2,3 por Ravasi, visto que o salmo em Jonas tem a ver com as profundezas dos oceanos; bem como citar a falha do Mar Morto em relação ao nível do Mar Mediterrâneo, para evocar os abismos, visto que a cena evoca as fontes do Jordão e a cadeia montanhosa do Hermon.

[31] SANTO AGOSTINHO, *Comentário aos Salmos*, p. 695.

palavras, o silêncio de Elohîm é uma eloquente voz presencial em seu íntimo, que se torna a "casa de Elohîm" para ele.

Em contraposição aos escárnios dirigidos, reiteradamente, *todos os dias*, ao orante (v. 4), na nova alusão temporal rítmica, *de dia... e de noite...*, o orante também percebia que sua vida estava sendo preservada por YHWH em meio a todas as adversidades sofridas.[32]

Enquanto caminhava *de dia*, o ḥesed de YHWH o fortalecia e, quando suspendia a marcha, o orante tinha a companhia do cântico de YHWH que sustentava sua oração, matéria do louvor ao Elohîm que ele declara *El da minha vida*, o único capaz de salvá-lo de sua insuportável situação (Sl 66,9).

Nada nos impede de ver neste versículo uma alusão à vitória sobre os egípcios, uma lembrança das façanhas de YHWH a favor do seu povo, que experimentou, durante o dia, a nuvem que protegia do calor do sol e mostrava o caminho, e, durante a noite, a coluna de fogo que os aquecia do frio e os iluminava (Ex 13,21-22). Essa lembrança justificaria o único uso do tetragrama sagrado, evocando a revelação de Ex 34,6-7.

Não obstante todo o esforço que o orante tem feito para suportar a dor que angustia a sua alma, bem como tudo o que tem procurado se lembrar do seu Elohîm, ele não deixa de continuar colocando suas dúvidas para o seu Elohîm. Ele quer respostas!

[10] *Eu quero dizer para El: minha rocha!*
Por que me esqueceste?
Por que eclipsado eu caminho,
por causa da opressão do inimigo?

A Elohîm, o orante faz uma forte afirmação de fé: *minha rocha!* É uma imagem que pode, ao lado dos abismos, cascatas, perigos e ondas, aludir à geografia do local por onde o orante passa

---

[32] À diferença do grito desesperado de um justo que se sente abandonado por Elohîm, que demonstra o seu silêncio, permitindo que os acontecimentos sigam um curso absurdo (Sl 22,2-3).

ou se encontra.[33] Todavia, mais do que isso, é uma profissão de fé. O orante não está apoiado em obras humanas, mas no Elohîm verdadeiro.

O orante luta para manter a sua confiança em Elohîm. É por causa desta certeza, que ele se sente aberto para expor ao seu Elohîm o que ele está experimentando: tristeza por deixar a terra onde está a casa do seu Elohîm, e dela se afastar oprimido pelo seu inimigo. O distanciamento da casa de Elohîm (dimensão topográfica) e a experiência evocada da ausência que ocupa o lugar da desejada presença de Elohîm (dimensão psicológica) são um paradoxo psicológico na afirmação de fé do orante.

Enquanto ele se lembra do seu Elohîm, apresentando-lhe a sua angústia e sua dor, queixa-se por se sentir esquecido. O drama que o orante está vivendo atinge um clímax. A pergunta do orante (*por que me esqueceste?*) é uma súplica,[34] típica reação do justo sofredor, que necessita dizer a si mesmo: *retorna à tua calma, minha alma, porque YHWH te beneficiou* (Sl 116,7).[35]

---

[33] O termo *selaʕ*, "rocha", foi utilizado no momento da prova do deserto, determinando a exclusão de Moisés da terra prometida (Nm 20,10). As ocorrências, com o sufixo de primeira comum singular, estão relacionadas a Deus: quatro vezes no saltério (18,3; 31,4; 42,10; 71,3) e uma única vez em 2Sm 22,2. É um dado relevante, pois a prova do deserto tinha a ver com a sede do povo, como o contexto do Salmo 42.

[34] O morto, que habita o sheol, não pode se lembrar mais de louvar YHWH (Sl 6,6) ou ser lembrado por YHWH (Sl 88,6). Todavia, YHWH continua fazendo misericórdia até para os mortos (Rt 2,20).

[35] Não acredito, particularmente, que a situação de dor e de sofrimento do orante seja argumento suficiente para ler este salmo no espírito da retribuição, como pensa Ravasi, atribuindo ao sofrimento do salmista uma forma de expiar uma culpa ou pecado (RAVASI, *Il libro dei Salmi*, p. 770).

A opressão é muito grande, composta de insultos que atingem até mesmo os seus ossos.[36] A ação dos inimigos é semelhante à ação dos assassinos, que lembra o sofrimento padecido no Egito (*reṣaḥ*).[37] São os sofrimentos de quem perdeu a liberdade física, mas se sente atacado psicologicamente, sem receber piedade alguma do opressor.

[11] Como um triturado em meus ossos,
eles reprovam-me,
os meus adversários,
quando dizem a mim todo o dia:
onde está o teu Elohîm?

O orante utiliza uma nova metáfora que indica de forma intensa o seu sofrimento interior,[38] e, por meio dessa comparação, evidencia a força da maior agressão sofrida: a zombaria que reduz sua fé à impotência, porque o seu Elohîm, na concepção do opressor, não se demonstrou capaz de impedir a vitória de quem o atormenta dizendo: *onde está o teu Elohîm?*

Não obstante tudo isso, o orante conclui a sua oração exigindo que sua alma tenha confiança, porque Elohîm não desampara aquele que nele espera. Nesse sentido, o hoje da dor e das intempéries sofridas pode ser suportado pela certeza que emana da fé em um amanhã restaurador. A expectativa do orante é uma semente de esperança: ele sofre com a certeza de poder contemplar a face do seu Elohîm que lhe dá salvação e força para superar as adversidades.

---

[36] Houve quem cogitasse que a peregrinação do orante não fora concluída devido a algo que resultou na fratura de seus ossos (SEYBOLD, *Poetica dei Salmi*, p. 156).
[37] WHITE, *retsaḥ*, p. 1451.
[38] A imagem da dor interna, evocada pela alusão aos próprios ossos, encontra-se em Jr 23,9; Sl 6,3; 22,15; 31,11; 32,3; 51,10.

¹² *Por que tu te deixas abater, minha alma,*
e te perturbas contra mim?
Espera por Elohîm,
porque eu ainda poderei confessá-lo:
salvação da minha face e meu Elohîm.

A lembrança dos bons momentos na eufórica peregrinação rumo à casa de Elohîm é um ato interno de quem sabe e luta com o presente doloroso à luz de um passado glorioso.[39] A lembrança, então, é para o hoje do orante um mecanismo de defesa, no qual ele atesta para si mesmo que Elohîm reverterá a sua situação. Este mecanismo psíquico pertinente, marcado pela forma *hifil* do verbo *yāḥāl*, denota que o orante tudo faz para lutar contra as suas incertezas e contra as dificuldades operadoras de morte no seu presente, abrindo uma perspectiva de esperança para o futuro.[40]

Contexto vital

O Salmo 42,1-12 retrata uma situação de grande sofrimento, que levou o orante[41] a expressar sua dor através de metáforas e de sentimentos que caracterizavam a sua dura realidade pessoal, mas que também representa a dimensão comunitária e social do seu povo: v. 2: sede; v. 4: fome e lágrimas; v. 5: lembranças de bons momentos; v. 10: sentimento de abandono e opressão do inimigo;

---

[39] O Salmo 84, com marca *yahwista*, apresenta uma nostalgia oposta ao exilado que fala no Salmo 42, pois o orante lembra-se do templo com um cântico que exalta este último acima de qualquer outra alegria.
[40] Para Ravasi (*Il Libro dei Salmi*, p. 762), a tríplice dimensão temporal se alcança somente considerando o Salmo 43,1-5 ao lado do Salmo 42. Todavia, as duas partes do Salmo 42 já deixam entrever essa esperança.
[41] Para Alonso e Carniti, "o poema não se identifica com a sua gênese" e não é possível identificar o "eu" do orante com o poeta responsável por elaborar este salmo que utilizou um "recurso didático de expositor, para solicitar a fantasia do leitor" (ALONSO SCHÖKEL; CARNITI, *Salmos I*, p. 594).

v. 11: insulto dos adversários e maus-tratos físicos, com grande dosagem de esperança (v. 6.12).[42]

A realidade geográfica marca a dinâmica interna deste salmo e serve como um rico cenário para expressar contrastes. O desejo dos animais e dos homens pela água é o representante das necessidades básicas de quem tenta viver em um ambiente de grande aridez. Como se não bastasse o ambiente desolador, que já golpeia naturalmente os seus habitantes, cair nas mãos de inimigos e opressores acentua, ainda mais, o sofrimento e a dor do orante.

Ao lado destes elementos, o verbo *shiaḥ*, que significa "abater-se" ou "perturbar-se" (Sl 44,26), ou *sh'ḥ'h*, que significa "inclinar-se"; *shiaḥ* no *hitpolel* expressa o desejo de alguém se ver livre de uma situação próxima da morte.[43] É o sentimento perturbador que se encontra presente nos v. 6.7.10.12. Nestes versículos, percebe-se o estado desolador em que o orante se encontra, mas com o qual não se conforma.

A terminologia empregada leva-nos a pensar que a situação vital existente por detrás deste salmo tem a ver com uma guerra, na qual o orante teve a graça de estar entre os sobreviventes que foram extraditados da sua pátria e levados como escravos. Uma prática bastante comum no Antigo Oriente Próximo (2Rs 17,6; 23,12; 25,11).

A ênfase nos termos Elohîm/El e a única menção do tetragrama, no v. 9, permitem-nos cogitar que este salmo pertencia, originalmente, ao Israel do Norte e que passou por uma nova edição em Judá após a queda da Samaria ou durante o exílio na Babilônia.[44]

A destruição da Samaria e a destruição de Jerusalém por obra dos inimigos, a consequente destruição dos santuários, o exílio

---

[42] Essa é uma percepção imanente do Salmo 42,1-12, captada pelo seu sentido e organização interna. O orante, seus anseios, queixas, lembranças e esperanças compõem o argumento e a função que transparecem no único salmo que se inicia com uma metáfora.

[43] RUPPERT, *šwḥ, šjḥ šhḥ*, p. 1211.

[44] RAVASI, *Il Libro dei Salmi*, p. 760.

para os que sobreviveram e a dureza que se experimenta em uma condição adversa são realidades que provocam desolação física. Estas conduzem o orante à dor de um drama interno e fazem florescer o paradoxo de quem se sabe temente a Elohîm, mas vive a experiência da sua ausência-presença.

Atualização

Um homem provado pela dor, angustiado pela injustiça, espera um dia poder estar, novamente, na casa de seu Elohîm. O anseio por Elohîm é um anseio por sua justiça, que é a única força capaz de trazer consolo nas adversidades físicas e espirituais.

O que conta não é, simplesmente, aquilo que o orante sente, mas o vigor e a sabedoria que ele demonstra ter diante das situações conflitantes; é a sabedoria que ele ensina, pela forma de expressar sua dor, mas, sobretudo, sua confiança e sua fé.

O peso do sofrimento, que o orante está carregando, passa a ser compartilhado à medida que ele encontra uma forma de vencer os insultos recebidos. Ele testemunha uma certeza: na aparente ausência do seu Elohîm, ele encontra a força da sua presença benéfica e salvífica dia e noite. A intensidade dos sentimentos e a sinceridade das expressões do orante produzem no ouvinte-leitor uma empatia vital com o orante deste salmo.

A experiência do orante, que se encontra no Salmo 42,1-12, implica, de algum modo, uma experiência pessoal, mas que se verifica compartilhada e ordenada à celebração comunitária da fé em Elohîm.[45] Nesse sentido, a experiência psicológica concreta do orante torna-se um campeão da experiência sociológica, em face de uma situação ou contexto vital que se cristalizou em uma

---

[45] A experiência do culto é fundamental para a determinação do contexto social e das experiências pessoais religiosas válidas que se encontram formuladas e catalogadas no saltério, que é, segundo Gunkel, uma literatura funcional e pragmática (ALONSO SCHÖKEL, *I Salmi della fiducia*, pp. 7-8).

experiência literária, que alcança o homem que sofre com as injustiças e com as demoras de Deus em qualquer tempo ou lugar.

Apesar dos numerosos avanços nas diversas áreas do saber, vive-se ainda em um mundo marcado por tantas injustiças e opressões. Um mundo, contudo, que possui diversos modos e mecanismos para se rebelar contra as diversas formas de violências sofridas ou produzidas por um sistema que promove desigualdades sociais.

Um ditado popular, que soa mais como um axioma, afirma: *a natureza é lenta, mas é incoercível e implacável*. Isto é, no momento determinado, a natureza, a criação que nos circunda ou a nossa própria natureza humana, saberá cobrar o que lhe pertence, resgatando e recuperando o que lhe é devido à justiça não praticada ou respeitada.

A partir dos elementos da natureza: a menção do cervo que anseia por cursos de água (v. 2); a alternância entre dia e noite (v. 4.9); a menção da terra do Jordão, dos Hermons e do monte Mizar (v. 7); a menção do abismo, do fragor das cascatas, dos perigos e das ondas (v. 8), o orante constrói, pelo solilóquio eloquente com a sua alma abatida, uma argumentação capaz de dar a si mesmo, e ao ouvinte-leitor, um sopro de esperança para suportar as opressões e qualquer momento desfavorável gerador de angústia.

Não é possível classificar o Salmo 42,1-12 como uma oração propriamente dita, pois somente o v. 10 ofereceria um ponto a favor desta classificação. Elohîm é o destinatário do orante no desejo que ele tem de dizer: *minha rocha!* Todavia, pelo conteúdo deste solilóquio, o ouvinte-leitor encontra os elementos necessários para elaborar sua oração.

Na verdade, o orante demonstra a necessidade de superar a crise pela qual estava passando, procurando, na sua lembrança, os argumentos e critérios que o ajudassem a não esmorecer pela angústia e tristeza, visto que, apesar de tudo, ele sobreviveu ao ataque inimigo.

Seria lícito retomar a pergunta (*onde está o teu Elohîm?*) e fazer dela a pergunta do gênero humano diante de tantas catástrofes e crises em um mundo que clama por melhores cuidados. Creio que não! Seria melhor perguntar: onde estão os homens de bom senso e de boa vontade? A pergunta sarcástica, porém, continua sendo suscitada por ateus e por pessoas vacilantes na fé, que não sabem ou não conseguem discernir a existência de Deus e sua infinita bondade, coexistindo com as diferentes catástrofes produzidas pela natureza ou pelo homem que continua desrespeitando-a sem piedade ou escrúpulos.

Em várias partes do nosso planeta, pessoas estão sofrendo com a fome, a sede, as guerras, as novas formas de escravidão, com o monopólio dos recursos naturais e tecnológicos, e, no campo religioso, com as diferentes formas de fundamentalismos. Quantos se dizem a serviço de Deus e estão fazendo a Bíblia dizer aquilo que Deus nunca entendeu dizer, mandou dizer ou fazer em seu nome?[46]

Se não nos é lícito retomar a pergunta, podemos considerar o que ela representou para o orante e aprender com ele a fazer desta pergunta uma ocasião para superar a angústia, os sofrimentos e as incertezas da nossa época, para afirmar, diante dela, a fé no Elohîm vivente (v. 3), em quem depositamos a nossa esperança de salvação (v. 6).

Diante de algumas instituições e sistemas, considerados inabaláveis por muitos, mas que estão mostrando sua vulnerabilidade, o orante nos incita a não esmorecer diante das incertezas, mas a afirmar com fé: *Eu quero dizer para El: minha rocha!* (v. 10). Essa afirmação constitui a única realidade estável para nós que professamos a fé em um Deus que cria, sustenta, governa, liberta e entrega a sua vida pela nossa, dizendo que ele não veio para condenar o mundo, mas salvá-lo (Jo 3,17; 12,47).

É preciso dar um passo a mais em relação à nossa responsabilidade, como teólogos e cientistas da religião, no que diz respeito à preservação sustentável do planeta em que vivemos e estamos

---

[46] FERNANDES, Leituras inaceitáveis (espúrias) da Palavra de Deus, pp. 11-31; LIMA, Fundamentalismo: Escritura e Teologia entre fé e razão, pp. 332-359.

"construindo" ou colocando em sérios riscos. Acredito que uma das maiores contribuições que podemos oferecer é não vacilar na fé diante do quadro alarmante de tantas injustiças e opressões que se apresentam, dia e noite, diante dos nossos olhos. É preciso, ao lado da fé professada, assumir a postura condizente e coerente com a verdade à qual servimos e que procuramos testemunhar por palavras e ações. Essa postura define-se como comportamento: o amor incondicional.

Um mundo melhor, mais humano, fraterno e respeitado, exige, principalmente por parte dos crentes, o uso responsável dos seus recursos. O combate às injustiças acontece devidamente quando a fé que professamos se traduz em obras de justiça e caridade. Se, por um lado, em tantas ocasiões, nos sentimos vítimas das injustiças e das opressões, dentro ou fora de nossas instituições, por outro lado, em tantas outras ocasiões, podemos estar fazendo vítimas, se assumimos atitudes de intolerância.

Todavia, com o orante deste salmo, podemos e devemos, através de uma postura profética, dizer que não fechamos os olhos e nossos lábios diante das injustiças e das diferentes formas de opressão. O Salmo 42,1-12 soa como uma profecia proferida para os ouvidos mais próximos do orante: ele mesmo! E, hoje, para cada um de nós.

Com o orante, podemos sofrer com sentido e com fé, consentindo passar por diversas situações ou locais, nos quais chamaremos a atenção mais pelo testemunho coerente de vida do que pela multiplicação de nossas palavras repletas de achismos.

De algum modo, a proposta que julgamos possuir como válida para o mundo será válida, de fato, se ela já nos alcançou no nosso modo de sentir, de pensar e de propor a verdade da fé para nós mesmos. Nunca deveríamos esquecer: *não pode falar de Deus aos outros quem ainda não aprendeu a ouvir Deus que fala* na sua Palavra e na natureza que nos circunda, clamando por libertação (Rm 1,18-23). Como diz Agostinho:

> Procuro também eu o meu Deus, a fim de verificar se é possível não só acreditar, mas igualmente ver alguma coisa. Pois vejo

as coisas que meu Deus criou, mas não vejo meu Deus que as fez, mas [...], considerando também que a realidade invisível de Deus tornou-se inteligível através das criaturas (Rm 1), o que farei para encontrar meu Deus?[47]

Ao lado disso, deveríamos pensar sempre: aquele que fez uma opção de vida com Deus fez, também, uma opção por todas as consequências de uma vida com Deus. O Salmo 42,1-12 representa o ser humano diante não só das dificuldades que advêm do externo, mas o representa nas suas dores, inquietações e provocantes angústias emocionais. Para sobreviver ao caos externo e interno, o ser humano deve aprender, com o orante deste salmo, a dizer a si mesmo palavras de confiança e de esperança.

Sofrer com paciência "as ausências ou as demoras de Deus" ajuda a compreender as múltiplas formas pelas quais cada pessoa pode superar uma visão reducionista que elabora e apresenta Deus apenas como um solucionador imediato de problemas.

A primeira mudança a acontecer não diz respeito à transformação da situação da própria dor ou sofrimento, mas essa deve ocorrer na postura interna de quem aprende a se posicionar com coragem a partir de uma autoexortação convincente para si mesmo: por que tu te deixas abater, minha alma, e te perturbas contra mim? Espera por Elohîm, porque eu ainda poderei confessar: salvação da minha face e meu Elohîm.

---

[47]   SANTO AGOSTINHO, *Comentário aos Salmos*, p. 696.

5

AÇÃO INVERSORA DO DESTINO DOS POBRES
Salmo 113

Matthias Grenzer

Introdução

Os escritos bíblicos destacam, de forma proeminente, uma determinada ação do Deus de Israel: o SENHOR age em favor dos mais necessitados. Mais ainda: o SENHOR propõe-se a libertar os miseráveis de seus opressores e de suas situações de vida indignas, querendo inverter, integralmente, o destino deles. Imagina-se até ser justamente esta a ação divina que distingue o Deus de Israel de supostos outros *deuses* (Sl 82).

Nesse sentido, a ação de Deus em favor dos *pobres* ganha centralidade nas mais diversas tradições bíblicas, ao marcar presença nas narrativas que contam, teologicamente avaliada, a história do povo de Deus, ao ocupar as tradições jurídicas do Antigo Israel e ao inspirar os discursos profético-sapienciais. O mesmo vale para as "orações" contidas nas Sagradas Escrituras. Cultiva-se, pois, nelas uma espiritualidade intimamente preocupada com o destino dos *pobres* e com a justiça a ser feita a eles por Deus.

Todavia, o que foi dito agora de forma mais livre necessita de verificação. Por isso, proponho-me, neste texto, a apresentar um estudo literário-teológico do Salmo 113. Literário porque o texto é uma composição artística. O uso da linguagem acontece de forma planejada. Diversos elementos estilísticos ajudam para que as coisas sejam ditas de forma mais chamativa e clara. O estudo teológico, por sua vez, dedica-se ao conteúdo do poema e insiste na descrição exata do pensamento que o texto promove a respeito de Deus.

O Salmo 113, ao abrir o "Halel Egípcio", ocupa um lugar de destaque no Saltério. Trata-se da unidade literária formada pelo conjunto dos Salmos 113–118.[1] Essas orações ganharam uma importância particular na vida espiritual do povo de Deus. Ao pensar na época do Segundo Templo, o qual existiu em Jerusalém entre os anos 515 a.C. e 70 d.C., verifica-se, na base dos escritos rabínicos, o uso do "Halel Egípcio" no Templo, nas sinagogas e em casa:

> Todo "Halel Egípcio" é cantado, na sinagoga, nos dias de festa de Sucot (Tendas) e na festa de Chanucá. [...] Igualmente, o "Halel Egípcio" é cantado inteiramente no primeiro (e segundo) dia(s) da festa semanal da Páscoa; no Templo, durante o abatimento dos cordeiros pascais. Também o Seder em casa, na noite da Páscoa, é acompanhado pelo "Halel". É cantado, durante a refeição, em duas partes: Salmos 113–114 antes da refeição e Salmos 115–118 depois da refeição.[2]

Em relação ao uso do "Halel Egípcio" no Seder, confira também a anotação dos evangelistas Mateus e Marcos, quando narram que, ao terminarem a ceia, Jesus e os apóstolos *cantaram hinos* (Mc 14,26; Mt 26,30).

---

[1] Ver a "arquitetura do Livro dos Salmos" em ZENGER et alii, *Einleitung in das Alte Testament*, p. 356.
[2] SCHRÖTEN, *Entstehung, Komposition und Wirkungsgeschichte des 118. Psalms*, p. 139.

Tradução e estrutura do Salmo 113

Seja apresentada, em primeiro lugar, uma tradução do poema como um todo, o qual, originalmente, foi escrito em hebraico. Embora a tradução já espelhe os resultados dos estudos posteriores, vale lembrar que todo processo de compreensão de um texto literário se dá com sua leitura repetida.

Aproveito a oportunidade para apresentar o Salmo 113 logo de forma estruturada. Facilmente pode-se perceber que a "fórmula de louvor" — veja a expressão *Aleluia* (= *Louvai o* SENHOR*!*) em v. 1a.9c: — abre e fecha o poema, criando, dessa forma, uma inclusão ou moldura em torno do poema.[3]

De resto, a estrutura do Salmo 113 é marcada por três estrofes (v. 1b-3.4-6.7-9b). Em princípio, cada estrofe é composta por três frases, sendo que cada uma delas apresenta um paralelismo formado por dois elementos.

1a *Aleluia! [= Louvai o* SENHOR*!]*

1b *Louvai, ó servos do* SENHOR,
1c *louvai o nome do* SENHOR*!*
2a *Seja bendito o nome do* SENHOR,
2b *desde agora e para sempre!*
3a *Do nascer do sol até seu poente,*
3b *seja louvado o nome do* SENHOR*!*

4a *O* SENHOR *é quem se eleva sobre todas as nações,*
4b *sua glória está sobre os céus.*
5a *Quem é como o* SENHOR, *nosso Deus*
5b *— que se enaltece para assentar-se*
6a *e se abaixa para ver —,*
6b *nos céus e na terra?*
---

[3] Em vista da "fórmula de louvor", ver SEYBOLD, *Poetik der Psalmen*, pp. 302s.

7a É quem levanta o necessitado do pó:
7b do lixo, eleva o pobre,
8a a fim de fazê-lo assentar-se junto aos nobres,
8b junto aos nobres de seu povo.
9a É quem deixa a estéril da casa assentar-se,
9b como alegre mãe de filhos.

9c Aleluia! [= Louvai o SENHOR!]

Convite de louvor ao nome do SENHOR

A primeira frase (v. 1b.c) na primeira estrofe (v. 1b-3b) apresenta um paralelismo que nasce da repetição do imperativo do verbo *louvar*. Os dois complementos, por sua vez, indicam quem deve *louvar* (v. 1b) e o que deve ser *louvado* (v. 1c):

v. 1b: Louvai, ó servos do SENHOR,
v. 1c: louvai o nome do SENHOR!

As outras duas frases da primeira estrofe (v. 2a.b e v. 3a.b) formam uma estrutura concêntrica, em forma de um "quiasmo" com centro duplo:

v. 2a: Seja bendito o nome do SENHOR,
v. 2b: desde agora e para sempre!
v. 3a: Do nascer do sol até seu poente,
v. 3b: seja louvado o nome do SENHOR!

Os elementos exteriores (v. 2a.3b) são paralelos por apresentarem um particípio passivo (*Pual*), no masculino do singular — *bendito* (מְבֹרָךְ) e *louvado* (מְהֻלָּל). Além disso, trabalham com o mesmo sujeito: *o nome do* SENHOR. Com isso, continua a temática já desenvolvida em v. 1, onde se faz presente, igualmente, a expressão *o nome do* SENHOR. No caso do texto hebraico de v. 3b, o verbo *seja* — um "jussivo" para indicar um desejo — "precisa ser pensado juntamente" com base no versículo anterior [confira *seja bendito* (יְהִי מְבֹרָךְ) em v. 2a].[4] A forma verbal do "jussivo" dá a entender que o *serviço* do *louvor* ainda pertence ao futuro. Os elementos no centro da estrutura (v. 2b.3a) apresentam, por sua vez, algo surpreendente. Fala-se, de um lado, sobre a extensão temporal do *louvor* previsto: que *o nome do* SENHOR *seja bendito desde agora e para sempre* (v. 2). De outro lado, entra, junto com o aspecto temporal, a extensão espacial como conotação. Quer dizer: que *o nome do* SENHOR *seja louvado do nascer do sol até seu poente* (v. 3), ou seja, do Oriente ao Ocidente. Ambas as frases trabalham com o elemento estilístico do "merisma", sendo que uma realidade abrangente é apresentada, poeticamente, através de duas "porções". No caso, a expressão *desde agora e para sempre* (v. 2b) indica "o tempo inteiro", assim como *do nascer do sol até seu poente* (v. 3a) significa "em todo lugar". Promove-se, portanto, a ideia de que o *louvor* ao *nome do* SENHOR deva ganhar "extensões universais".[5]

Entrementes, o Salmo 113 não menciona expressamente "Israel". Contudo, há duas referências a ele. A primeira encontra-se no uso do pronome possessivo em v. 5a: *Quem é como o* SENHOR*, nosso Deus?* Aqui se pronuncia alguém pertencente ao *povo* que tem o SENHOR como seu *Deus*. A segunda referência faz-se presente no uso da palavra *povo* (עָם) em v. 8b. Comumente, nas Sagradas Escrituras, este substantivo é reservado a Israel, ao passo que o substantivo *nações* (גּוֹיִם), também presente no Salmo 113 — v. 4a —, indica o conjunto dos povos não israelitas, ou seja, estrangeiros (v. 4a). Afinal, "o salmo permanece neutro" em vista da relação entre o *povo* de Deus e as demais *nações*, pois "não toca em assuntos importantes apenas para Israel".[6]

Ao olhar para o conjunto da primeira estrofe (v. 1b-3b), chama a atenção do leitor que a raiz *louvar* (הלל) aparece por três

---

4   SEYBOLD, *Poetik der Psalmen*, p. 300.
5   HOSSFELD; ZENGER, *Psalmen 101–150*, p. 250.
6   PRINSLOO, Šeʼôl → Yᵉrûšālayim ← Šāmayim: spatial orientation in the Egyptian Hallel (Psalms 113–118), p. 746.

vezes (v. 1b.c.3b). Ao incluir v. 1a, escuta-se — logo no início, em pouco espaço e por três vezes (v. 1a.b.c) — a mesma ordem, através da presença do mesmo imperativo, no plural do masculino: *louvai* (הַלְלוּ) — *louvai* (הַלְלוּ) — *louvai* (הַלְלוּ). Vale lembrar que esse imperativo é repetido, outra vez, no final do poema (v. 9c): *louvai* (הַלְלוּ). Mais ainda: no final da primeira estrofe (v. 3b) — como fecho que faz par com o início, formando uma inclusão —, a mesma raiz aparece outra vez, agora na forma do particípio passivo, no singular do masculino: *(seja) louvado* (מְהֻלָּל).

Outro paralelismo tríplice e, portanto, marcante para a primeira estrofe é formado pela expressão *o nome do* SENHOR (יהוה שֵׁם). Nas três ocasiões, o conjunto dos dois substantivos constitui o objeto do *louvor* ou da *bendição*. Veja a sequência: *Louvai o nome do* SENHOR! (v. 1b) — *Seja bendito o nome do* SENHOR! (v. 2a) — *Seja louvado o nome do* SENHOR! (v. 3b). Observando os verbos, vê-se uma estrutura concêntrica (A-B-A'). Além do mais, percebe-se que *o nome do* SENHOR marca presença em todas as frases da primeira estrofe.

Enfim, são as expressões repetidas que "apresentam o tema da estrofe e até do poema inteiro: *o nome do* SENHOR deve *ser louvado*".[7] Mas por quem? O Salmo 113 menciona, logo no início, os *servos do* SENHOR (v. 1b) como agentes do *louvor* ao *nome do* SENHOR. Trata-se, comumente, de uma "referência aos que servem de forma leal, fiel e obediente ao SENHOR".[8] Nesse sentido, o termo pode indicar Israel ou um determinado grupo neste povo, por exemplo, os *servos do* SENHOR que — *na casa do* SENHOR, *em pé* e *durante as noites* — são chamados a *bendizer o* SENHOR (Sl 134,1). Ao se observar, porém, o contexto imediato, percebe-se que o *louvor* ao *nome do* SENHOR quer ganhar dimensões universais (v. 2-3).

E por que o *louvor* ao *nome do* SENHOR é tão importante? Qual realidade indica? Em que sentido ganha importância para

---

[7] PRINSLOO, Yahweh and the poor in Psalm 113: Literary motif and/or theological reality?, p. 469.
[8] HOSSFELD; ZENGER, *Psalmen 101–150*, p. 250.

o povo de Deus e até universalmente? De certo, o próprio Salmo 113 terá que dizer algo sobre isso nas próximas duas estrofes.

Deve-se lembrar, no entanto, antes de conferir o contexto do próprio Salmo 113, que, segundo as tradições bíblicas, a história da revelação do *nome do* SENHOR é atrelada, fundamentalmente, ao evento do êxodo. *Moisés*, pois, confronta *Deus* com a pergunta: *Qual é teu nome* (מַה־שְּׁמוֹ)? E ouve a resposta: *Serei quem serei!* (אֶהְיֶה אֲשֶׁר אֶהְיֶה). Além de observar em Ex 3,14 uma semelhança entre o verbo *ser* (היה) e o "tetragrama", ou seja, as quatro letras que indicam o *nome* do Deus de Israel (יהוה) — aqui sempre apresentado como SENHOR —, é importante compreender a seguinte realidade: o SENHOR insiste, com sua resposta, em sua liberdade e em sua ação futura. Esta última revelará a seu povo quem ele é. No caso do êxodo, é a história da libertação do povo dos oprimidos da escravidão no Egito que indica o significado do *nome do* SENHOR e, com isso, as características fundamentais de sua vontade.[9]

A soberania do SENHOR

A segunda estrofe (v. 4-6) apresenta uma primeira justificativa para o *louvor* ao *nome do* SENHOR. Descreve-se agora a mais absoluta soberania do SENHOR. O poema insiste na contemplação da alteza e incomparabilidade do Deus de Israel. Mais ainda: medita-se sua capacidade de agir.

No nível da linguagem, tal soberania encontra-se realçada, em primeiro lugar, pelo fato de o (*nome do*) SENHOR ocupar, na primeira estrofe (v. 1b-3b), a função de objeto (v. 1) ou de sujeito em frases passivas (v. 2-3), mas agora a função de sujeito. Quer dizer: é o SENHOR quem age na segunda estrofe. Também o acúmulo de particípios ativos, os quais descrevem as ações do SENHOR, em hebraico, como constantes, chama a atenção do leitor. Nesse sentido, o SENHOR *é quem se eleva* (v. 4a), *quem se enaltece*

---

[9] A respeito de Ex 3,14, ver FISCHER, *Jahwe unser Gott*, pp. 147-154.

(v. 5b) e *quem se abaixa* (v. 6a). Mais tarde, na terceira estrofe, os particípios ativos continuam: *é o* SENHOR *quem levanta* (v. 7a) e *quem deixa assentar-se* (v. 9a).

A primeira afirmação na segunda estrofe destaca a superioridade do Deus de Israel em relação aos povos não israelitas: *é o* SENHOR *quem se eleva sobre as nações* (v. 4a). De certo, a história do antigo Israel acontece em meio a outras *nações* (גּוֹיִם). Em diversas épocas, estas últimas chegam a formar impérios, estendendo seu poder para além de suas fronteiras tradicionais. Por isso, Israel vê sua sobrevivência ameaçada. Consequentemente, lamenta: *Todas as nações me circuncidaram* (Sl 118,10a). Mesmo assim, Israel insiste na seguinte possibilidade: *Em nome do* SENHOR, *as repilo* (Sl 118,10b-c). Mais ainda: em vez de as *nações* poderem satirizar Israel — *Onde está o Deus deles?* (Sl 115,2) —, irão escutar de novo, após revelar-se a superioridade do Deus de Israel, a ordem que vale universalmente: *Louvai o* SENHOR, *ó todas as nações!* (Sl 117,1).

Seguindo as palavras de v. 4, surge um interessante paralelismo entre *nações* (גּוֹיִם) e *céus* (הַשָּׁמַיִם). Mais ainda: ao se observar a sequência das palavras no texto hebraico, torna-se visível outra estrutura concêntrica em forma de "quiasmo", desta vez com um centro formado por um elemento só:

v. 4a   *Quem se eleva*
v. 4a   *sobre todas as nações*
v. 4a   *é o* SENHOR,
v. 4b   *sobre os céus*
v. 4b   *está sua glória.*[10]

O leitor é convidado a contemplar a superioridade do SENHOR, sendo que o Salmo 113 parte da ideia de Deus *elevar-se sobre as nações*. Com isso, Deus *eleva-se sobre a terra* (Sl 46,11). Mais ainda: tem-se a conotação de que o SENHOR, ao *se elevar sobre todos os povos*, revela sua realeza (Sl 99,1-2). Somente em

---

[10] PRINSLOO, *Yahweh and the poor in Psalm 113*, p. 471.

seguida afirma-se que *a glória do* SENHOR *está* também *sobre os céus*. Com isso, inverte-se a sequência do pensamento de que *Deus se eleva sobre os céus* e, assim, *sua glória está sobre a terra* (Sl 57,6.12; 108,6). Contudo, não há como criar uma lógica interna ou uma determinada sequência em relação à questão da superioridade de Deus, pois a *majestade* do SENHOR *está*, sempre e de forma simultânea, *sobre os céus e a terra* (Sl 148,13).

Segue-se uma "pergunta retórica em v. 5-6 que destaca a singularidade incomparável de Deus [...], criando uma relação entre a incomparabilidade e o espaço do universo, ou seja, *céus* e *terra*".[11] A frase é de difícil compreensão, pois se pode suspeitar de uma inversão da ordem natural das palavras na oração, chamada de "hipérbato". Além disso, pode-se descobrir outro "quiasmo":

v. 5a   *Quem é como o* SENHOR, *nosso Deus —*
v. 5b   *que se enaltece para assentar-se*
v. 6a   *e se abaixa para ver —,*
v. 6b   *nos céus e na terra?*

No caso, os dois elementos exteriores (v. 5a.6b) parecem "constituir uma unidade sintática e semântica": *Quem é como o* SENHOR, *nosso Deus, nos céus e na terra?*[12] Tal unidade, por sua vez, encontra-se interrompida por dois elementos paralelos no centro (v. 5b.6a): neles, *o* SENHOR é descrito como *quem se enaltece para assentar-se* — particípio ativo, no masculino singular (*hifil*), seguido por um infinitivo introduzido pela preposição *para* (ל) — e como *quem se abaixa para ver* — outro particípio ativo, no masculino singular (hifil), novamente seguido por um infinitivo introduzido pela preposição *para* (ל). Contudo, v. 6b pode ganhar seu ponto de referência também em v. 5b.6a, no sentido de Deus *se enaltecer nos céus para assentar-se* e *se abaixar para ver*

---

[11] HOSSFELD; ZENGER, *Psalmen 101–150*, p. 251.
[12] PRINSLOO, *Yahweh and the poor in Psalm 113*, p. 471.

na terra.¹³ Um texto poético como o Salmo 113 talvez queira criar uma ambiguidade como essa em v. 6b, justamente para envolver seus leitores até o extremo na busca do provável sentido do texto.

Em todo caso, surge "uma tensão quase que paradoxal em vista das atividades com as quais o Senhor preenche o espaço: de um lado, trona no alto; do outro, *abaixa-se para ver*".¹⁴ Ou, em outras palavras, "a polaridade faz parte da natureza do Senhor", pois "sua majestade se manifesta em sua vontade de *abaixar-se* a partir dos *céus*, a fim de *ver* suas criaturas, que estão na *terra*".¹⁵

A concretização da soberania de Deus na vida dos pobres

A terceira estrofe (v. 7a-9b) concretiza a questão de quem está sendo *visto* por Deus, quando este *se abaixa*. Nesse sentido, "dentro do comportamento normativo do Senhor, sua atuação para com os pobres torna-se central; [...] em vez de compaixão e caridade em relação aos pobres, o Senhor provoca uma inversão das hierarquias sociais".¹⁶ Ou, em outras palavras, "Deus, cuja soberania inclui alteza e baixeza, o nascer do sol e seu poente, todas as nações e todo o tempo, dirige-se àqueles que, em termos sociais, estão em um submundo e os deixa fazer parte da casa viva de sua criação, a qual domina como rei".¹⁷

Também a terceira estrofe traz formulações poéticas. Alguns elementos estilísticos somente podem ser vistos se mantida a sequência das palavras do texto hebraico:

---

[13] Ver a discussão em BECKER, *Einige Hyberbata im Alten Testament*, pp. 257-263.
[14] HOSSFELD; ZENGER, *Psalmen 101–150*, p. 251.
[15] PRINSLOO, *Yahweh and the poor in Psalm 113*, p. 471.
[16] HOSSFELD, *Der gnädige Gott und der arme Gerechte. Anthropologische Akzente in der Psalmengruppe 111–118*, p. 57.
[17] ZENGER, *Götter- und Götterbildpolemik in Ps 112–113 LXX = Ps 113–115 MT*, p. 246.

v. 7a   *É quem levanta, do pó, o necessitado:*
v. 7b   *do lixo, eleva o pobre,*
v. 8a   *a fim de fazê-lo assentar-se junto aos nobres,*
v. 8b   *junto aos nobres do povo dele.*

Três paralelismos unem as duas frases em v. 7: *quem levanta* (v. 7a) e *eleva* (v. 7b), *pó* (v. 7a) e *lixo* (v. 7b), o *necessitado* (v. 7a) e o *pobre* (v. 7b). Em relação aos sujeitos-predicados — *quem levanta* (v. 7a) e *eleva* (v. 7b) — e aos complementos deles — *do pó* (v. 7a) e *do lixo* (v. 7b) —, faz-se presente um "quiasmo", sendo que os elementos encontram-se colocados de forma invertida na formulação paralela. Assim, a ação de Deus ganha, literariamente, maior destaque. Os objetos diretos ocupam, nas duas frases, a última posição: o *necessitado* (דַּל) e o *pobre* (אֶבְיוֹן) como dupla em Salmo 72,13 e 84,4.

O "propósito da ação do SENHOR é indicado em v. 8, através de uma construção que trabalha com a preposição *a fim de* ou *para* (ל), mais o verbo no infinitivo".[18] Novamente, observa-se um paralelismo, desta vez em forma de uma "anadiplose", sendo que a última expressão da unidade literária anterior — *junto aos nobres* em v. 9a — é repetida no começo da unidade seguinte — *junto aos nobres do povo dele* em v. 9b —; de certo, o elemento estilístico "dá ênfase à inversão total do destino" dos *pobres* e *necessitados*.[19]

Na última frase da terceira estrofe (v. 9), o poema insiste na mesma lógica interna, já desenvolvida em v. 7-8. De novo, Deus age, a fim de inverter o destino de outra personagem que representa os mais *necessitados*. Contudo, desta vez, se fala expressamente de uma mulher sofrida:

---

[18]   PRINSLOO, *Yahweh and the poor in Psalm 113*, p. 472. O pronome *o* na expressão *fazê-lo* não existe no texto hebraico. Contudo, já foi introduzido na tradução da Septuaginta, ao se traduzir o texto hebraico para o grego.
[19]   PRINSLOO, *Yahweh and the poor in Psalm 113*, p. 472.

v. 9a   *É quem faz assentar-se a estéril da casa,*
v. 9b   *como alegre mãe de filhos.*

O paralelismo nasce, desta vez, de uma oposição: a *estéril* (עֲקֶרֶת) em v. 9a e a *mãe* (אֵם) em v. 9b. Além disso, escuta-se, no hebraico, uma "aliteração", quer dizer, uma pronúncia semelhante entre as expressões *da casa* (הַבַּיִת) em v. 9a e *de filhos* (הַבָּנִים) e v. 9b.[20]

Enfim, a terceira estrofe "concretiza a essência de Deus em seu comportamento social".[21] Isso se torna, literariamente, visível, quando se observa a repetição de determinados verbos, os quais ora descrevem a ação de Deus em relação a si mesmo ora sua ação em relação aos mais *necessitados*, invertendo o destino deles. Veja os dois casos: como *o* SENHOR *se enaltece para assentar-se* (לָשֶׁבֶת) (v. 5b), ele também *faz assentar-se o pobre junto aos nobres* (v. 7b.8a) e *a estéril da casa como alegre mãe de filhos*: o uso da mesma raiz verbal *assentar-se* (ישב) em v. 8a (לְהוֹשִׁיבִי) e 9a (מוֹשִׁיבִי). E, como *o* SENHOR *se eleva* (רָם) *sobre todas as nações* (v. 4a), ele *eleva* (יָרִים) também *o pobre do lixo* (v. 7b).

Resultados

O Salmo 113 gira em torno do próprio SENHOR *Deus*. O nome do *Deus* de Israel é mencionado por "oito" vezes no poema: a palavra SENHOR (יהוה) em v. 1a.b.c.2a.3b.4a.5a.9c. São "sete mais um". Se "sete" trouxer a conotação de algo perfeito, então, "sete mais um" indica algo mais que perfeito. Por três vezes (v. 1c.2a.3b), fala-se, de forma expressa, do *nome do* SENHOR (שֵׁם יהוה). Enfim, a questão é: *Quem é como o* SENHOR, *nosso Deus?* (v. 5a). Eis a pergunta que ocupa o centro do texto. Mais ainda: somente nessa pergunta retórica o nome de Deus, SENHOR (יהוה), é acompanhado pela palavra *Deus*, mais exatamente, *nosso Deus* (אֱלֹהֵינוּ).

---

[20] PRINSLOO, *Yahweh and the poor in Psalm 113*, pp. 472s.
[21] HOSSFELD; ZENGER, *Psalmen 101–150*, p. 252.

A lógica interna proposta pelo Salmo 113, em termos teológicos, parece ser bastante simples. Nos dois elementos da moldura (v. 1a.9c) e na primeira estrofe (v. 1b-3b), promove-se o convite de *louvar o* SENHOR, respectivamente, de *louvar o nome do* SENHOR. Tal *louvor* deve perpassar os tempos — *desde agora e para sempre* (v. 2b) — e incluir todos os lugares, do leste ao oeste — ou seja, *do nascer do sol até seu poente* (v. 3a). Quer dizer, por mais que o movimento do *louvor* ao *nome do* SENHOR comece com Israel, a ideia é que ganhe dimensões universais.

A razão do *louvor* ao *nome do* SENHOR encontra-se na soberania deste *Deus*, contemplada na segunda estrofe do poema (v. 4-6). O SENHOR está *acima de todas as nações* (v. 4a) e até *acima dos céus* (v. 4b). Ou seja: imagina-se a mais absoluta superioridade e incomparabilidade deste *Deus*. Contudo, sua *alteza* (v. 5b) e, com isso, sua transcendência não impedem sua aproximação ao que existe nos *céus* e, de modo especial, a quem está na *terra* (v. 6b). Afinal, o homem pertence à *terra* e somente pode imaginar *a glória* de quem *está sobre os céus* (v. 4b) à medida que o SENHOR se *abaixe* e lhe revele sua *glória*, confrontando-se com a realidade que na *terra* se faz presente (v. 6a).

Justamente esta ação reveladora de *Deus* ao homem é o tema da terceira estrofe (v. 7a-9b). O poema chega a seu ponto culminante. Ganha exclusividade agora o assunto de o SENHOR agir a favor dos *pobres*, provocando a inversão total do destino deles. Nesse sentido, o Salmo 113 insere-se no meio de outras tradições bíblicas que insistem na mesma reflexão. Sejam lembradas as tradições do êxodo — experiência fundadora da religião do Antigo Israel —, quando preveem a saída dos oprimidos do Egito cobertos de bens, bens que, anteriormente, pertenceram aos opressores (Ex 3,21-22). Além disso, seja mencionado, sobretudo, o Cântico de Ana (1Sm 2,1-10), texto ao qual o Salmo 113 revela maior proximidade literária. Também *Ana* imagina que o SENHOR *levante o fraco do pó e eleve o pobre do lixo* (1Sm 2,8), além da *estéril dar à luz sete vezes* (1Sm 2,5).

Enfim, o Salmo 113 convida seus leitores a dirigirem sua atenção à história de vida dos mais *necessitados*. Eis a oportunidade de descobrir a ação de *Deus* neste mundo. Existe, pois, a experiência surpreendente de oprimidos recuperarem sua liberdade, de humilhados se reencontrarem com sua dignidade e de injustiçados receberem justiça, mesmo que o homem falhe, repetidamente, diante da tarefa de tornar-se solidário com os mais sofridos. Portanto, em todos estes casos de uma inversão feliz do destino dos miseráveis, é oportuno perguntar-se se não foi o SENHOR quem *ergueu o pobre da miséria* (Sl 107,41).

6

O ÊXODO E A DANÇA
Salmo 114

Matthias Grenzer[1]

Introdução

Quando um povo recupera a liberdade, superando uma situação marcada por injustiça e opressão violenta, logo se buscam formas de expressar a alegria. Sente-se a necessidade de celebrar a nova realidade. Uma festa marca a virada e realça a vida nova, dando destaque ao fato de que as coisas estão em movimento. Com batuque, canto e *dança*, o povo tenta expressar o que sente de mais nobre e fascinante no coração. Apesar do caos e da desordem presentes neste mundo, chega-se à fé de que liberdade e justiça iriam levar à vitória no decorrer da história. Em especial, parece caber à *dança* a tarefa de "transformar a violência potencial do universo a ponto de transfigurá-lo, fazendo-o passar do caos à harmonia".[2]

---

[1] Dedico este estudo a Mario e Nilde Monteiro, meus padrinhos de casamento e professores de dança. Que sua harmonia continue a encantar quem aprende a dançar com eles.
[2] SKA, *O Deus oleiro, dançarino e jardineiro*, p. 30.

A história bíblica do êxodo (Ex–Dt) apresenta, a seus leitores, justamente esta dinâmica. Após a passagem pelo *Mar dos Juncos* (Ex 13,17–14,31), ficou claro, para os *filhos de Israel* e a *mistura de gente* que saiu, junto a eles, da sociedade opressiva e escravista (Ex 12,37-38), que eles estavam definitivamente livres. O agressor — no caso, o faraó e seu exército — tinha sofrido um fim abrupto, ao perseguir quem estava caminhando rumo à liberdade. Este caminho ainda seria longo. Daqui para frente, uma série de dificuldades precisaria ser enfrentada, antes de alcançar o destino, que consistiria na construção de uma sociedade mais igualitária, justa e fraterna, em terra nova. Mesmo assim, de forma imediata, ou seja, ainda ao lado do *Mar dos Juncos*, a volta da liberdade, experimentada como libertação realizada pelo Senhor, Deus de Israel, já pedia uma celebração festiva, com canto, batucada e *dança*.

Em primeiro lugar, *Moisés, junto aos filhos de Israel, cantou um canto* mais extenso (Ex 15,1-19). Em seguida, *Miriam* tomou a iniciativa.[3] Narra-se o seguinte:

> E *Miriam, a profetisa, irmã de Aarão, tomou um pandeiro em sua mão e, atrás dela, todas as mulheres saíram, com pandeiros e com danças. Miriam lhes respondeu: "Cantai para o* Senhor, *porque, realmente, se mostrou sublime! Lançou o cavalo e seu cavaleiro ao mar!"* (Ex 15,20-21).

Observando o contexto literário, Miriam transforma o canto individual de Moisés — *Quero cantar para o* Senhor, *porque realmente se mostrou sublime, porque, realmente, se tornou sublime! Lançou o cavalo e seu cavaleiro ao mar!"* (Ex 15,1) — em um canto comunitário, recitando o início do canto mosaico para toda a comunidade, homens e mulheres, apresentando-lhes o convite de atribuírem o milagre do êxodo à atuação sublime do Senhor, o Deus Libertador.

---

[3] Sobre a liderança de Miriam, conferir GRENZER, *O projeto do êxodo*, pp. 133-136.

Contudo, além de favorecer a multiplicação das vozes, Miriam insiste no uso do tamborim e, com a sua atitude, anima as demais mulheres a também se tornarem ativas, tangendo, igualmente, pandeiros e dançando. Uma figura cananeia de terracota, do século V a.C. [figura 1], e um relevo de Armarna, Egito, da época do Faraó Amenófis IV (1377-1358 a.C.) [figura 2] ilustram bem o que está sendo narrado nas tradições do êxodo, realçando o contexto histórico-cultural, a graciosidade e, com isso, a importância da dinâmica iniciada por Miriam.[4]

Figura 1

---

[4] Ilustrações tiradas de KEEL, *Die Welt der altorientalischen Bildsymbolik und das Alte Testament*, pp. 314 e 317.

Figura 2

Seria a dança, então, a resposta natural e adequada à experiência do êxodo? O Salmo 114 parece acolher este motivo, convidando a terra a dançar, porque o Senhor fez o seu povo sair do Egito. Proponho-me, neste estudo, a ler e interpretar este poema literária e teologicamente fascinante.[5]

---

[5] O Salmo 114 é a segunda oração no "Halel Egípcio" (Sl 113–118). Ver meu estudo do Salmo 113 no capítulo anterior. Em minha leitura, fico concentrado no texto hebraico do Salmo 114, sem analisar as diferenças que surgiram quando o poema foi traduzido para o grego. Aliás, na Septuaginta, o Salmo 114 é o Salmo 113,1-8. Em vista dessa problemática, confira ZENGER, Götter- und Götterbildpolemik in Ps 112–113 LXX = Ps 113–115 MT.

As origens de Israel no êxodo (v. 1-2)

v. 1a: *Quando Israel saiu do Egito,*
v. 1b: *a casa de Jacó, do meio de um povo balbuciante,*
v. 2a: *Judá se tornou o seu santuário,*
v. 2b: *Israel, o âmbito de seu governo.*

A primeira estrofe do poema presente no Salmo 114 é composta, em hebraico, por doze palavras que ocupam dois versos (v. 1.2) ou estíquios (linhas), sendo que cada um deles apresenta dois meios-versos ou hemistíquios (meias linhas). Trata-se de um período somente, formado por uma oração subordinada (v. 1a.b) e pela oração principal (v. 2a.b).[6] Além disso, podem ser percebidos diversos paralelismos, uma estrutura concêntrica e elipses, ou seja, a omissão do verbo na segunda parte de cada oração.

O povo de Deus marca presença em cada hemistíquio. É chamado de *Israel* (v. 1a), *casa de Jacó* (v. 1b), *Judá* (v. 2a) e, novamente, *Israel* (v. 2b). Embora estes nomes, historicamente, tenham adquirido significados específicos — seja lembrado *Israel* como nome para o Reino do Norte e *Judá* como nome para o Reino do Sul —, a estrutura quiástica aqui formada pela presença das quatro expressões favorece a ideia de que "um único e mesmo grupo esteja na mente do poeta".[7] No início e no final, pois, o povo de Deus é chamado de *Israel*. No centro, por sua vez, *Israel* é lembrado como *casa* ou *família de Jacó*, sendo *Jacó* aquele que, após ter lutado com Deus, recebeu o nome de *Israel* (Gn 32,29). Além disso, *Jacó* era o pai dos doze filhos, que chegaram a representar o povo de *Israel*. Um deles era *Judá*. Por Davi ter sido da linhagem de *Judá*, o nome do quarto filho de *Jacó* não representava somente a história da tribo de *Judá* ou o espaço geográfico

---

[6] No texto hebraico, a oração subordinada — apresentada, na tradução ao português, como adverbial temporal (*Quando Israel saiu do Egito*) — é introduzida por uma preposição que rege um infinitivo (*Ao Israel sair do Egito*).
[7] PRINSLOO, Tremble before the Lord, p. 311.

onde esta tribo ganhou presença, mas também o conjunto das tradições ligadas à monarquia davídica, a Jerusalém e ao templo de Jerusalém.

Israel como povo de Deus ganha ainda mais destaque no Salmo 114 ao se observar a oposição, que nasce a partir da presença do *Egito* (v. 1a), descrito como *povo balbuciante* (v. 1b). Com o termo *balbuciante*, que, conferindo toda a Bíblia Hebraica, somente aparece aqui, provoca-se a ideia da língua estrangeira e, portanto, incompreensível. Esta representa, por vezes, os "inimigos políticos", que "invadem militarmente" terras que não lhes pertencem e chegam a promover deportações, "ameaçando e caçoando, com sua língua estranha", os moradores nativos da terra (Dt 28,49; Is 28,11; 33,19; Jr 5,15; Ez 3,5-6).[8] *Israel*, por sua vez, deve se afastar destas insolências. A dupla presença da mesma preposição, traduzida aqui como *de* (v. 1a) e *do meio de* (v. 1b), reforça ainda mais a ideia de um abandono ou de uma separação necessária.

Contudo, o que mais chama a atenção do ouvinte-leitor na primeira estrofe do Salmo 114 é o cultivo da memória do êxodo, sendo lembrada a *saída* dos *israelitas* do *Egito* (v. 1a). É dito aqui que o povo *saiu*. Contudo, faz parte da fé do antigo *Israel* o fato de que o êxodo foi o resultado da ação libertadora do Senhor. Este *fez Israel sair do Egito* (Ex 6,6). No entanto, o Salmo 114 formula diferentemente. Outro aspecto prevalece. Em vez de o orante realçar o ato libertador de Deus, destaca "a eleição por parte do Senhor", a fim de que Israel se tornasse o "lugar da presença especial" de seu Deus.[9]

Levando em consideração o contexto cultural-religioso do Antigo Oriente, com suas numerosas representações de deuses através de imagens pintadas e esculpidas, com seus templos e santuários, inclusive os cultos neles celebrados, a reflexão presente no Salmo 114 significa uma ruptura clara. *Israel*, quer dizer, o povo eleito — e não um determinado lugar — tornou-se

---

[8] HOSSFELD; ZENGER, *Psalmen 101–150*, p. 265.
[9] HOSSFELD; ZENGER, *Psalmen 101–150*, p. 265.

santuário do SENHOR através do evento do êxodo (v. 2a). Ou seja: a experiência da libertação tem suas consequências religiosas, no sentido de "o Israel libertado ser o templo vivo do SENHOR; quando e onde ele se reúne em liberdade, para louvar o seu libertador e agradecer-lhe, onde celebra festas da liberdade e onde se coloca à disposição do serviço oriundo do SENHOR, a fim de transmitir a liberdade a outros, ali realiza o serviço sacerdotal, para o qual foi eleito".[10]

Enfim, as dimensões religiosas são inseparáveis das dimensões políticas. O próprio evento do êxodo já revela esta realidade. "Escravos se tornam pessoas especiais, para colocarem o poder de Deus à vista".[11] Contudo, em vista do futuro, a ação libertadora do SENHOR quer resultar na presença de seu *governo* entre os libertados (v. 2b). Os *governados* pelo SENHOR devem aceitar, para *sempre*, o *reino* de seu Deus (Sl 145,13), no sentido de *Israel*, como povo, se tornar o espaço ou o *âmbito* onde o domínio e a soberania do SENHOR são aceitos positivamente. No caso, o texto hebraico do Salmo 114 fala até de *seus governos*. O plural parece indicar as extensões do exercício do poder de Deus, o qual quer atingir justamente todos os espaços.

No entanto, o *governo* do SENHOR se dá de forma misteriosa. O Salmo 114 dá destaque a esta realidade de forma literária. O nome do Deus de Israel, em todo o poema, não aparece. Apenas na última estrofe (v. 7-8) fala-se do *Senhor* e do *Deus de Jacó* (v. 7a.b).[12] Os sufixos pronominais na primeira estrofe — traduzidos aqui pelo pronome possessivo *seu* (v. 2a.b) — encontram, portanto, seu ponto de referência apenas mais tarde, o que torna a compreensão do texto mais exigente para o ouvinte-leitor. De certa forma, este último é literariamente convidado a procurar

---

[10] ZENGER, *Mit meinem Gott überspringe ich Mauern*, p. 134.
[11] PRINSLOO, Tremble before the Lord, p. 314.
[12] A palavra SENHOR, escrita com maiúsculas/versalete, traduz o tetragrama e, com isso, o nome do Deus de Israel. A palavra *Senhor*, por sua vez, também existe em hebraico. Quando se refere a Deus, como em v. 7a, a primeira letra é apresentada como maiúscula e as outras como minúsculas.

por aquele que, de forma misteriosa, transformou *Israel* em *seu santuário* (v. 2a), com a intenção de estender o *seu governo* (v. 2b) a seu povo.

Reações contrárias ao êxodo (v. 3-4)

v. 3a: *O mar o viu e fugiu;*
v. 3b: *o Jordão se apartava para trás.*
v. 4a: *Os montes saltaram como carneiros;*
v. 4b: *colinas, como filhotes de gado miúdo.*

A segunda estrofe do Salmo 114 é formada, em hebraico, por onze palavras, que ocupam, novamente, dois versos ou estíquios. Cada um deles é composto por dois hemistíquios, que apresentam diversos paralelismos.

Os lugares ganham destaque, ocupando as primeiras posições nas frases. O orante pensa, em primeiro lugar, no *mar* (v. 3a) e no rio *Jordão* (v. 3b). Somente pelo contexto fica claro que se trata do *Mar dos Juncos*, pois por este *Israel* passou, *quando saiu do Egito* (v. 1a; Ex 13,17-14,31). Semelhantemente, a comunidade do êxodo atravessou o *Jordão* (Js 3-4). Enquanto a primeira passagem marcou a *saída do Egito*, a segunda simboliza a entrada na terra prometida.

Mar e *Jordão* agem de forma personificada. O primeiro *vê* algo ou alguém e *foge* (v. 3a); o segundo *se aparta para trás* (v. 3b). "O fato de não se dizer que *Mar* e *Jordão* veem aumenta a expectativa criada pelo Salmo 114, a qual, somente no final, é realizada".[13] Todavia, o evento do êxodo é percebido pelos dois, e suas reações são paralelas.

---

[13]   ZENGER, "Als Israel auszog aus Ägypten ...", p. 62. Na tradução do v. 3a aqui apresentada, o objeto direto foi acrescentado, uma vez que o verbo *ver*, em português, exige um objeto (*o viu*). No texto hebraico, por sua vez, somente se lê o verbo (*O mar viu e fugiu*).

Aliás, lendo o Salmo 114 dentro de seu contexto cultural-literário dos antigos mitos, observa-se o enredo original da entronização de um rei divino. "O Antigo Oriente tinha para tais afirmações esquemas fixos à disposição, sendo que estes podem ser observados na epopeia do ano-novo *Enuma Elis* ou nos textos ugaríticos de Baal. O deus que assume seu reinado precisa enxotar, através de um combate, os poderes do caos, representados, em geral, pelas águas ou por monstros aquáticos; depois, constrói, em cima de um monte alto, seu palácio (= templo), sobe ao trono, recebe as homenagens e defende o cosmo contra a morte pela seca no verão".[14] No caso do Salmo 114, já foi dito que Deus estabeleceu seu *santuário* (v. 2a) e seu *governo* (v. 2b), para, logo em seguida, recordar o combate dado às águas, presentes no *mar* e no *rio* (v. 3; Sl 66,6; 89,26).

Contudo, o *mar* e *Jordão* simbolizam o caos, quer dizer, a realidade que, aparentemente, impede a passagem do povo que caminha rumo à liberdade. No entanto, o *Senhor* (v. 7a), *Deus de Jacó* (v. 7b), obriga as realidades contrárias à dinâmica do êxodo a *fugirem* (v. 3a). Ou seja: quem se opõe à liberdade de quem estava sendo oprimido tem que *se apartar para trás* (v. 3b).

A outra dupla de lugares mencionada na segunda estrofe do Salmo 114 revela justamente uma reação contrária. No momento do êxodo, *os montes saltaram como carneiros* (v. 4a) e *as colinas, como as crias do gado miúdo* (v. 4b).

O verbo *saltar* ou *pular* indica um gesto de alegria que, em diversas ocasiões, é motivado pela surpreendente presença de alguém. Sendo o *tempo de rir* o *tempo de saltar* (Ecl 3,4), *Davi salta e ri* na frente da *arca*, quando esta chega a Jerusalém (1Cr 15,29). Trata-se de uma expressão singela e verdadeira, como no momento em que *crianças saltam* de forma semelhante ao *gado miúdo* (Jó 21,11). Aliás, os pastores e agricultores conhecem o comportamento *saltitante* dos animais, dos *carneiros* (v. 4a), dos *bodes* (Is 13,21) ou dos *bezerros* (Sl 29,6). Existem, pois, "os pulos dos animais jovens, que não se incomodam com a presença

---

[14] LOHFINK, Das tanzende Land, p. 201.

do ser humano e não reagem com fuga, quando este se aproxima, mas saltam para cá e para lá, normalmente como expressão de sua vontade de viver e de sua alegria".[15] Nesse sentido, os *saltos* dão a impressão de um movimento de *dança* (v. 7a).

Enfim, *montes* (v. 4a) e *colinas* (v. 4b), provavelmente como representantes da terra prometida e, portanto, do espaço em que vive Israel, reagem alegremente, quando presenciam o evento do êxodo e, com isso, percebem o aparecimento do *Deus de Jacó*. Comparado à *fuga do mar* (v. 3a) e à *apartação do Jordão* (v. 3b), se trata de uma "reação antitética à teofania, respectivamente à chegada do rei divino vencedor".[16]

As reações contrárias à dinâmica do êxodo e, com isso, à história da revelação do Deus Libertador merecem ainda mais atenção. Isso se torna evidente ao observar que o orante, na próxima unidade literária, mantém seu ouvinte-leitor concentrado no mesmo motivo.

Como reagir ao êxodo? (v. 5-6)

v. 5a: *O que há contigo, ó mar, que foges,*
v. 5b: *ó Jordão, que te apartas para trás,*
v. 6a: *ó montes, que saltais como carneiros,*
v. 6b: *ó colinas, que sois como filhotes de gado miúdo?*

A terceira estrofe do Salmo 114 é formada, em hebraico, por uma mais onze palavras. Antecipando a informação de que a quarta e, portanto, última estrofe é formada por doze palavras, o poema revela, aparentemente, uma simetria planejada:

primeira estrofe	(v. 1-2): 12 palavras;
segunda estrofe	(v. 3-4): 11 palavras;
terceira estrofe	(v. 5-6): 1+11 palavras;
quarta estrofe	(v. 7-8): 12 palavras.

---

[15] LOHFINK, Das tanzende Land, p. 215.
[16] ZENGER, "Als Israel auszog aus Ägyptem ...", p. 67.

Aquela, em hebraico, "uma e excedente palavra — *O que há contigo?* — ocupa exatamente o centro do salmo", sendo que a expressão, ao mesmo tempo, "começa a segunda parte".[17] Introduz-se uma pergunta, que abrange, em primeiro lugar, os dois hemistíquios em v. 5a.b, pois o sufixo pronominal na expressão traduzida aqui como *contigo* é singular. Ou seja: o *mar* e o *Jordão*, também apresentados no singular, são questionados, de forma direta e individual, sobre sua reação ao evento do êxodo. Em seguida, a pergunta é estendida, de forma indireta, aos *montes* e às *colinas* (v. 6a.b). Ocorre, no entanto, uma incongruência, pois estes dois elementos da natureza aparecem agora no plural. Assim, o ouvinte-leitor percebe certo contraste, que pode ser compreendido da seguinte forma: *O que há contigo, ó mar, que foges, ó Jordão, que te apartas para trás,* enquanto vós, *ó montes, saltais como carneiros,* e vós, *ó colinas, sois como filhotes de gado miúdo?*

Além do mais, a mudança em relação à ação verbal e, com isso, ao aspecto temporal dos verbos chama a atenção do ouvinte-leitor. O orante "muda do passado para o presente".[18] A pergunta não se refere à reação do *mar*, do *Jordão*, dos *montes* e das *colinas* no passado, no sentido de imaginar uma ação concluída, mas visa a um movimento continuado que se estende ao momento presente.

De resto, também a terceira estrofe é formada por quatro hemistíquios, que constroem dois versos. Fazem-se presentes o vocabulário e os paralelismos da estrofe anterior. "Virtualmente, a terceira estrofe (v. 5-6) é um refrão à segunda", conferindo, dessa forma, às duas partes centrais (v. 3-4; 5-6) um maior peso, por manterem a concentração do ouvinte-leitor nos elementos apresentados aqui.[19]

No entanto, quando há um acúmulo de elementos iguais, as pequenas diferenças chamam a atenção do ouvinte-leitor.

---

[17] LOHFINK, *Das tanzende Land*, p. 199.
[18] HOSSFELD; ZENGER, *Psalmen 101–150*, p. 269.
[19] PRINSLOO, *Psalm 114*, p.173.

Observa-se, em primeiro lugar, que toda a primeira parte do Salmo 114 apresenta, em estilo de narração, o evento histórico do êxodo, referindo-se ao passado. *Israel saiu do Egito* e tornou-se, dessa forma, um *santuário* e o povo *governado* por *Deus* (v. 1-2). Naquele momento, a natureza revelou reações diferentes. Enquanto *o mar* e *o Jordão fugiam*, *montes* e *colinas saltaram* de alegria (v. 3-4). Com isso, porém, a narrativa, que visa ao passado (v. 1-4), chega ao fim, dando, daqui para frente, lugar a um discurso direto ligado ao momento atual. Pode-se dizer que o orante se importa, na segunda parte de sua reflexão (v. 5-8), com a "atuação continuada do acontecimento mítico original no presente, respectivamente, com sua atualização".[20]

Quem reza aqui, em primeiro lugar, dirige-se agora aos representantes do caos, focando o *mar* e o rio *Jordão* (v. 5), a fim de questioná-los sobre sua reação de *fuga* e *partida para trás*, diante da ação libertadora de Deus. Em seguida, estende a pergunta aos *montes* e *colinas*, representantes dos que estão dispostos a acolher, com alegria e entusiasmo, a nova realidade vinda de Deus, sendo que esta consiste, sobretudo, em seu *governo* em meio à humanidade, a começar por *Israel* (v. 6). Visa-se, portanto, à reação mais adequada à realidade e à proposta do êxodo, feita pelo *Deus de Jacó*. Mais ainda: a pergunta não é dirigida às gerações passadas. Nem faria sentido, pois já viveram sua vida. É o ouvinte-leitor vivo que deve reagir, sendo que a resposta ideal é indicada na última estrofe.

A terra dançante (v. 7-8)

v. 7a: *Dança, ó terra, diante do Senhor,*
v. 7b: *diante do Deus de Jacó,*
v. 8a: *que transforma o rochedo em lagoa de água,*
v. 8b: *uma pederneira, em manancial de água!*

---

[20]   ZENGER, "Als Israel auszog aus Ägyptem ...", p. 67.

Na última estrofe (v. 7-8), novamente formada por quatro hemistíquios compondo dois versos, o ouvinte-leitor pode identificar aquele que, na primeira estrofe (v. 1-2), já ganha presença como ponto de referência. De forma direta, compreende-se agora que foi o *Deus de Jacó* (v. 7b) quem, através da experiência do êxodo, ou seja, pelo projeto da *saída* dos oprimidos da sociedade escravista, opressiva e faraônica (v. 1a), transformou *Judá* em *seu santuário* (v. 2a) e *Israel* na comunidade que acolheria *seu governo* (v. 2b). Aliás, *a casa de Jacó* (v. 1b) existe por causa do *Deus de Jacó* (v. 7b). Tais relações e os paralelismos já indicam que a primeira e quarta estrofes (v. 1-2.7-8) são ligadas entre si e formam uma moldura externa em torno da segunda e terceira estrofes (v. 3-4.5-6), que ocupam o centro do Salmo 114.

O *Deus de Jacó* (v. 7b) é apresentado como *Senhor* (v. 7a). A palavra *senhor*, em hebraico, indica a pessoa a qual pertence o *senhorio* e, com isso, o *governo* (v. 2b) sobre os outros. Nesse sentido, os salmos lembram *José*, o qual, como *senhor*, *governou* o Egito (Sl 105,21), mas também os *servos* em relação a seus *senhores* (Sl 123,2), a rainha assenhoreada pelo *rei* (Sl 45,3) ou mesmo aqueles que se dizem livres de qualquer *senhor* (Sl 12,5). No entanto, em meio a este contexto histórico-cultural, surge, no antigo *Israel*, a visão profética de que o *senhor* seja, por excelência, Deus mesmo. No caso, o rei, chamado de *senhor*, é visto como dependente, no exercício de seu poder, da atuação do rei celeste (Sl 110,1), uma vez que este último é o *Senhor dos senhores* (Sl 136,3) e *maior do que todos os deuses* (Sl 135,5). Identificado com quem é capaz de *sustentar os oprimidos* (Sl 147,5-6), prevê-se que o *Senhor* de *Israel* estenda seu *senhorio* à *terra inteira* e, com isso, à humanidade inteira, assim como ao cosmo (Sl 8,2.10; 97,5).

Para o orante no Salmo 114, contudo, o poder do *Deus de Jacó* ganha visibilidade onde este *transforma* as realidades mais duras possíveis para oferecer ao ser humano condições de vida (v. 8). No caso, quem reza aqui cultiva, mais uma vez, a memória do êxodo, sobretudo, do momento em que Moisés fez o *rochedo* e a *pederneira* jorrarem *água* (Ex 17,1-7; Nm 20,1-13; Dt 8,15).

Assim, *Israel* sobreviveu no deserto, podendo continuar sua caminhada rumo à liberdade e à construção de uma sociedade mais igualitária, justa e fraterna em terra nova, onde Deus proporcionaria ao povo *mel da rocha* e *azeite do rochedo pedernal* (Dt 32,13).

Em princípio, o *senhorio* do *Deus de Jacó* pode ganhar visibilidade em duas direções. No que se refere aos *inimigos* dos oprimidos, ele pode *transformar o coração* de quem insiste no poder opressor, permitindo, então, que a sociedade opressiva não consiga mais colocar seu pensamento no que é realmente importante e, por consequência, provoque uma catástrofe para si mesma (Sl 105,25). No mesmo sentido, Deus pode privar a sociedade escravista do acesso ao bem material necessário para a sobrevivência, *transformando as águas em sangue* (Sl 78,44; 105,29; Ex 7,14-25). Para promover a liberdade dos oprimidos, porém, as *transformações* ocorrem na direção contrária. O *rochedo* é *transformado* em *lagoa*, ou seja, "em *água* plana, em contraste ao *mar*" (v. 3a.5a.8a); e a *pederneira* é *transformada* em *manancial*, quer dizer, "em *água* corrente, contrastando o rio *Jordão*" (v. 3b.5b.8b).[21] Mais ainda: para garantir a liberdade aos oprimidos, Deus também pode *transformar o mar em terra seca* (Sl 66,6). Resumindo: o *Deus de Jacó* exerce seu *senhorio*, por excelência, como aquele que se propõe a *transformar a lamentação em dança* (Sl 30,12).

Com isso, seja destacada, no final desta leitura do Salmo 114, o que o próprio texto realça em forma de um apelo. Basta observar o único verbo finito na última estrofe. Após ter narrado o evento do êxodo, que tornou o povo *santuário* e comunidade *governada* por seu *Deus* (v. 1-2), e após ter apresentado as duas reações possíveis a esta experiência religiosa, visando ao tempo presente (v. 5-6), o orante dá, simplesmente, uma ordem enfática a seus ouvintes-leitores: *Dança, ó terra, diante do Senhor, diante do Deus de Jacó!* (v. 7).

---

[21] HOSSFELD; ZENGER, *Psalmen 101–150*, p. 273.

De forma indireta, o motivo da *dança* já se faz presente no movimento *saltitante* dos *montes* e das *colinas*, respectivamente dos *carneiros* e *filhotes do gado miúdo* (v. 4.6). O verbo *saltar*, pois, lembra o movimento alegre e *dançante* de Davi diante da arca (2Cr 13,8), em especial, no momento da chegada dela em Jerusalém. "Enquanto Davi, segundo 2Sm 6,14, realizou uma dança de rodopios, o texto paralelo, em 2Cr 15,29, fala de uma dança de saltos" (veja também os *rodopios* e *pulos* de Davi em 2Sm 6,16).[22] Além disso, quem lê o texto hebraico do Salmo 114, percebe também na presença do verbo aqui traduzido por *apartar-se* (v. 3b.5b) uma conotação em vista do motivo da *dança*, pois o mesmo verbo oferece a ideia de alguém *virar-se*, no sentido de *fazer um giro*.

A *dança* tem presença na vida do antigo Israel. Quem saía vitorioso de um combate bélico era saudado com *canto*, batuque e *dança*. Isso foi assim para o Jefté, na época dos juízes. Após sua vitória contra os amonitas, *sua filha saiu a seu encontro, com pandeiros e danças* (Jz 11,34). Também no caso de Davi, após a vitória contra o filisteu, *as mulheres saíram de todas as cidades de Israel para cantar; e houve danças, [...] com pandeiros, alegria e triângulos*, sendo estes últimos outros instrumentos de percussão, feitos de metal (1Sm 18,6; 21,12; 29,5). Por excelência, seja lembrada, outra vez, a vitória exemplar do Senhor sobre o Faraó e seu exército no Mar dos Juncos, que levou Miriam e todas as mulheres a *saírem com pandeiros e danças* (Ex 15,20). Além disso, existiam *festas para o* Senhor, para as quais *as filhas saíam para dançar* (Jz 21,19.21.23). Aliás, "a dança era, em geral, coisa de mulher"; podia haver grupos de dança, sendo que o movimento gracioso na *dança* iria destacar a beleza de quem dançava (Ct 7,1).[23]

---

[22] LOHFINK, Das tanzende Land, p. 210. No caso, o autor apresenta uma argumentação pormenorizada e ampla para a compreensão do verbo em v. 7a, favorecendo o sentido de *dançar*, e não o de *tremer*.

[23] ZAKOVITCH, *Das Hohelied*, p. 244.

No mais, a *dança* servia para expressar a recuperação da alegria, a volta da vida e a comunhão renovada com Deus. Nesse sentido, o fruto do *eterno amor eterno* do Senhor a seu povo iria resultar em uma festa abundante: *Novamente, te construirei; serás reconstruída, ó virgem de Israel. Enfeitarás, novamente, teus pandeiros e sairás com a dança daqueles que fazem graças* (Jr 31,4). E tais festas uniriam o povo. *À alegre virgem dançante, se juntariam jovens e velhos* (Jr 31,13). Afinal, o antigo Israel se interessou pela experiência religiosa de Deus inverter o sofrimento do povo, *transformando luto* e *lamentação em dança* (Jr 31,13; Sl 30,12), sendo que mesmo Deus também podia provocar experiência contrária (Lm 5,15).

Enfim, a *dança* ganhou, na história do povo de Deus, destaque como movimento querido. Para o orante no Sl 114, ela deve ser praticada *diante do Senhor*, isto é, *diante do Deus de Jacó* (v. 7a.b). Por determinar duplamente o lugar da *dança*, dá-se certa ênfase sobre ela como uma expressão religiosamente motivada. Nesse sentido, é preciso que haja não somente *cantores*, mas também *dançarinos* nos *portões de Sião*, onde estão os *mananciais* ou *nascentes* do Senhor (v. 8b; Sl 87,7). Mais ainda: *o nome* do Senhor deve ser *louvado com dança*, envolvendo o *pandeiro* e outros instrumentos musicais (Sl 149,3; 150,4). *Israel* e a *terra* (v. 7a) — conceito que abre espaço para a humanidade inteira — são ordenados a *dançarem* e a darem, dessa forma, sua resposta ao *Deus de Jacó*, no momento em que observam que sua liberdade é fruto da graça divina.

7

EM BUSCA DE DEUS E DO BEM DE SUA CASA
Salmo 122

Leonardo Agostini Fernandes

Introdução

O Papa João Paulo II, de saudosa memória, deu um novo impulso, reacendendo na Igreja Católica e nos homens de boa vontade, a chama da estima e do vigor pela vida de oração. O seu pontificado foi e continua sendo um exemplo vivo, um testemunho perene de quem buscou a Deus e o bem de "sua casa" com amor pelos que cruzam suas portas.

Nesse sentido, percebe-se que a autêntica intimidade com Deus se revela na verdadeira intimidade que se interessa, sem segundas intenções, pelo ser humano; sem olhar cor, raça ou condição social. Quem busca ser próximo de Deus, necessariamente, deve-se fazer próximo do homem, e quem busca ser próximo do homem, certamente, se faz próximo de Deus, zelando pela "sua casa".

O Eterno Pai, em seu Único Filho, revelou-se o próximo mais próximo do ser humano. Assumindo um corpo de Maria, fez dele o Templo do seu Espírito. Assim, a Encarnação do Verbo é a máxima expressão dessa intimidade, que se tornou Igreja e fez dela "a sua casa".[1]

Este estudo visa mostrar a aplicação pessoal e comunitária deste do Salmo 122.[2] Será desenvolvido em cinco partes: (1) texto: tradução e notas de crítica textual; (2) contexto vital e gênero literário; (3) estrutura; (4) breve comentário aos versículos; (5) excurso sobre a história de Jerusalém;[3] (6) notas conclusivas.

Tradução e notas de crítica textual[4]

Canto das subidas, de Davi[a].	1a	שִׁיר הַמַּעֲלוֹת לְדָוִד
Rejubilei-me quando me disseram:	1b	שָׂמַחְתִּי בְּאֹמְרִים לִי
"Vamos *para a* casa de YHWH".	1c	בֵּית יְהוָה נֵלֵךְ׃
Paralisados estão os nossos pés[a],	2a	עֹמְדוֹת הָיוּ רַגְלֵינוּ
diante de tuas portas[b], Jerusalém.	2b	בִּשְׁעָרַיִךְ יְרוּשָׁלָ͏ִם׃

---

[1] O Santo Padre, na Carta Apostólica *Novo Millennio Ineunte* (n. 32), manifestou um grande desejo: que a Igreja se revele sempre mais entre os homens através da "arte da oração", aprendendo como fazê-la dos lábios de Jesus, seu Divino Senhor e Mestre.

[2] O sentido que damos para "comunitária" diz respeito à dimensão eclesial subjacente ao conceito "povo de Deus" utilizado pelo Concílio Vaticano II, *Lumen Gentium*, nn. 9-18.

[3] Sugerimos ao leitor que, após essa introdução, inicie sua leitura pelo *Excurso* sobre a história de Jerusalém.

[4] A tradução é literal por opção metodológica e para efeitos didáticos de compreensão do uso hebraico. Uma versão ajustada para a língua portuguesa será oferecida no comentário aos versículos. A numeração adotada segue a Bíblia hebraica, segundo o Texto Massorético (TM) editado na *Biblia Hebraica Stuttgartensia* (ELLIGER; RUDOLPH). Utilizaremos a sigla BHS. Na tradução, os termos em *itálico* não se encontram no texto hebraico, mas são necessários em português.

Jerusalém está edificada como cidade,	3a	יְרוּשָׁלַ͏ִם הַבְּנוּיָה כְּעִיר
que por si está unida[a] compactamente[b].	3b	שֶׁחֻבְּרָה־לָּהּ יַחְדָּו:
Para lá sobem as tribos, as tribos de Y'h,	4a	שֶׁשָּׁם עָלוּ שְׁבָטִים שִׁבְטֵי־יָהּ
é um decreto para Israel[a],	4b	עֵדוּת לְיִשְׂרָאֵל
para proclamar o nome de YHWH.	4c	לְהֹדוֹת לְשֵׁם יְהוָה:
Porque lá fixaram tronos[a] para justiça,	5a	כִּי שָׁמָּה יָשְׁבוּ כִסְאוֹת לְמִשְׁפָּט
tronos para a casa de Davi.	5b	כִּסְאוֹת לְבֵית דָּוִיד:
Rogai paz para Jerusalém,	6a	שַׁאֲלוּ שְׁלוֹם יְרוּשָׁלָ͏ִם
desejamos paz aos que te amam[a].	6b	יִשְׁלָיוּ אֹהֲבָיִךְ:
Que exista paz em teus muros,	7a	יְהִי־שָׁלוֹם בְּחֵילֵךְ
prosperidade em teus palácios.	7b	שַׁלְוָה בְּאַרְמְנוֹתָיִךְ:
Pelos meus irmãos e meus amigos,	8a	לְמַעַן אַחַי וְרֵעָי
quero dizer agora: paz em ti!	8b	אֲדַבְּרָה־נָּא שָׁלוֹם בָּךְ:
Pela casa de YHWH, nosso ʾelōhîm,	9a	לְמַעַן בֵּית־יְהוָה אֱלֹהֵינוּ
quero procurar o bom para ti.	9b	אֲבַקְשָׁה טוֹב לָךְ:

Este salmo, em hebraico, apresenta algumas dificuldades textuais.[5] Foram consideradas na discussão as notas mais sugestivas do aparato crítico da BHS, evitando, assim, as meras conjecturas. Em si, os problemas textuais abaixo tratados não comprometem a leitura e a compreensão do TM. O uso que fazemos do tetra-

---

[5] Para um leitor não habituado à nomenclatura, as siglas acima utilizadas são: LXX = versão grega, também denominada *Septuaginta*; Tg = Targum: versão em aramaico; Vg = Vulgata: versão latina de São Jerônimo; Syr = versão siríaca: dialeto do aramaico, escrito e falado na região da Síria-Antioquia; e Q = Qumran: texto em hebraico.

grama, YHWH, sem vogais, reflete o ensinamento que a tradição judaica nos transmite sobre o respeito, o temor e o amor diante do Santo Nome de Deus. Por isso, nestas páginas só usaremos YHWH.

Notas de crítica textual

v. 1[a]: A referência ao rei Davi (לְדָוִד: "de/para Davi") está ausente em alguns manuscritos. Um manuscrito da LXX, considerado mais próximo ao seu original, traz somente: ᾠδὴ τῶν ἀναβαθμῶν ("canto das subidas") e o mesmo se dá com o Tg. O fato de o texto em hebraico ser mais extenso no título não cria grandes dificuldades, mas faz pensar: qual o sentido para a menção ao rei Davi?[6] Davi, por certo, não é o autor do salmo, mas a referência adquire um significado relevante, pois este rei tornou-se um paradigma na história do povo eleito. Ele é, ao mesmo tempo, um personagem bíblico completo e complexo. Ocupa um grande espaço no Antigo Testamento. É o homem que aparece dotado de várias experiências antropológicas positivas e negativas, e também o típico homem bíblico que busca a Deus pela fé, pelo culto e pelos interesses do povo. Davi é o primeiro rei, na história do povo eleito, a se interessar pela construção de uma "casa para YHWH" (2Sm 7).[7] Portanto, retirar a referência é menos sábio que deixá-la.

v. 2[a]: Uma versão de Q e a versão Syr trazem a forma singular do pronome possessivo (sufixo de primeira pessoa do comum singular): "pés de mim" רגלי em vez de "nossos pés" רַגְלֵינוּ

---

[6] Segundo RAVASI (*Il Libro dei Salmi*, p. 535), a menção ao rei Davi surpreende, porque está ausente nas versões antigas. Foi uma tentativa de atribuir ao salmo um prestígio indiscutível.

[7] Davi apresentou o problema da habitação para a Arca da Aliança, que ainda estava debaixo de uma "tenda" (o termo hebraico significa propriamente um "véu" sutil). Para aprofundamento, ver FERNANDES, 2Sm 7,1-17: O projeto de Davi confronta-se com o projeto de Deus, p. 180).

como se encontra no TM. Não há por que desconsiderar o texto hebraico por estar com o sufixo de primeira pessoa do comum plural. É suficiente pensar que o salmista se sentisse representante de um grupo, que não pode peregrinar (v. 8a) e ao mesmo tempo fizesse parte de um grupo que decidiu peregrinar (v. 1bc). Os dois significados seriam legítimos e poderiam ser assumidos, mas pelo fato de representar a típica experiência de quem decide empreender um caminho de cunho religioso coletivo, como uma peregrinação a um santuário, manter a forma plural é a mais condizente. Um argumento complementar: a simples recitação individual de um salmo, feita no âmbito cultual, já denota o seu aspecto e a sua esfera coletiva; por outro lado, quando uma assembleia salmodia no culto, manifesta a consciência de formar um único corpo.

v. 2[b]: A LXX leu ἐν ταῖς αὐλαῖς σου = "em teus pátios". Não estaria colocando em dúvida o valor da expressão hebraica, mas tentando harmonizar, evitando o afã da aglomeração.[8]

v. 3[a]: A formulação שֶׁחֻבְּרָה־לָּהּ *é a única ocorrência em toda a Bíblia* Hebraica, constituindo um *hapax legomenon* e criando certa dificuldade de leitura. A LXX e a versão grega de Símaco interpretaram: ἧς ἡ μετοχὴ αὐτῆς ("que o teu consorte");[9] uma versão de Q traz uma construção diferente com לו "para ele" no lugar de לה יחדו, deslocando o sentido: "para ser compacta". Literalmente a formulação significa: *Jerusalém esta edificada de*

---

[8] A Vg, neste ponto, parece ter seguido a LXX, pois traduziu por "átrios": "*stantes erant pedes nostri in atriis tuis Hierusalem.*". As versões modernas como a Bíblia de Jerusalém (BJ, Paulus) e a Tradução Ecumênica Bíblica (TEB, Vozes) seguem o TM e traduzem por "portas".

[9] WEISER (*Os Salmos*, p. 584, nota "a") opta pela leitura da LXX, afirmando que ela se adapta melhor ao contexto. Para ele, a tentativa de interpretar o TM como sendo uma referência à reconstrução das muralhas da cidade de Jerusalém empreendida por Neemias carece de um fundamento sólido. Essa ligação advém, provavelmente, da versão Syr, que buscou explicitar o sentido, traduzindo por "muros". Não se nega a relação com o v. 7, visto que os "muros" indicam um limite protetor, um filtro para o sagrado, pois impede o acesso dos pagãos e é um sinal da coesão nacional.

forma compacta. Por detrás do *hapax* estaria um sentido "físico", como no v. 2, que revelaria a forma apaixonada de o salmista contemplar a cidade pelo seu conjunto harmonioso, pela sua centralidade e, enfim, pelo magnífico esplendor que descobre depois de ter cruzado as suas portas.[10] Nem sempre uma pessoa, sob um forte impacto emocional, consegue exprimir claramente tudo que está experimentando. A dificuldade na leitura não invalida o sentido.

v. 3[b]: A Syr traz *šwrʾ* "muros" no lugar da partícula adverbial יַחְדָּו ("compactamente"). Literalmente se pretende dizer que o seu conjunto de construções é compacto, não há brechas, talvez querendo indicar o desejo de que todo o povo seja uma comunidade "una" como o seu Deus é uno (Dt 6,4).

v. 4[a]: Em vez da formulação עֵדוּת לְיִשְׂרָאֵל ("decreto para Israel"), uma versão de Q traz עדת יִשְׂרָאֵל, "congregação de Israel" concordando com a versão grega de Símaco: ἐκκλησία = "assembleia". A LXX e a Vg apoiam o TM.

v. 5[a]: uma versão de Q, por dificuldade com o plural כִסְאוֹת, opta pelo uso no singular כִּסֵּא ("trono"). O plural pode perfeitamente ser considerado "majestático" ou de "excelência", coadunando bem com a referência às doze tribos.[11]

v. 6[a]: A LXX ajusta o texto gramaticalmente ao trazer καὶ εὐθηνία τοῖς ἀγαπῶσίν σε: "e a prosperidade aos que te amam", que equivaleria em hebraico a לאהביך ושלוה. A mudança da LXX transforma o verbo יִשְׁלָיוּ, da raiz שׁלה, em substantivo, precedido da conjunção, criando uma oração aditiva, mas exige que se introduza a preposição לְ. O texto hebraico, do ponto de vista literal, é muito mais convincente, pois manifesta o desejo vivo do salmista: "sejam prósperos os teus *amantes*" ou "estejam em paz

---

[10] RAVASI, *Il Libro dei Salmi*, p. 544.
[11] Dn 7,9; Mt 19,28; Lc 22,30; Ap 4,4; 20,4. Absalão, filho de Davi, tentou fazer boa figura política entre os filhos de Israel que vinham em busca de justiça junto ao rei (2Sm 15,1-7).

os teus *amantes*", se queremos respeitar o particípio, que seria igual "aos que te amam".

Contexto vital e gênero literário

O Salmo 122 é um canto a Jerusalém e pertence a um conjunto de salmos denominado: "Cântico das subidas" (שִׁיר הַמַּעֲלוֹת). Esse conjunto contém quinze salmos (Sl 120–134).[12] Esses hinos são considerados "graduais", isto é, para serem cantados em voz alternada. Eram entoados pelos peregrinos que se dirigiam em caravanas para Jerusalém.[13]

Todavia, o Salmo 122 pertence a uma categoria de salmos denominada "Hinos de Sião".[14] Os estudiosos criam-nos um

---

[12] LORENZIN, *I Salmi*, p. 481; GRENZER, As tarefas da cidade (capítulo deste livro).

[13] O motivo dessa classificação é geográfico, pois quem se dirige a Jerusalém deve subir. O Templo se erguia sobre uma colina de aproximadamente 770 metros acima do nível do mar Mediterrâneo, delimitada a oriente pelo vale do Cedron e a ocidente pelo vale de Ben-Enom. Os dois vales se cruzam ao Sul, junto à fonte Roghel e continuam sob a designação de W'dī en N'r ("Vale do Fogo") até chegar ao Mar Morto (HERIBAN, *Gerusalemme*, p. 415).

[14] Para uma breve síntese, ver CHARPENTIER, *Para ler o Antigo Testamento*, pp. 146-147. Esses quinze salmos apresentam elementos em comum e possuem, a seu favor, o caráter de coleção única, reunida no saltério em uma ordem consecutiva, à diferença dos salmos de Aza e de Coré, que aparecem sem uma estreita sequência no Saltério (exemplos: Sl 42; 44-49; 84-85; 87-88). As hipóteses para explicar o agrupamento dos "Hinos de Sião" são numerosas, mas certa unanimidade é reconhecida no momento em que se aceita a "peregrinação ao Templo" como o motivo básico para reuni-los em uma espécie de livreto de cantos para essa finalidade. Acreditamos que a experiência de peregrinação anual ao Santuário Nacional de Nossa Senhora da Conceição Aparecida, empreendida por muitas dioceses no Brasil, poderia ilustrar a ideia de fundo, desde que sejam respeitadas as devidas particularidades. As diversas comunidades que partem em romaria, geralmente, procuram preparar subsídios com cantos e orações, a fim de animar e sensibilizar os romeiros quanto ao objetivo da peregrinação. Todavia, lembremo-nos de que, embora as

problema por não serem unânimes no momento de definir os salmos que fariam parte desse tipo de gênero.[15] No grupo dos quinze, antes referido, somente o Salmo 122 e o Salmo 126 são considerados como pertencentes a esta categoria.

A raiz do problema reside no fato de serem "temáticos", pois são salmos que cantam a glória de Sião e a beleza de Jerusalém.[16] Embora estes salmos possuam em comum o louvor, celebram três temas interligados: a presença de YHWH no seu Templo edificado

---

condições de viagem e de edição de "livretos" sejam incomparáveis, o espírito que move os peregrinos é algo comum na experiência religiosa dos romeiros.

[15] Geralmente são aceitos os seguintes salmos: 24, 46, 48, 76, 84, 87, 122, 126 e 137.

[16] MANNATI (*Para rezar*, p. 51), seguindo de perto o parecer de BONORA (*Il Messaggio della Salvezza*, p. 202), reapresenta, validamente, as linhas gerais dos salmos de peregrinação:

[1] *Exclamação inicial* de alegria, de admiração, de amor (Sl 84; 91 e 122).

[2] *Troca de cumprimentos* entre peregrinos e levitas (ou sacerdotes): Salmo 84,5-6. Olhar retrospectivo sobre as etapas anteriores: Salmo 84,7-8; 91,3-7; 122,1.

[3] *"Catequese no limiar"*. Os que vinham de longe podiam estar contaminados pelo paganismo ou, simplesmente, não sabiam o que Deus esperaria deles. Por isso, era necessária uma espécie de catequese elementar antes de deixá-los entrar. Esta ideia existia também para os templos pagãos: quem desejava entrar se informava sobre as exigências da divindade que habitava o lugar (Mq 6,6-8). É o que temos no Salmo 15, com a pergunta ritual do(s) peregrino(s) e a resposta dos sacerdotes, em um pequeno diálogo (Sl 15,2-5b). Em uma forma mais reduzida, esse elemento pode ser identificado no Salmo 84,12; 91,3-8; 122,4-5. Tal catequese poderia ser feita a um dos peregrinos, enquanto seu grupo permanecia detido em uma das portas de Jerusalém, controlando o fluxo dos que chegavam para as festas.

[4] *Prece dos peregrinos pela cidade* que os recebe: Salmo 84,9-10 e 122,6-9.

[5] *Fórmula de acolhida* dos habitantes de Jerusalém, sob forma de aprovação, de ratificação do que os sacerdotes disseram: Salmo 15,5c; 84,13; 91,10-13.

na cidade de *Jerusalém*, escolhida para nela fazer habitar o seu nome e a partir dela abençoar todo o seu povo.[17]

Observando a forma como se dispõe o conteúdo do Salmo 122, pode-se perfeitamente perceber que nele se canta e se exalta Jerusalém, e nela, em particular, o Templo, que se tornou o centro de unidade das doze tribos como povo de YHWH, Deus da aliança do Sinai.

É admissível, portanto, que estejamos diante de um "Hino a Sião" por ocasião de uma peregrinação. A situação que inspira tanto o hino como a peregrinação não é explicitamente indicada no salmo, mas percebe-se o contraste, em ritmo crescente, em relação ao conteúdo dos Salmo 120 e 121 que o precedem.[18] Sabe-se, apenas, que os romeiros decidiram peregrinar e concluíram o objetivo da romaria física e espiritual, manifestando grande alegria pelo teor do louvor.[19]

---

[17] No livro do Deuteronômio, YHWH determinaria o único lugar legítimo do culto (Dt 12,13-14.18.21). A reforma deuteronomista, nos tempos do rei Josias, ratificou Jerusalém como sendo esse lugar e concentrou nela a atividade sacerdotal, centralizando o culto (RÖMER, *A chamada história deuteronomista*, pp. 10.62-70). Essa perspectiva teológica se verifica em outros textos (Is 40–55; Sl 137). Visto sob esse prisma, um único salmo reúne o tríplice louvor: a Deus, a Jerusalém e ao Templo. Uma característica peculiar a esses salmos é o convite coletivo inicial: "vinde" (*lekû*), e possuem alguns elementos estruturais comuns a quase todos eles. Ver, a seguir, nota 19.

[18] GRENZER, As tarefas da cidade (capítulo deste livro).

[19] ALONSO SCHÖKEL; CARNITI, *Salmos II*, p. 1465. Segundo MORLA ASENSIO (*Introdução ao estudo da Bíblia*, p. 305), os cânticos de peregrinação eram entoados no começo da romaria e ao final dela, no momento em que se chegava às "portas" de Jerusalém. Esse estudioso considera o presente salmo como sendo o único cântico de peregrinação propriamente dito (alguns elementos estão no Salmo 84; vestígios em Is 2,3; Jr 31,6; Mq 4,2). A sua crítica coaduna-se ao aludido em nota anterior, pois para uma exata descrição do gênero deveriam ser claros os sentimentos e as ideias: saudades de Sião, desejo de contemplar a YHWH, menção da árdua viagem que tiveram de suportar os peregrinos e alegria por chegarem ao destino (Sl 84,2-3.8); o Salmo 122 denota o romeiro que se expressa através dos desejos de bênçãos, de paz e nos louvores à

Todavia, é plausível supor e aceitar que este salmo fosse particularmente entoado no contexto vital de uma das grandes festas judaicas (Páscoa, Semanas, Tendas), prescritas como ocasião obrigatória para realizar uma peregrinação a Jerusalém.[20] Tais festas são designadas em hebraico pelo substantivo masculino *ḥag*, que significa "festa solene", e são, especificamente, de cunho religioso, sustentando o aspecto da peregrinação".[21]

Os v. 1-3 apresentam uma feliz síntese teológica do que sente o peregrino: revela a dinamicidade da decisão e o movimento da chegada às portas da Cidade Santa. O sentimento de felicidade invade e toma conta do seu espírito, porque pôde obedecer e praticar o mandamento de YHWH, afirmando na chegada o desejo que o inspirou na partida: ir ao encontro de YHWH. Um anseio presente em Is 2,3: "Vinde, subamos ao monte de YHWH, à casa do Deus de Jacó, para que ele nos instrua a respeito de seus caminhos e assim andemos nas suas veredas".

Cidade Santa (Sl 84,5-6; 122,6-9). A alusão a essas atividades festivas em outros salmos (Sl 87; 121; 126) possibilita a hipótese de que a "peregrinação" fosse a fonte vital que originou a composição desses salmos.

[20] Sobre as motivações que deveriam incitar o pio judeu a peregrinar, ver a boa síntese em WEBER, חָגָא, p. 424.

[21] *ḥag*: é um termo derivado de *ḥāgag* ("celebrar", "observar uma festa religiosa") e significa "festa", "festa religiosa". Esse substantivo qualifica uma "festa de peregrinos" ou simplesmente um "dia santificado", ou um dia ou período de alegria ligada à religião. *ḥag* tem um cognato em árabe *ḥaggun*, que é usado para descrever, por exemplo, a peregrinação anual dos mulçumanos a Meca. O uso desse termo no Antigo Testamento é limitado, principalmente, às referidas festas judaicas. Em quatro ocorrências é usado para cada uma das três festas em um mesmo contexto (Ex 23,15-16; 34,18-22; Dt 16,16; 2Cr 8,13). Também esse substantivo vem aplicado com maior frequência à Festa dos Tabernáculos (20 vezes), à Festa da Páscoa (11 vezes) e uma vez à Festa das semanas (Dt 16,10). Foi usado para descrever a festa instituída por Jeroboão I para substituir a Festa dos Tabernáculos (1Rs 12,32-33). O termo é também usado em duas ocasiões para festas específicas que não são identificadas (Jz 21,19; Sl 81,3-4). Além disso, há nove referências genéricas a outras festas (WEBER, חָגָא, pp. 424-425).

É preciso recordar que, para um judeu, habitante da Galileia ou, mais ainda se fosse proveniente de uma colônia judaica da diáspora (Babilônia, Alexandria, Elefantina ou Roma), chegar à Cidade Santa era, sem dúvida, motivo para festejar. Todo o seu ser era invadido por essa experiência. Ele esquece os numerosos obstáculos e perigos que enfrentou durante o longo caminho, pois seus olhos avistam e contemplam o monte santo de Deus: Sião.[22]

Assim, um judeu piedoso, que residia fora de Jerusalém, em um ar de "santa inveja", enaltece os que nela habitam, sabendo que estar um único dia nos átrios do Senhor é melhor do que passar mil dias fora dele (Sl 84).[23]

A datação deste salmo pode ser procurada em uma época posterior ao final do século VII, época em que se deu, provavelmente, a reforma deuteronomista, durante o reinado do piedoso Josias.[24] Foi, provavelmente, nessa época que se instituiu Jerusalém como

---

[22] Esta ideia está presente no Novo Testamento (Mt 24,1; Mc 13,1-2; Lc 21,5-7).

[23] Segundo RAGUER (*Para compreender os Salmos*, p. 143), o salmo começaria a ser cantado no momento em que a caravana estivesse para entrar na cidade. Esse seria o momento real, pois já foram superadas as dificuldades: doenças, penalidades e perigos do caminho. A alegria que se experimenta ao chegar lembra e intensifica a alegria que se experimentou no momento da partida. Muitas vezes se ouve o seguinte ditado popular: "Quem tem, não dá valor". Muitos dos que residem próximos a um santuário, infelizmente, se habituam com a sua realidade favorável e, sem perceber, se tornam indiferentes a ele. Por isso, o contrário também acontece: "Quem não tem, dá valor". Quem vive distante busca apreciar e aproveitar todos os minutos da sua presença no santuário.

[24] O salmo emprega uma linguagem arcaizante (o uso do pronome relativo *še* em vez de *ʾašer*; a construção frequente com a preposição *le*; a menção do nome divino *ʾelōhîm*), o que permite cogitar uma composição pré-exílica. Essa possibilidade não deveria ser descartada e negada a *priori*, mas, pelas ideias de conjunto que são desenvolvidas, optar por uma datação pós-exílica seria algo mais plausível, desde que não se considere posterior à época macabaica. A singularidade desse salmo, porém, por seu valor histórico-teológico rompe o tempo (SELLIN; FOHRER, *Introdução ao Antigo Testamento* [vol. 2], p. 427).

único lugar de culto do único povo consagrado ao único Deus: YHWH (2Rs 22,1–23,27).[25]

É oportuno ter em mente três observações de caráter histórico:[26]

a) O fim do exílio da Babilônia (538 a.C.), como um novo êxodo, trouxe de volta um relativo número de judeus para Judá-Jerusalém, que mesmo sem saber o que e como encontrariam a Cidade Santa, deveriam ter na mente, no coração e nos lábios esse "Hino de Sião".[27]

b) O período da restauração do Templo (520-515 a.C.), com a atuação forte e marcante dos profetas Ageu e Zacarias (capítulos 1–9), que buscaram motivar os repatriados para que o culto fosse o quanto antes restabelecido. Isso ocasionaria um efeito importante: animaria outros judeus, que ficaram na Babilônia, a fazer o caminho de volta à pátria.

c) O fato anterior encontraria uma base mais favorável ao retorno com a reconstrução das muralhas e reformas religiosas ocorridas durante as atividades de Esdras e Neemias (450-390 a.C.), a fim de reacender ainda mais o desejo do retorno.

Esses três momentos dariam um novo contexto ao Salmo 122 e ofereceriam uma boa ocasião para obter um renovado impulso

---

[25] É preciso lembrar que Jeroboão tomará providências para que o reino do Norte não peregrine ao santuário de Jerusalém, criando, assim, além do cisma político, o cisma religioso (1Rs 12,26-33).

[26] Para um parecer distinto, que não invalida essa observação, ver WEISER, *Os Salmos*, p. 584.

[27] Para São João Crisóstomo, os judeus, purificados pelo período exílico, cantam este salmo e demonstram que possuem fome e sede do Verbo de Deus. Já Eusébio de Cesareia propõe que são os pais que retornaram do exílio que descrevem Jerusalém aos seus filhos por ocasião de uma peregrinação (NESMY, *I Padri commentano il Salterio della Tradizione*, p. 658).

na revalorização do seu horizonte histórico e em particular na compreensão dos salmos que passaram a pertencer a esse gênero literário.[28]

Estrutura literária

A estrutura do Salmo 122 é transparente e pode ser determinada facilmente graças à presença do estilo em triságio. Este é uma aclamação litúrgica. Um termo importante e fundamental vem repetido três vezes. Neste salmo, encontram-se quatro termos em particular repetição: (a) o nome divino "YHWH": três vezes na forma completa (v. 1.4.9) e uma vez abreviado em *y'h* (v. 4); (b) o nome "Jerusalém" em posição estratégica (v. 2.3.6); (c) o termo "casa", sinal da presença divina, aparece distribuído em três pontos relevantes estruturalmente (v. 1.5.9); "d) e o augúrio *šalôm*, "paz" (v. 6.7.8). A locução *casa do Senhor* abre e fecha o salmo e congrega as referências aos outros lugares citados.[29]

A partir da distribuição destes indícios literários, um plano de leitura do salmo pode ser designado e apresenta, sugestivamente, uma divisão que se orienta em três partes:[30]

1) um louvor a YHWH (v. 1-2);

2) um louvor a Jerusalém (v. 3-5);

3) uma oração pela casa de YHWH, por Jerusalém, por seus habitantes, pelo próprio salmista e por seus companheiros (v. 6-9).

---

[28] As observações de caráter histórico poderiam ser estendidas ao período dos zelosos irmãos Macabeus e à sua dinastia (166-37 a.C.), bem como ao período de Herodes Magno (37-4 a.C.), que, para conquistar a simpatia dos judeus, empreendeu uma grande reforma do Templo (HERIBAN, Tempio, pp. 897-898).
[29] GRENZER, As tarefas da cidade (capítulo deste livro).
[30] RAVASI, *Il Libro dei Salmi*, pp. 537-538:

A paronomásia pode ser considerada, enquanto estilo marcante, a geradora poética deste salmo. O nome "Jerusalém", na segunda e terceira partes, constitui o principal dado inspirador para todo o salmo, pois, pelo nome da Cidade Santa, o salmista pôde compor as partes do poema.[31] Há no salmo um som marcante do segundo componente, a repetição, a aliteração e o uso prolongado de sinônimos.[32]

(1) v. 1-2 (*bêt yhwh*) "casa de YHWH" = templo	ʾomrîm = particípio ("os que dizem") ʿomdôt = particípio ("paralisados")
(2) v. 3-5 (*yᵉrûšālāim*) Jerusalém (*yᵉrûšālāim*) Jerusalém	šbṭ = tribo ksʾ = trono šbṭ = tribo*s* ksʾ = trono ʿlh = subi*r* ydh = louva*r* yšb = residi*r*
(3) v. 6-9 (*bêt dawid*) "casa de Davi" (*yᵉrušālāim*) Jerusalém (*bêt yahweh*) "casa de YHWH"	verbos no imperativo, coortativo, jussivo. domina a paronomásia: šaʾ, alû, šelôm, yᵉrušālāim, yišlayû, šalôm, šalwah, šalôm, ʾabaqšah

[31] Segundo ALONSO SCHÖKEL (*Bíblia del Peregrino*, p. 762) a *paronomásia* é um recurso estilístico, onde do som dos nomes próprios busca-se obter significados. É um recurso querido e comumente praticado pelos autores dos textos bíblicos e estão presentes tanto na poesia como na prosa. Aqui se tem um típico exemplo, no qual o orante toma o primeiro componente *yᵉrû* com valor de "cidade", referindo-se à Cidade Santa por excelência (Ez 7,23; Sl 87,3). O segundo componente *šālaim* é tomado com o óbvio valor "paz". Outro recurso de estilo é a repetição; três vezes encontram-se os termos: Jerusalém, casa, paz, YHWH + Yh. Sobre a função geradora dos nomes próprios no seu contexto literário, ver STRUS, *Nomen-Omen*, pp. 48-50).

[32] No princípio e no fim, realizando a moldura do salmo, se faz referência a Casa/Templo de YHWH. No meio, figura a casa/palácio de Davi. Ambos os edifícios são particularmente importantes, pois denotam a grandeza de uma cidade que se vê elevada, graças à força que para ela se orienta,

É possível identificar três estrofes e nelas apontar um duplo caráter que especifica melhor o seu gênero: um hino de louvor (primeira e segunda estrofes: v. 1-5) e uma oração de súplica pela cidade e seus habitantes (última estrofe: v. 6-9). O louvor exige a súplica, e a súplica requer o louvor, pois o salmo reflete uma ação completa na vida e na história que se tornam motivos de oração.

1ª estrofe (v. 1-2):   *"vamos à casa de YHWH"*
                       "paralisados estão nossos pés diante de tuas portas, Jerusalém"
2ª estrofe (v. 3-5):   *"para lá (Jerusalém) sobem as tribos"*
                       "os tronos para justiça, tronos para a casa de Davi"
3ª estrofe (v. 6-9):   *"paz para Jerusalém"*
                       "o bom para ti (Jerusalém/casa de YHWH)"

Hino à Cidade Santa

v. 1-2: o salmista recorda como se encantou ao ouvir o chamado para peregrinar rumo a Jerusalém e agora aprecia a experiência de pisar de fato dentro dos limites da Cidade Santa. São dois momentos que fazem interagir a audição e a visão.[33]

v. 3-5: o salmista louva a cidade de Jerusalém por seu esplendor material e físico, com sua população numerosa, mas bem unida e compacta, como uma realidade indivisa. Afinal, a cidade de Deus deve ser como Ele é: uno (Dt 6,4). Ele louva essa qualidade particular de Jerusalém: ser o centro espiritual para o qual todas as tribos de Israel convergem como um único povo.

---

mas, também, porque dela emana uma profunda experiência de alegria (ALONSO SCHÖKEL; CARNITI, *Salmos II*, pp. 1466-1467).

[33] GRENZER, As tarefas da cidade (capítulo deste livro).

Oração para paz

v. 6-9: o salmista convoca os demais peregrinos, conforme uma tradução mais literal do v. 6b: *os que amam Jerusalém* (v. 6-7; 125,5b; 128,6), para que rezem pedindo paz, tranquilidade e segurança para a Cidade Santa e para os seus habitantes. Tudo isso refere-se ao conteúdo da habitual saudação hebraica: *šalôm*; revelando a sua causa, a favor de seus irmãos e de seus amigos, os peregrinos que considera íntegros (v. 8). Enfim, pede para que haja prosperidade por causa do santuário, pois YHWH habita este lugar: *"pela casa de YHWH, nosso Deus"* [בֵּית־יְהוָה אֱלֹהֵינוּ] (v. 9).

Comentário aos versículos

v. 1a: *Canto das subidas, de Davi*

Este título oferece duas informações:

1) A natureza do salmo: é um *"canto das subidas"*.[34]

2) A proveniência ("de Davi") ou a destinação ("para Davi"), visto que a preposição ל poderia estar jogando com a sua ambivalência de significados. Entoado pelo monarca, servia para lembrá-lo do seu papel de promotor da justiça.

---

[34] A interpretação do termo *hamma'alôt* é uma questão aberta entre os estudiosos. Eis algumas indicações sobre o sentido deste substantivo: (a) a graduação poderia ser vista em sentido físico: os sacerdotes entoavam este salmo enquanto subiam os quinze degraus que separavam o átrio das mulheres do átrio dos homens; (b) indicação histórica que lembrava o retorno do exílio de Babilônia, sendo que o plural representaria as diferentes ondeadas dos que regressavam; (c) sentido espiritual, pois quem vai a Jerusalém com fé deseja ascender da Jerusalém terrestre à Jerusalém celeste; (d) geográfico, visto que, para chegar a Jerusalém, deve-se subir o monte de Sião (DAHOOD, *Psalms III* [101-150], pp. 194-195).

v. 1b-2: *rejubilei-me quando me disseram: "Vamos para a casa de YHWH!"*
Nossos pés estão paralisados diante das tuas portas, Jerusalém.

O orante ressalta que a alegria, *śāmaḥtî*, faz parte dos dois momentos da peregrinação: o da partida e o da chegada. Ele, porém, não diz o que ocorreu durante a viagem.[35] Duas ações marcam esses dois momentos: a audição: *ʾamar*[36] (*quando me disseram*)[37] e a visão: *ʿāmad*.[38]

---

[35] Os Salmo 84 e 121 podem oferecer um auxílio e um esclarecimento a respeito desse detalhe. O Salmo 84, ao falar da peregrinação, revela a ansiedade causada pela saudade de quem já conhece a Cidade Santa, que tem a viva lembrança de ter visto a presença dos pássaros abrigados no Tempo, os habitantes e os peregrinos que para lá se dirigem em festa; revela, igualmente, as fadigas que devem ser suportadas, levando em consideração a distância geográfica; mas denota também a ânsia de quem passou uma vida inteira economizando para fazer essa experiência e conhecer pessoalmente, ver com seus próprios olhos aquilo que até então só imaginava pelas descrições que ouviu dos que já tinham peregrinado. Já o Salmo 121 apresenta uma espécie de profissão de fé em Deus, que é o guardião do peregrino, que tudo dispõe para que chegue seguro e feliz. É um salmo de confiança e dependência do homem em relação a Deus, pois se sabe necessitado de ajuda diante dos obstáculos e perigos que terá de enfrentar ao longo do caminho que conduz à Cidade Santa.

[36] Esta raiz significa *dizer, falar, pensar (dizer intimamente), pretender, ordenar, prometer*. O verbo "dizer", em hebraico, reunirá diferentes conotações, dependendo do contexto em que será usado. Quando o contexto reflete interesse teológico, o "dito" vem de Deus ou de alguma autoridade humana competente e que o represente. No caso do nosso salmo, esse verbo é um particípio qal masculino absoluto plural, que está precedido da preposição בְּ, comumente traduzido por *quando me disseram*. Esta tradução é correta, mas não traduz todo o alcance do sentido hebraico, podendo também significar: "*quando os que dizem*"; "*com os que dizem*"; "*entre os que dizem*". Assim, expressa que o peregrino deu uma profunda atenção à palavra que ouviu, porque é uma palavra cheia de encanto, que provoca adesão, contentamento em nível comunitário (FEINBERG, אָמַר, pp. 90-92).

[37] Para São Jerônimo, o sujeito do verbo é duplo: a Lei e os Profetas (NESMY, *I Padri commentano il Salterio della Tradizione*, p. 658).

[38] O verbo *ʿōmᵉdôt* é um particípio plural feminino (porque o termo "pé", em hebraico, é feminino), deriva da raiz עמד, que significa estar firme,

A fala está na primeira pessoa, provavelmente do peregrino que já se encontra diante da cidade, murmurando, intimamente, ou dizendo, euforicamente, as suas impressões diante dos habitantes desejosos de saber o que sentiu ao partir e que estaria sentindo ao chegar. O quadro descrito tem, como pano de fundo, a totalidade de Jerusalém, com seus muros, suas portas (porta Bela, dos Leões, de Herodes, de Damasco, Nova, de Jafá, de Sião etc.), suas casas, principalmente o palácio do rei e o Templo de Jerusalém, e seus habitantes. O peregrino, cruzando o limiar da Cidade Santa, já encontra proteção e amparo. Experimenta o contrário de tudo o que temia provar durante a viagem. No fundo, a sua admiração e o amor por Jerusalém apontam para o Deus que nela habita. Tudo provoca maravilha e contemplação. Não é à toa que este estupor está mencionado em Mc 13,1: *"Mestre, vê que pedras e que construções!"*, pois em Jerusalém tudo manifestava unidade e harmonia (v. 3).[39]

O verbo שָׂמַחְתִּי (da raiz שׂמח) concede um tom personalizado a este salmo. Embora esteja na forma *qal*, perfeito, na primeira pessoa do comum singular, denota uma ação reflexiva: *rejubilei-me, alegrei-me; contentei-me; regozijei-me*. A raiz, em si, denota

---

[39] plantado reto como uma árvore ou uma coluna, imóvel (Ex 20,18; Js 3,8; 1Sm 20,38). Esse verbo é comumente usado no AT para indicar, exatamente, a atitude de quem "fica", "permanece", "está de pé" diante de algo ou alguém. É extensivamente aplicado para designar tanto o simples ato físico de ficar de pé, como o particular "pôr-se diante de YHWH" (Dt 19,17). Sendo assim, não fica difícil perceber por que alguns manuscritos procuram corrigir o texto para *"meus pés"*, buscando concordar melhor com o sentido do verbo seguinte *"paralisados estão nossos pés diante das tuas portas"* (Sl 26,12; 31,9; Zc 14,4).

Diz SANTO AGOSTINHO (*Comentário aos Salmos*, p. 574): "Tens a casa do Senhor, se procuravas saber o que é a casa do Senhor. Naquela casa do Senhor se louva aquele que a construiu. Ele constitui as delícias de todos os que habitam nessa casa; ele é a única esperança aqui e a realidade ali". São João Crisóstomo, de modo triste e bem realista, constatava que poucos eram os cristãos que visitavam voluntária e desinteressadamente a casa do Senhor e, quando o faziam, não permaneciam por muito tempo (NESMY, *I Padri commentano il Salterio della Tradizione*, p. 658).

o estar plenamente alegre ou contente, como indica a sua viva associação com os termos "coração" (Ex 4,14; Sl 19,8-9; 104,15; 105,3), "alma" (Sl 86,4) e a referência ao brilho dos olhos (Pr 15,30). A mesma raiz forma os seguintes termos: *śᵉmēaḥ*: "jubiloso", "alegre"; *śimḥâ*: "regozijo", "satisfação", "contentamento".

Muitos fatos e diferentes realidades podem causar alegria à existência humana: o uso do vinho (Sl 104,15; Jz 9,13; Ecl 10,19); dos unguentos e perfumes (Pr 27,9); ter um filho sábio (Pr 15,20; 10,1; 27,11); proferir uma palavra bondosa (Pr 12,25); encontrar uma pessoa querida (Ex 4,14); conhecer e praticar a Lei de Deus (Ex 19,8; 12,43; *śimḥâ*).

Todavia, estar na presença de YHWH e receber a sua salvação são as realidades citadas com maior frequência, indicando aquilo que realmente deve ser considerado como motivo de alegria (2Cr 20,27; Sl 5,11-12; 9,2-3; 16,9; 32,11; 40,16-17; 63,11-12; 64,10-11; 86,4; 90,15; 92,4-5). De fato, a alegria, que vem de YHWH, é força para o homem (Ne 8,10). Em muitas dessas passagens, o homem é induzido a partilhar sua alegria.

Israel é motivado a se alegrar e a refletir esse estado da sua alma através das suas festas que acontecem, principalmente, pela devoção ao Templo de Jerusalém, qual centralidade da sua vida de fé (Dt 12,7; 14,26; 16,11; 27,7).

É a alegria que caracteriza os casamentos (Jr 25,10) e as festas de despedida (Gn 31,27). Ela designa o sentimento que os fiéis experimentam nos dias santificados (Nm 10,10) e nos diversos tipos de ações sagradas que conhece e pratica (2Sm 6,12; Esd 3,12). Ele, porém, deve saber e estar consciente de que a sua alegria só será completa quando ocorrer a total restauração física e espiritual do santuário (Sl 14,7; 126,2-3; Is 9,2; 25,9; 35,10; 51,3.11; 65,14-19; Zc 2,10.14).[40]

O regozijo pode ter muitos sujeitos: YHWH (Sl 104,3.11); Sião (Sl 97,8); os humildes (Sl 34,2-3); o rei (Sl 21,1-2); os céus (1Cr 16,31); os ciprestes (Is 14,8); até o tolo se alegra com a sua tolice (Pr 15,21); o Egito (Sl 105,38) e, nesse sentido, os ímpios

---

[40] Para o apóstolo Paulo, a alegria tem origem em Jesus Cristo (Fl 4,4).

que, erroneamente, se alegram com a aflição dos justos (Sl 35,15), particularmente quando triunfam sobre Israel (Jz 16,23). Os profetas proíbem aos inimigos de Israel de se regozijarem (Os 9,1; Ab 12) e afirmam que esse tipo de alegria termina, pois só o justo encontrará a alegria perene (Is 51,11).

Se as situações em que as pessoas experimentam a alegria são diversas, elas aparecem às vezes como contraditórias. Pelo fato de Israel ser uma comunidade sacerdotal chamada à santidade (Lv 19,2), não é possível distinguir nitidamente entre as festas seculares e as festas sagradas. Por conseguinte, o povo se alegra no dia da coroação de Salomão (1Rs 1,40) e se alegra com a uma vitória na batalha (2Cr 20,27).

Não adorar YHWH, com alegria, pode acarretar um juízo divino (Dt 28,47). Por isso, o rei Davi nomeou levitas para cantar no templo com alegria (1Cr 15,16). O contentamento longe de Deus pode se transformar em tristeza (Pr 14,13) e insatisfação (Ecl 2,1-3).

A frase: *"vamos à casa de YHWH"* parece ser uma fórmula fixa, mediante a qual se iniciava oficialmente a peregrinação e está atestada em Is 2,3. A casa de YHWH, sede da sua presença na terra, é o coração de Sião e é o polo de atração da vida de todo judeu piedoso. Assim, a liturgia comunitária e o seu esplendor são uma experiência única e extraordinária, que preenche todo o ser do peregrino e todas as suas expectativas.[41]

É interessante e marcante o contraste entre a emoção do v. 1, que é, antes de tudo, psicológica (mesmo supondo a materialidade de uma partida), com o aspecto físico do v. 2: *nossos pés*. Os que pisam o solo sagrado buscam uma confirmação experimental, revelando que não se está vivendo um sonho ou uma ilusão. É uma realidade! O peregrino já está diante de uma das portas da

---

[41] Sl 16; 24; 27,4; 42–43; 48,12; 84; Dt 12,18; 14,26; 16,16; Jr 31,12-12; Sf 3,14-15; 1Cr 12,41; 15,16.25; 2Cr 30,21.23.26).

Cidade Santa. Ali a surpresa e a esperança alcançada se fundem em um sentimento de exaltação instantânea.[42]

Desse sentido, deriva a nossa tradução por *paralisados*, dando a entender que se está em estado de firmeza.[43] Mas qual seria este estado? Damos duas interpretações: (a) no romeiro reside uma dúvida interna: estaria em condições de adentrar e se apresentar diante de YHWH? (b) no romeiro reside a sua ânsia, isto é, o desejo de chegar o quanto antes, mas para que nada lhe escape à contemplação, e isso exige que ele retome o fôlego.

Seria lícito insistir e perguntar ao "próprio" orante pelo motivo da sua alegria. Sua resposta, sem dúvida, seria sempre a mesma: *Vamos à casa de YHWH*. Esta é a casa mais importante de Jerusalém, pelo fato de que nela YHWH está singularmente presente.[44]

---

[42] RAVASI, *Il Libro dei Salmi*, p. 543. Permito-me dar ao leitor uma impressão particular. Essa experiência encontra-se nos lábios de muitos peregrinos que visitam o Vaticano pela primeira vez, quando cruzam a praça e adentram pelas portas da imponente Basílica de São Pedro. É comum observar na face daqueles que não vêm a Roma só para turismo uma comoção profunda e indizível. O mesmo pode ser dito de quem empreende um caminho de fé a São Tiago de Compostela, ao Santuário de Lourdes, de Fátima, de Guadalupe. Mas nada se compara, quando se pensa e se respira a atmosfera que permeia Jerusalém, passando pelos locais onde Nosso Senhor Jesus Cristo, como bom e pio judeu, também viveu a experiência de ser peregrino, graças à fé e a tradição que foram alimentadas e transmitidas a Ele por seus pais (Lc 2,41-52; o v. 44 oferece um particular importante para a compreensão do Sl 122).

[43] A sensibilidade de Santo Atanásio oferece uma interpretação totalmente distante das que aqui apresentamos, mas que nos faz refletir. Segundo ele, os pés paralisados dizem respeito aos anciãos, que se recordam do passado, da juventude, quando, em festa, se dirigiam para a casa de Deus (NESMY, *I Padri commentano il Salterio della Tradizione*, p. 658).

[44] O templo constitui em todas as religiões o lugar sagrado em que a divindade se faz presente para receber o culto dos seus fiéis e assim os torna participantes de seus favores e de sua vida divina. A morada ordinária não pertence a este mundo; mas o templo, de algum modo, traz o céu para a terra, e nele se identifica. Os homens, pelo templo, podem entrar em contato e em comunhão com o mundo celeste e supremo dos deuses. Esse simbolismo religioso é universal e se encontra no Antigo Testamen-

Não se trata de "casa" somente enquanto construção material; é o lugar privilegiado da habitação de Deus no meio do seu povo. Chegar e parar às portas da casa de YHWH não significava somente chegar ao Templo, mas chegar inclusive ao próprio YHWH e poder entrar na sua presença. Isso era o máximo da expectativa de romeiro piedoso e praticante da Lei de Moisés. Embora Deus habite o céu, por ser Transcendente (Sl 2,4; 103,19; 115,3), o orante duvida de que o Templo constituía o sinal, quase uma réplica, da sua celeste habitação (Ex 25,40). Estar no Templo, então, era estar na sua divina presença!

Por isso, o orante, celebrando Sião, ansiava por aparecer diante de YHWH em adoração (Sl 26,8) e pelo culto se unia a todo o povo, aos membros vivos e já falecidos, em um único serviço de louvor e ação de graças a YHWH.

Em síntese, percebe-se a força da sinédoque utilizada, onde a parte representa o todo: *pés* indicando toda a pessoa e *portas* indicando toda a cidade. O poeta reúne, assim, em uma única cena, a emoção que sentiu no dia em que decidiu e planejou a viagem com a emoção que sentiu ao ver, com seus próprios olhos, Jerusalém, com o seu Templo, os seus palácios, a sua vida e a sua beleza esplêndida.[45] Ele se sentiu "um" com a unidade de Jerusalém.

---

to. O Templo de Jerusalém, para a fé javista, era o sinal da presença de YHWH no meio do seu povo. O erro que se pode cometer em relação ao Templo é fazer dele um absoluto, esquecendo-se do seu aspecto provisório. Jesus deu uma nova interpretação para o Templo (Jo 4) e afirmou que seria substituído por um sinal de outra espécie: o seu Corpo (Jo 6), formando a sua Igreja (AMIOT, *Vocabulário de Teologia Bíblica*, pp. 1001-1002, verbete "templo").

[45] Santo Agostinho afirma (*Comentário aos Salmos*, p. 573) que "em nossa peregrinação suspiramos; em nossa cidade alegrar-nos-emos. Encontramos, porém, nesta peregrinação, os companheiros que já viram a cidade e convidam-nos a corrermos para ela. Com isso, rejubila-se o salmista e diz: '*Alegrei-me com o que me foi dito: Iremos à casa do Senhor*' [...]. Vamos, vamos. E perguntam: Aonde iremos? Responde-se: Àquele lugar, ao lugar santo. Falam entre si, e como que inflamados, um por um, eles se tornam uma chama só; e esta única chama, acesa por seus mútuos convites, arrasta-os ao lugar santo, e os santos pensamentos os santificam. Se,

v. 3-5: *Jerusalém é construída como cidade em que nela tudo está compactamente unido.*
<u>*Para lá sobem as tribos, as tribos de YHWH,*</u>
<u>*decreto para Israel, para celebrar o nome de YHWH.*</u>
Lá estão os tronos da justiça, os tronos da casa de Davi.

O peregrino descreve não só os elementos urbanos, que percebe na cidade de longa história, mas atesta os tempos memoráveis que a ligam ao patriarca Abraão e à época do rei Davi, quando se tornou, politicamente, seu alvo de conquista, a fim de transformá-la na futura capital do reino unido, fazendo dela o ponto de confluência e de difluência das tribos que se tornaram súditos. Esses elementos podem ser assim descritos:

- O primeiro é a beleza, manifestada nos traços das construções: é uma cidade sólida, bem compacta e que não apresenta brechas, oferecendo grande segurança, à diferença dos vilarejos espalhados por todo o país.

- O segundo é o seu papel, como centro teocrático, para onde as tribos de Israel se dirigem, pois Jerusalém é um polo de reunião dos diversos clãs que comparecem diante do seu YHWH para louvá-lo. Isso atesta o significado e a dimensão social que Jerusalém representa, mas também une o passado e o presente de todo o seu povo.

- O terceiro é a qualificação administrativa da cidade: nela estão os tronos, isto é, as sedes onde se pratica a justiça.[46] Provavelmente, Jerusalém é indicada como sede

---

portanto, um santo amor arrasta a um lugar material, qual não deve ser o amor que arrebata ao céu os que estão em concórdia, e dizem-se uns aos outros: 'Iremos à casa do Senhor?'".

[46] Segundo o antigo costume (ALONSO SCHÖKEL; CARNITI, *Salmos II*, p. 1469), o exercício da justiça acontecia junto às portas dos vilarejos (Dt 17,8; Rt 4,1-12).

da administração central com um tribunal supremo para promover a justiça.⁴⁷

Portanto, o peregrino tinha motivos, fortes e sólidos, para enumerar os predicados que reconhece visíveis na Cidade Santa. O seu olhar descreve o que já havia podido contemplar, por exemplo, quando descia do alto do monte das oliveiras.

É possível que o v. 4 se refira a um tipo de procissão solene que se realizava em torno da cidade (Sl 48,13-14). Jerusalém é contemplada por seus traços globais, com casas unidas que dão forma às ruas (Ct 3,2; 4,4) e o Templo onde se reúnem as tribos para louvar o Senhor (Sl 65,2).

A imagem tecida supõe uma nação unificada, com um centro religioso e político.⁴⁸ Se o v. 3 se referia às sólidas muralhas da cidade, percebe-se que o v. 4 está assinalando a importância de Jerusalém como santuário central e ideal para as doze tribos.⁴⁹

A nossa tradução por *decreto* perderia o seu verdadeiro valor se ficasse restrita só ao aspecto legislativo. De fato, o termo significa *testemunho* e, segundo Eusébio de Cesareia, foi assim

---

⁴⁷ GRENZER, As tarefas da cidade (capítulo deste livro).
⁴⁸ Orígenes interpreta a partir do sentido da unidade. Quando os fiéis formam um só coração e uma só alma e todos os membros possuem uma mesma solidariedade uns pelos outros, então eles *são Jerusalém unida e compacta* (NESMY, *I Padri commentano il Salterio della Tradizione*, p. 659).
⁴⁹ Segundo KRAUS (*Los Salmos*, p. 639): "Davi havia erigido Jerusalém como centro da antiga confederação sagrada das doze tribos. Desde então, as tribos do povo de Deus peregrinavam até Jerusalém. E, ainda que a separação do reino do norte constituísse uma ameaça para a importância central do santuário (1Rs 12,28), durante a monarquia tiveram que continuar em vigor as antigas ordens anfictiônicas. יִשְׂרָאֵל, no v. 4, designa a confederação das doze tribos, a qual, como entidade sagrada, transcende a constituição política de ambos os estados. A 'norma' mencionada não somente se refere provavelmente à prescrição de que 'todo Israel' se apresente três vezes ao ano no lugar escolhido por YHWH (Ex 23,17; 34,23; Dt 16,16; Lc 2,41s), mas que se estenda também de maneira especial às prerrogativas de Jerusalém. 'Para ali' peregrinam as tribos. Sl 2,7 é uma regulamentação e uma ordem fundamental".

chamado porque era o sinal mais eloquente da providência Divina. Desse local, lia-se e escutava-se a Lei e também ali se narravam as maravilhas de um tempo, não para fomentar saudosismos, mas para que uma nova maravilha acontecesse: que ali se renovasse a caridade recíproca entre os membros do povo eleito.[50]

A Cidade Santa, com o seu Templo e a Arca da Aliança, era o sinal unificador entre as tribos que formavam Israel. Os clãs em várias ocasiões históricas se enfrentaram com rivalidade, quando não em guerra aberta, especialmente depois da divisão do reino davídico.

Davi reinou, primeiramente, por sete anos e meio em Judá, fazendo de Hebron uma base. Neste local, foi procurado e reconhecido como rei pelas tribos do Norte (2Sm 5,1-5). Davi, com habilidade política, fez de Jerusalém a capital; cidade conquistada dos jebuseus e localizada em uma região "neutra", evitando conflitos entre o Norte e o Sul (2Sm 5,6-12).

Além disso, Davi deu à capital um aspecto religioso, instalando nela a Arca da Aliança, com as tábuas da Lei, o bastão de Moisés e Aarão, e uma mostra do maná do deserto, representando, por conseguinte, o êxodo do Egito. Isso já era motivo suficiente para deslocar as tribos de YHWH após a união sob a tutela de um único rei. Israel, então, deve celebrar o Nome: Aquele que É na Cidade Santa.[51]

---

[50] NESMY, *I Padri commentano il Salterio della Tradizione*, p. 660.
[51] Segundo a descrição de 2Sm 7, o rei Davi desejou, conforme o costume da época, edificar para o seu Deus uma casa. A ideia era simples, de cunho religioso e político: YHWH, instalando-se na sua "Casa/Templo", tomava posse soberanamente de toda a cidade, ratificando o papel do rei como seu divino representante (v. 2). YHWH, porém, não aceitou tal projeto, recordando a Davi o passado de ambos, sublinhando a importância da transitoriedade da Tenda da Reunião (v. 5-7). Todavia, embora não aceitando o projeto de Davi, de habitar em uma casa construída por mãos humanas, fez uma importante e fundamental revelação: seria Ele a edificar uma casa para Davi, firmando a sua dinastia régia (v. 11-16). YHWH, contudo, abençoará este propósito e não descartará a possibilidade de o seu descendente, no caso Salomão, construir-Lhe tal casa, isto é, o Templo; com a qual se confirmaria a promessa da descendência régia

Como se proclama o nome de YHWH? O veto do Decálogo era evidente (Ex 20,7; Dt 5,11; Lv 19,12), e a permissão acontecia somente no dia da grande expiação dos pecados (Lv 16). Aqui, o *pronunciar o Nome*, pelo verbo *lᵉhōdôt*, é a proclamação-louvor, um ato de fé em todas as maravilhas que YHWH operou na história do povo eleito, livrando-o das diversas ocasiões de morte.

Desse modo, *proclamar o Nome de YHWH* significava reconhecer que só Ele é Deus, exatamente como se dirá no v. 9: *nosso ʿelōhîm*. Um decreto que prescreve a confissão de YHWH, o Deus único e Santo. Tal proclamação é também um ato de justiça e de juízo. Sem isso, o peregrino estaria fora da comunidade, fora das tribos de YHWH.

Enfim, encontra-se certo paralelismo entre as expressões: *"tronos de justiça"* e *"tronos da casa de Davi"* (v. 5). Na Cidade Santa há tronos para a administração da justiça, função desempenhada particularmente pelo monarca e pelos seus sucessores (2Sm 15,1-7).[52]

Salomão fez com que se instalasse um "pórtico do trono", de onde julgava as causas (1Rs 7,7). Através de algumas passagens do AT, pode-se verificar que o rei exerceu as funções de "juiz de Israel". 1Rs 3,16-18 menciona a sábia administração da justiça feita por Salomão. Em Jr 21,12, pede-se à "casa de Davi" que julgue com justiça. Um juiz justo, segundo a promessa formulada em Is 16,5, sempre se sentará "na tenda de Davi". Da mesma forma, o rei salvador do final dos tempos, descendente da linhagem de Davi, será um administrador carismático da justiça (Is 11,3; Jr 23,5).

(v. 13-14). A atitude de Davi poderia ser lida como o desejo de fazer justiça a Deus: "Pode o rei habitar em uma casa, enquanto Deus habita em uma tenda?". Essa ideia ajudará no entendimento da menção e função dos "tronos da casa de Davi".

[52] São João Crisóstomo lembra que os tronos representam um dos sinais que identificam essa cidade régia, pois exprimem a excelência que ela possui pelo duplo primado: do sacerdócio e da realeza. É à Jerusalém que se apela contra um juízo que exige não só justiça, mas também misericórdia (NESMY, *I Padri commentano il Salterio della Tradizione*, p. 661).

A administração da justiça se tornaria uma forma de instituição com uma importância essencial no âmbito organizacional e jurídico de todo o Israel.[53] O papel régio, com isso, manifestava todo o seu alcance na vida pública, pois o rei deveria: defender o fraco, ajudar os necessitados, mas, principalmente, promover a fé em YHWH (Dt 17,14-20).[54]

Isso revela a intrínseca relação entre a monarquia e a aliança divina. O rei é o humano representante de YHWH, que julga de acordo com a justiça e o direito, porque não faz acepção de pessoas (Dt 10,12-22; 2Cr 19,1-7). Tal concepção permite crer que os descendentes de Davi exerceram em Jerusalém o ofício de juiz e que este poderia se estender a todo Israel em momentos de crise.

v. 6-9: *Rogai paz para Jerusalém:*
desejamos paz aos que te amam,
que exista paz em teus muros e prosperidade em teus palácios!
Por meus irmãos e meus amigos eu quero dizer:
A paz esteja contigo!
Pela casa de YHWH, nosso Deus, eu desejo procurar o bem para ti!

Nesses versículos encontra-se, seguido ao hino (v. 1-5), um desejo de bênção e salvação para a Cidade Santa e para todos os que, como o orante-peregrino, a amam e a trazem no coração (Sl 84).

Nessa súplica por Jerusalém, o termo "paz" (*šalōm*) reflete, na sua forma original, a segunda parte do nome da cidade *Jerusalém*. Isso, para os antigos, é muito importante, pois o nome é revelador de presságios, de tal modo que a cidade de YHWH e

---

[53] Salmo 72,1-2 atribui ao rei funções judiciais. Seria o rei uma instância de apelação na jurisprudência em Israel?
[54] Muitos seriam os exemplos de pecado que foram cometidos pelos reis contra a aplicação da justiça em sentido pessoal e social. Davi, por exemplo, usurpa seu poder e se apodera da mulher de Urias (2Sm 11–12), faz um recenseamento visando a impostos (2Sm 24). Acab busca se apoderar da propriedade de Nabot, sem respeitar o valor desta como bênção que se deve herdar e manter na família (2Rs 21).

a casa de Davi são locais onde reina a paz e donde emana a paz como salvação para o povo.[55]

Nessa cidade, reside o Nome de YHWH (v. 4), presença que assegura todos os bens e principalmente a paz. Na cidade reinou *Shelomoh*, o rei pacífico, o predileto de *Shulamit* do livro dos Cânticos (Ct 7,1), considerado pai e protetor de um povo messiânico.

O destino e o augúrio da Cidade Santa estão aqui resumidos.[56] Esse augúrio é o mais profundo desejo de que a cidade sempre realize aquilo que o seu nome significa. Isso fica mais forte ainda se ligado ao v. 4 quando se afirma que nela se celebra o Nome inefável de Deus. Traduzido, literalmente, está dito: *Rogai paz de Jerusalém*. O uso do construto pode ser interpretado tanto subjetiva como objetivamente.

O orante ao dizer, *desejamos paz*, estava incluindo a prosperidade, a força, os bens que se oferecem em oblação: *o pão, o vinho e o óleo*. Estes eram os elementos do sacrifício pacífico e que os peregrinos traziam em oferta, manifestando a alegria pela bênção que receberam, pois não se comparece diante de Deus com as mãos vazias (Dt 26,1-11).

A prosperidade reconhecida e agradecida a YHWH, de forma cultual, retornava com o peregrino na certeza de novas bênçãos. Então, *aos que te amam* pode, perfeitamente, ser uma alusão aos sacerdotes e levitas do Templo, que eram mantidos pelas ofertas e por elas tinham forças para manter o Templo. O peregrino ajudava, com a sua oferta, a fortificar os muros, para que não houvesse brechas de indiferença e divisão.

---

[55] GRENZER, As tarefas da cidade (capítulo deste livro).
[56] Percebe-se que "a insistência no termo *šalōm* e afins, e o predomínio de formas volitivas soam como mobilização geral pela paz. Também chama a atenção a abundância de possessivos femininos de segunda pessoa: quatro vezes rimando no final do versículo, uma vez no final de hemistíquio (a rima não é comum na poesia hebraica). O poeta, o visitante, interpela, sente e expressa uma relação pessoal com a cidade, de masculino a feminino, segundo a concepção tradicional" (ALONSO SCHÖKEL; CARNITI, *Salmos II*, pp. 1469-1470).

Esta paz que se deseja para a cidade é igualmente a paz que dela se difunde, cobre todo o âmbito urbano, se estende por seus muros, penetra os seus palácios fortificados, envolve todo o Templo e repousa sobre todos aqueles que a amam, para, por eles, como a bênção invocada (Nm 6,24-26) atingir todos os *irmãos e amigos* que o peregrino trazia em seu coração e que a ele se recomendaram.[57] Na bênção, proclamava-se solenemente o Nome de YHWH sobre todos os israelitas, isto é, sobre todas as tribos de Israel.

Os pedidos se orientam à "casa de YHWH", que é o verdadeiro centro de Jerusalém (v. 1). Ela é venerada como lugar da presença e da ação de YHWH. Por isso, o orante se sente comprometido com o pedido que faz, pois sabe que o seu desejo de paz e de bem deve ser traduzido em gestos concretos. Não basta pedir pela paz; é necessário ser um operador de paz. Nisso se concretiza o *quero procurar o bom/bem para ti.*

---

[57] "Teus amigos ou os que te amam" não é uma referência aos "amantes" de Os 2, mas aos ativos construtores do amor de Is 66,10. Estes dois versículos do salmo começam com uma preposição ל, indicando, com a anáfora, a vinculação de dois motivos: "por meus irmãos e companheiros / pela casa do senhor". Os vínculos humanos exigem e buscam a paz, que deriva da presença de YHWH em seu Templo Santo, sua casa, local que garante a irradiação da paz e do bem-estar que o termo *šalōm* comporta. O termo "irmãos" é mais do que um título; é uma solene aplicação aos membros de todas as doze tribos que possuem uma comum descendência: o patriarca Jacó (Ml 2,10). Essa terminologia é título corrente no livro do Deuteronômio que busca solidificar os laços de sangue que unem o único povo que pertence ao único Deus e o celebra no único santuário. Irmãos são todos os que vivem fora ou dentro da capital, todos os que não puderam vir em peregrinação, mas que clamam por Jerusalém. Por isso, em nome de todos, invocando essas várias razões, o peregrino pode solicitar o cumprimento de destino que Jerusalém leva inscrito em seu nome: cidade da paz.

Excurso sobre a história de Jerusalém

A importância, o papel e a centralidade que Jerusalém ocupa na Bíblia e na história da humanidade exigem uma atenção particular. Não se pretende, aqui, exaurir o tema, mas dar algumas indicações que possam ajudar na compreensão, no alcance e na atualidade de aplicação deste salmo. Para facilitar, o *excurso* foi dividido por épocas.[58]

Dados sobre o nome

O nome *Uru-salim* está testemunhado desde os tempos do Faraó Amenófis IV (1377-1358 a.C.).[59] Em hebraico, *yᵉrûšālaim* ocorre 346 vezes no Antigo Testamento. É um Qerè *perpetuum*, porque os massoretas vocalizaram as consoantes *yrwšlm* para ser lido como um dual. No Ketiv (como está escrito) é *yᵉrûšālam*. A nossa leitura deriva do grego Ιερουσαλημ, retomada nos textos do Novo Testamento e chegou até nós através do latim, *Hierusalem*.

A etimologia do nome significa, provavelmente, "fundação ou assentamento" do deus *šālēm*. É um nome composto: *yrw*, que poderia vir da raiz *yrh*, significando, na forma *qal*, "lançar", "jogar", "atirar", mas também "ensinar" na forma *hifil* + a raiz *šlm*, que significa "ser ou estar completo, sadio, em boa forma,

---

[58] Os dados que serão oferecidos aqui possuem três fontes principais: (a) a Sagrada Escritura; (b) bons dicionários que reúnem os dois elementos anteriores (LEGENDRE, Jérusalem, pp. 1317-1396; CARRES, Jerusalém, pp. 928-929); (c) a *Enciclopédia Judaica* (State of Israel [and its Antecedents], pp. 301-472, em particular, p. 404-421).

[59] Entre os achados arqueológicos de *el-Amarna* (coleção das tabuinhas de argila) estão seis cartas de um rei amorrita, que era vassalo do Egito, por volta do ano 1480 a.C., que se lamenta por ter sofrido ataques de inimigos e pede ajuda ao Faraó. Em uma dessas cartas, encontra-se o nome *Uru-Salim*. Nos anais de Senaquerib, de 702 a.C., existe outro registro que diz respeito ao ataque a Jerusalém nos tempos do rei Ezequias, que nessa época já contava com aproximadamente 50 mil habitantes. Os trabalhos arqueológicos prosseguem lentamente, e os resultados das escavações têm trazido algumas respostas para um número de questões sobre a área da cidade, os limites do Templo e a extensão da antiga muralha.

inteiro". Dessa raiz derivam vários termos: *šālôm*: "paz"; *šelem* : "oferta pacífica"; *šālam*: "fazer uma aliança de paz"; *šālēm*: "íntegro", "completo", "perfeito"; *šelōmōh*: "Salomão" etc.[60]

O termo indicaria, então, a posse dos meios necessários que levam e promovem à "paz" ou simplesmente a qualidade daquilo que possui a "paz" como seu fundamento. Por isso, era denominada "cidade da paz", "cidade santa", "cidade de Davi" (2Cr 25,28).

A forma dual do termo (*šālaim*) recebeu diversas explicações. Alguns pensam que fosse uma referência histórica aos dois montes sobre os quais teria sido construída a cidade: Sião e Moriá (Gn 22,2). Outros pensam que fosse uma referência às duas partes da cidade: a "alta" e a "baixa". A questão continua em aberto e passível de discussão.

Jerusalém, geograficamente, é uma "cidade montanhosa" (Sl 68,15-16; 87,1; 125,2; 76,1-2;122,3), situada na extremidade de uma das partes mais altas da Judeia, está cercada no lado sul-oriental, no lado meridional, e nos lados ocidentais por desfiladeiros profundos. Disso deriva o *pináculo do templo* por estar em relação ao vale do Cedron (Mt 4,5; Lc 4,9).

Dados da Escritura: até a eleição do rei Davi

A história de Jerusalém nas tradições do antigo Israel é um dado bastante relevante. Foi reconhecida, no período patriarcal, simplesmente por *šālēm* (Gn 14,18; o Salmo 76,3 identifica *šālēm* com Jerusalém). A formulação completa, *yerûšālaim*, apareceu, pela primeira vez, somente no livro de Josué (Js 10,1), quando o narrador se referiu ao medo que teve Adonisedec, *rei de Jerusalém*, ao receber a notícia da vitória de Josué sobre a cidade de ʿay.

Após a morte de Josué, a cidade foi tomada e incendiada pelos homens de Judá (Jz 1,8). Foi nomeada *yebûs* e estava entre as cidades que pertenceram a Benjamim (Jz 18,27; 1Cr 11,4). No

---

[60] ILLMAN, שָׁלֵם, pp. 94-101.

tempo de David, então, estava entre Benjamim e Judá (Jz 1,21). Depois não foi mais mencionada, até que Davi conduziu para ela, como troféu de guerra, a cabeça do filisteu Golias (1Sm 17,54).

Quando Davi se tornou rei, investiu contra os "jebuseus", isto é, os habitantes de y^{e}bûs que ainda residiam dentro dos seus muros (notícia que contradiz Jz 1,8). Davi os expulsou definitivamente, e sobre essa cidade fixou a sua própria habitação, passando a ser chamada: "a cidade de Davi" (2Sm 5,5-9; 1Rs 3,1; 1Cr 11,4-8).

Davi construiu um altar para YHWH na eira de Areúna, o jebuseu (2Sm 24,15-25), e para lá levou solenemente, entre cantos, danças e sacrifícios, a arca da aliança, colocando-a em um tabernáculo novo, que ele tinha mandado preparar. Jerusalém se tornou, então, a capital do seu reino. O translado da Arca, elemento religioso, legitimava o seu trono e a escolha do local como capital. O fato de ter sido conquistada aumentava, ainda mais, o valor da escolha.

De Salomão até o exílio na Babilônia

Depois da morte de Davi, Salomão, segundo a narrativa bíblica, edificou em Jerusalém o Templo, isto é, uma casa para o Nome, para YHWH, no monte Moriá (1Rs 3,1). Ele também adornou e fortaleceu grandemente a cidade, tornando-a o grande centro de todos os negócios civis e religiosos da nação (Dt 12,5; Dt 12,14; 14,23; 16,11-16; Sl 122,1).

Com a morte de Salomão, a ascensão ao trono de seu filho Roboão e a cisão do reino, Jerusalém ficou como a capital somente do reino do Sul (1Rs 11,12-13.32). A partir da divisão do reino, Jerusalém passou a ser alvo de vários assédios: egípcios, assírios, e também pelos reis de Israel do Norte (2Rs 14,13-14; 18,15-16; 23,33-35; 24,14//2Cr 12,9. 26,9 27; 29,3; 32,30; 33,11).

Enfim, devido ao grande pecado de iniquidade, cometido pelos habitantes de Judá-Jerusalém, um assédio, que durou quase três anos, levou Jerusalém à total destruição. Nabucodonosor, rei da Babilônia, invadiu-a no ano 587 a.C., arrasou ao solo a sua muralha e ateou fogo no Templo e nos palácios (2Rs 25,1; 2Cr 36,1; Jr 39,1; 52,14 // Jz 1,8). Levou para a Babilônia tudo aquilo que Jerusalém possuía de valor: os principais líderes do povo e as riquezas do Templo (Jr 52,3).

A desolação da cidade e do território foi completada pela fuga dos remanescentes judeus para o Egito em 582 a.C., dentre os quais estava o profeta Jeremias (Jr 40–44). Com isso, Jerusalém ficou, praticamente, abandonada e em ruínas (Dt 28,1; Lv 26,14-39).

Do retorno do exílio até a destruição no ano 70 d.C.

A reconstrução de suas ruas e muros teve que esperar o fim do cativeiro, cerca de setenta anos (Dn 9,16.19.25). Em 538 a.C., no primeiro ano de Ciro, rei dos persas, um edito concedia a graça do retorno dos judeus para Jerusalém. Algo que somente começou a acontecer no ano 520 a.C., tendo Zorobabel e Josué, filho de Josedec, à frente dos que se dispuseram a regressar.[61]

Os Livros de Esdras e Neemias contêm a história da reedificação da muralha, do repovoamento da cidade e da retomada das funções sagradas do Templo (Esd 3), base para a restauração nacional. Neemias encontrou forte resistência e oposição à obra de restauração (Ne 4), pois a reconstrução de Jerusalém concederia *status* de independência da província persa da Samaria.

O período da dominação persa (538-332 a.C.) é parco de informações. É o período, porém, em que surgiu a província de Yehud com base na promulgação da Torá, e a vida social foi, pouco a pouco, se reorganizando de forma hierocrática. Em 332 a.C. Judá-Jerusalém foi conquistada por Alexandre Magno e, por quase um século e meio, ficou sujeita ao helenismo.

O período helênico, sob os selêucidas, foi um duro golpe para o javismo. Antíoco IV Epífanes, em 167 a.C., saqueou a cidade e profanou o Templo de Jerusalém. Contudo, três anos depois, com os heróis macabeus, ela foi reconquistada e seu Templo reconsagrado, originando a famosa festa da dedicação denominada

---

[61] KESSLER, *História Social do Antigo Israel*, pp. 167-173.

ḥannukkāh, que durava oito dias (por isso esse candelabro tem oito braços à diferença da *mᵉnôrāh*= que significa lâmpada e tem sete braços; Ex 25,31-40).

A partir desse momento, os judeus mantiveram a sua independência debaixo das regras nativas dos príncipes asmoneus, descendentes dos macabeus, até que, em 63 a.C., Jerusalém passou às mãos do general romano Pompeu. Roma entregou o território, pouco tempo depois, graças a uma estratégia política, nas mãos de Herodes, o Grande (37-4 a.C.), e depois dele aos membros da sua família. Com a morte de Herodes Magno, o território foi dividido em tetrarquias, e cada um dos seus filhos esteve à frente de uma delas (estamos em pleno período da atividade de Jesus de Nazaré).

O golpe final sobre Jerusalém aconteceu no ano 70 d.C., depois de uma forte rebelião judaica. A Cidade Santa foi arrasada ao solo pelas tropas de Tito Flávio Vespasiano, que neste ínterim se tornará em 69 d.C. imperador de Roma, deixando a batalha e a vitória ao seu filho Tito, que transformou a cidade em ruínas, ficando de pé, somente, o famoso Muro Ocidental (conhecido, indevidamente, como "muro das lamentações").

Em Roma, em uma das extremidades das ruínas do Fórum Romano, encontra-se o famoso Arco de Tito, que narra, nas imagens esculpidas, as façanhas da guerra, a vitória sobre os judeus trazidos como escravos para Roma e os tesouros do Templo que foram usados na futura construção do grande teatro denominado Coliseu (que significa "colossal").

Do ano 70 d.C. até a ocupação pelos árabes

Da destruição ocorrida no ano 70 d.C. até o ano 131 d.C. o reduzido número de judeus remanescentes permaneceu quieto na zona habitável de Jerusalém e totalmente submisso ao jugo romano em uma espécie de nova escravidão. Uma nova insurreição, contra os romanos, tem início em 135 d.C. e foi liderada por Bar-kokeba (isto é, "o filho da estrela"), provocando outro grande massacre. O pouco da cidade que ainda havia foi mais uma vez abatido.

Diante disso, o imperador Adriano decidiu reconstruir e fortalecer a cidade, dando-lhe um novo nome: *Aelia Capitolina* (Sol da Capital), e ergueu, no lugar do templo de Jerusalém, três templos dedicados a Júpiter, Juno e Minerva. Essa situação continua até a chegada ao trono do imperador Constantino.

Em 326 d.C., Helena, mãe de Constantino e já convertida ao cristianismo, fez uma peregrinação a Jerusalém, com o intuito de descobrir os lugares ligados à vida de Jesus Cristo. Ela mandou construir, em Belém, uma igreja no suposto lugar do nascimento. O imperador Constantino, animado pelo espírito de sua mãe, procurou o Santo Sepulcro, e construiu em cima do suposto local uma igreja magnífica, que foi completada e dedicada em 335 d.C.

Constantino também aliviou as severas leis contra os judeus, até então em vigor, e lhes permitiu uma vez por ano visitar a cidade e "lamentarem-se em cima da desolação" do que um dia fora "a casa santa e bela", isto é, o Templo. Disso resulta o apelativo: "muro das lamentações". Por quase trezentos anos, a Palestina assistiu um florescer de igrejas bizantinas, que marcaram os locais sagrados da vida e obra de Jesus Cristo.

Em 614 d.C., os persas, depois de derrotar as forças romanas do imperador Heráclito, dominaram Jerusalém até 637 d.C., quando foi conquistada pelos árabes, debaixo do grande Califa Omar, recebendo o nome de *al-kuhdš*, isto é, "o santo", nome que dura, até hoje, entre os mulçumanos.

Dos cruzados até o controle britânico

O domínio árabe durará de 637 d.C. a 1096 d.C., quando teve início o período das "Cruzadas", guerras promovidas e patrocinadas pelos reis católicos para reconquistar a Terra Santa. Em 1099 d.C., o cruzado Godofredo levou um grande número de mulçumanos à morte, e, eleito soberano de Jerusalém, converteu a "Mesquita de Omar ou Mesquita da Rocha" em uma catedral cristã. Durante quase um século, muitas igrejas e conventos foram erguidos na Cidade Santa. A Igreja do Santo Sepulcro foi reconstruída durante este período.

Todavia, em 1187 d.C., o sultão Saladin infringiu grande massacre e tomou a cidade dos cristãos. Desse período em diante, com alguns intervalos, Jerusalém sempre permaneceu nas mãos dos muçulmanos. Conheceu, porém, durante esse período, várias demolições e reconstruções, como nenhuma outra cidade no mundo. As atuais muralhas de Jerusalém, por exemplo, remontam à dominação turca do século XVI.

No ano 1850 d.C., monges de origem grega e latina, que residiam em Jerusalém, tiveram uma feroz disputa pela tutela dos chamados "lugares santos". Nessa disputa, o imperador Nicolau da Rússia apoiou os gregos, mas Napoleão, o imperador francês, apoiou os latinos. Isso conduziu as autoridades turcas a resolverem a questão de modo insatisfatório para a Rússia.

Sabe-se que, por volta de 1860 d.C., viviam em Jerusalém cerca de 12 mil pessoas, das quais metade era de origem judaica. Em 1892 a população total da cidade já alcançava 42 mil pessoas: os judeus totalizavam 26 mil. Em 1922, os judeus haviam atingido a cifra de 34 mil, diante de uma população de 63 mil pessoas. Esse forte crescimento demográfico dos judeus, tanto em Jerusalém como em toda a Palestina, sob o mandato britânico, foi acentuando os conflitos entre as diferentes etnias locais pela posse do território.

O hábito dos judeus de realizar as suas orações diante do Muro Ocidental estava se consolidando cada vez mais, embora toda a área do quarteirão *magrebino* fosse mulçumana desde o século XIII. Durante a dominação otomana, as autoridades locais não emitiram nenhum decreto sobre a questão, limitando-se a tomar pequenas providências.

Do controle britânico aos nossos dias

Depois dos conflitos, ocorridos em 1929, pela posse do Muro Ocidental, o mandato britânico percebeu a exigência de intervir e acalmar os ânimos, criando a Wailing Wall Commission. Essa comissão estabeleceu que o muro era parte integrante da *al-haram ash-Sharif* e, portanto, de exclusiva propriedade mulçumana. Aos judeus foi apenas reconhecido o livre acesso ao lugar a qualquer hora do dia, colocando, porém, limites na quantidade e tamanho dos objetos consentidos para o culto.

Não se pode radicalizar, mas, diante do agravamento dos conflitos, os britânicos, percebendo a dificuldade de gestão por causa dos inúmeros empenhos diplomáticos que poderiam criar um falimento da missão, comprometendo o futuro da Palestina, entenderam que não restava outra solução que colocá-la nas mãos das Nações Unidas.

No mês de maio de 1947 aconteceu uma sessão extraordinária da Assembleia Geral da ONU, abrindo-se com uma declaração da União Soviética a favor do nascimento de um Estado judaico. Assim aconteceu, depois da declaração do *yôm kippur* (dia da expiação) do ano anterior feita por Truman, na qual o então presidente dos Estados Unidos sugeria que a solução viável para a Palestina seria uma repartição dela, e que as duas máximas potências mundiais deveriam chegar a um acordo para aviar o processo de "descolonização no Oriente Médio". Com isso, foi criada uma comissão particular das Nações Unidas para tratar da situação da Palestina: UNSCOP, formada por onze Estados neutros que deveriam encontrar uma síntese capaz de satisfazer as exigências postas entre judeus e árabes.

Em 1947, segundo as estatísticas da época, viviam na Palestina 1,3 milhão árabes e 620 mil judeus. A base do plano da ONU era uma divisão territorial que produzisse um clima de paz. Jerusalém deveria ser tratada de forma diplomática, em vista da internacionalização, devido à presença das três maiores religiões monoteístas, que nela fincavam suas raízes.

Todavia, apesar das inúmeras tentativas de reconciliação, inclusive por parte da Igreja Católica (o Papa Pio XII dirigiu fortes apelos entre os anos de 1948 e 1949), no dia 7 de junho de 1967, durante a famosa guerra dos "Sete Dias" (5-10/6/1967), as tropas judaicas ocuparam a parte oriental de Jerusalém, a fim de que os judeus pudessem regressar e rezar livremente no Muro Ocidental.

Nesse ínterim, as autoridades judaicas asseguravam aos fiéis, cristãos e mulçumanos, o livre acesso aos seus locais de culto. Vê-se a inversão: quem antes recebia permissão passou a dar a permissão.

A realidade, como se constata, seguiu por caminhos diversos. Desde então, o mundo inteiro tem assistido ao agravamento dos conflitos, que estão longe de chegar a um término capaz de produzir e deixar Jerusalém irradiar a sua paz para todo o mundo.

Muitos outros dados poderiam e deveriam ser acrescentados neste breve *excurso*, mas seus horizontes ultrapassariam o objetivo deste estudo. O quadro traçado é suficiente para perceber a urgência e atualidade do conteúdo do Salmo 122 na vida de todo aquele que crê, ama e reza por Jerusalém.

Notas conclusivas

Algumas ideias e elementos podem ser retomados em forma de síntese, que servirá como última reflexão e como uma possível atualização da mensagem deste salmo.

O v. 1 evocou a alegre decisão do peregrino. Ele se dispôs e se colocou em marcha rumo a Jerusalém. Ao chegar, relatou o efeito produzido: exultou de alegria ao contemplar a Cidade Santa. Nessa perspectiva, o convite para peregrinar foi uma *boa* notícia, mas chegar ao local e ver a cidade com os próprios olhos realizou algo extraordinariamente indizível.

A alegria de ir ao encontro de YHWH manifestou a consciência do dever: é coisa boa e justa adorar YHWH em sua "casa" e ali lhe prestar o culto de louvor e gratidão. Outro aspecto importante: é peregrino quem se sabe caminhante na fé, unido aos irmãos e formando com eles, publicamente, um uníssono coração na fé, na esperança e no amor ao Único Deus.

Não foi fácil para o orante traduzir em termos os sentimentos que experimentou no momento de cruzar o limiar dos portões da cidade (Sl 84,3.8). Percebe-se, porém, que tal fato indeniza tudo o que porventura passou para alcançar o objetivo.

A alegria da chegada recompensa a fadiga da caminhada, e, com as ofertas trazidas, tudo se transforma na matéria do louvor (v. 3-5) e não pode fazer menos que rezar por sua paz (v. 6-9). Nesse sentido, o estudo deste salmo proporcionou uma atenção ao sentido da alegria que deriva do termo שָׂמַח.

O contexto geral permitiu perceber que Jerusalém, morada escolhida para atestar a presença de YHWH, é o lugar da congregação do povo eleito em torno do santuário, fonte de alegria para todo aquele que caminha, busca e promove a justiça e a paz.

Os v. 2-5 desenvolveram a série simbólica do homem "bem instalado" através dos temas que se referem à construção, à cidade, à casa, à unidade, à celebração no santuário e à menção do desejo de justiça. Por isso, diante das portas da Cidade Santa, o orante pôde entoar o seu louvor por Sião, exaltando a unidade através da sua arquitetura, refletida nos seus muros, torres, baluartes, estradas etc.

Ao admirar essa característica harmoniosa e compacta das suas construções, o peregrino anunciou a estreita solidariedade social e religiosa que envolve as tribos, seus territórios, e que manifestam possuir graças a Jerusalém. Isso proclamou o nome de YHWH. Talvez, a referência à "casa de Davi" reflita, além da saudade, a esperança, do pós-exílio, que YHWH suscitasse um novo Messias, capaz de colocar em prática a Lei como Davi (Zc 9,9).

Os muros de Jerusalém ofereceram ao orante a sensação de segurança que o ser humano deseja ter diante de todas as instabilidades da vida cotidiana, dos dias longos, cansativos e perigosos que transcorre na sua existência terrena. É uma grande recompensa poder obedecer à lei de peregrinação (Dt 16,16-17). É um ato de justiça feito a YHWH que lhe renderá justiça da parte de YHWH: um abrigo na casa do seu verdadeiro protetor e guardião, porque Jerusalém é a cidade da paz.

Os v. 6-9 apresentaram a série dos anseios que o peregrino sabe que podem satisfazê-lo nesta existência efêmera. Mas sabe, igualmente, que o Templo é só um antegozo. O augúrio afetuoso que fez é um desejo comunitário: que o povo, chegando em romaria, entrando pelas portas da Cidade Santa, se torne um povo justo, seguindo o exemplo de YHWH, o *nosso Deus*, que é o Senhor da justiça.

Assim, se Jerusalém é o local do encontro dos descendentes de Abraão, é também o sinal de um povo resgatado pelo poder de YHWH das mãos de todos os inimigos do passado, do presente e do futuro. Esse povo, que recebeu a terra por herança, graças à promessa que YHWH onipotente e misericordioso fez e manteve aos patriarcas, pode estar em Jerusalém e nela se rejubilar na presença de YHWH que vive e age fielmente na sua história.

Enfim, o amor por Jerusalém, que irradia das palavras do salmista, leva o fiel de hoje, em uma perspectiva bíblica, a insistir com o v. 8 que *pelos meus irmãos e amigos quero dizer agora: šālôm para ti*. Essa paz, como estado de salvação, prosperidade e bem-estar em todas as coisas, abraça e acolhe o povo que pertence a Deus na Jerusalém de todas as épocas. Como não ver em tudo isso um contexto e ocasião de alegria indizível?

Ao lado disso, como não ver nesse salmo um convite à comunidade humana a fazer parte deste povo, a congregar-se em uma assembleia santa, a se reunir para proclamar o Nome de YHWH, como povo escatológico, que continua peregrinando em direção à Jerusalém da terra, mas através dela se sente e se sabe dirigindo-se para a Jerusalém do alto, porque é o novo Israel de Deus (Ap 21–22). Assim, constrói-se a Jerusalém dos corações, onde uma visão de paz faz do nosso ser sua habitação. Quem vive da sua paz já habita Jerusalém.

Chegando a esse ponto, desejo retomar uma alusão que fiz na premissa ao Papa João Paulo II. Ele, em vários dos seus discursos, emitiu muitas mensagens referindo-se à situação hodierna da Palestina e manifestou, publicamente, fortes apelos aos que professam a fé em um único Deus. Queremos, assim, concluir essa breve reflexão, sobre o Salmo 122, recordando um desses apelos e fazer do seu exemplo um eco de amor por Jerusalém: um exemplo de quem ama a Deus e o bem de sua "casa":

> Em nome de Deus, renovo o meu apelo dirigido a todos, crentes e não crentes, a fim de que o binômio "justiça e perdão" caracterize

sempre as relações entre as pessoas, entre os grupos sociais e entre os povos. Este apelo é feito, antes de tudo, aos que creem em Deus, em particular para as três grandes religiões abraâmicas, *Judaísmo*, *Cristianismo* e *Islã*, chamadas a pronunciar sempre com maior firmeza e decisão a rejeição à violência. Ninguém, por nenhum motivo, pode matar em nome de Deus, único e misericordioso. Deus é vida e fonte da vida. Acreditar n'Ele significa testemunhar a misericórdia e o perdão, rejeitando manipular o seu santo Nome. De várias partes do mundo se eleva uma estridente invocação de paz; mas se eleva, particularmente, daquela Terra que Deus abençoou com a sua Aliança e a sua Encarnação, e que, por isto, a chamamos de "Santa". "A voz do sangue" clama a Deus daquela terra (Gn 4,10); sangue de irmãos derramado por irmãos, que se definem pelo mesmo Patriarca Abraão; filhos, como cada homem, do mesmo Pai celeste.[62]

O término deste estudo coloca ao leitor uma pergunta que deveria ter sido feita e tratada nas páginas precedentes, mas foi deixada, propositadamente, para esse momento: lendo e analisando o Salmo 122 com atenção, não encontramos o destinatário direto dos verbos: *rogai*, a quem? (v. 6) *quero dizer*, a quem? (v. 8).

A primeira tentação, pensando logicamente, é a de responder: se os v. 6-9 constituem uma oração de súplica, seu direto destinatário deve ser YHWH. Todavia, particularmente, não estou convencido dessa interpretação e deixo, igualmente, ao leitor o direito de resposta.

Pensar em YHWH é justo, mas necessita de complementos: o *rogai* do v. 6 é um convite que o orante-peregrino faz a si mesmo e aos que com ele estão; o *quero dizer* é o desejo seu pessoal e do grupo que o acompanha, porque o conteúdo da súplica é comunitário.

YHWH é o destinatário último da súplica, mas o orante é também destinatário, junto com ele, o grupo de peregrinos, os habitantes de Jerusalém, isto é, "Cabeça e Membros" de um único

---

[62] João Paulo II, Homilia na Solenidade de Maria Santíssima, Mãe de Deus e XXXV Jornada Mundial da Paz, n. 3.

corpo em um único coro, por um único objetivo de ontem, de hoje e até quando for necessário dizer: *Jerusalém, paz para ti, e que YHWH seja sempre o teu único bem!*

8

AS TAREFAS DA CIDADE
Salmo 122

Matthias Grenzer

Introdução

As tradições bíblicas promovem, desde o início, uma reflexão crítica ao olharem para o fenômeno social da *cidade*. Já é significativo que o conjunto das Sagradas Escrituras apresente Caim — o irmão-assassino de *Abel* — como primeiro *construtor de uma cidade* (Gn 4,17). Ainda nas primeiras páginas da Bíblia, o leitor do livro de Gênesis encontra-se com o povo de *Babel* e sua vontade de *construir uma cidade*, com uma *torre* alta, a fim de *fazer-se um nome* (Gn 11,4). A ideia era que tal *cidade* simbolizasse a união de todos os povos, sendo que o poder e a soberania sobre o mundo inteiro se concentrassem nesse centro urbano. Tal intenção, porém, é reprovada pelo autor bíblico. No caso, conta-se que o Deus de Israel *desceu* e, ao *ver a cidade e a torre*, *dispersou* os moradores de Babel, a fim de que *parassem de construir tal cidade* (Gn 11,8).[1]

---

[1] LOHFINK, Die Vision einer menschlichen Stadt, pp. 34-35.

Em comparação a isso, é interessante observar que as histórias sobre os antepassados do povo bíblico iniciam com um movimento marcado pela *saída* da *cidade*. Assim, *Abraão* abandonou, em primeiro lugar, *Ur da Caldeia*, uma metrópole na Baixa Mesopotâmia. Mais tarde, *saiu* também de *Harã*, um centro urbano na Alta Mesopotâmia, a fim de viver, como pastor transmigrante, entre as cidades na *terra de Canaã*. Embora a presença solidária de *Abraão* tenha levado os moradores originais de Canaã a se sentirem *abençoados nele*, o patriarca, de outro lado, não conseguiu evitar a destruição da *cidade* de *Sodoma*, uma vez que ali moravam *grandes maldosos e pecadores* (Gn 13,13; 19,1-29).[2]

A tendência de olhar criticamente para o fenômeno da *cidade* continua nas tradições do êxodo, história fundante da religião do Antigo Israel. Duas *cidades* egípcias simbolizam a escravidão dos *hebreus* e, com isso, uma realidade que contradiz a vontade do Deus bíblico. Trata-se das *cidades-armazéns* de *Pitom* e *Ramsés*, cuja construção foi o resultado da política *opressiva* do *Faraó* (Ex 1,11). Novamente, a solução indicada é a *saída* — em grego: êxodo.

Não obstante Israel nascer como sociedade nas terras de Canaã — nos séculos XII e XI a.C. (1200 a 1000 a.C.) —, o fenômeno da *cidade* está presente. Embora se possa observar, com base nas pesquisas arqueológicas, o surgimento de muitos povoados pequenos na região montanhosa, formados por poucas famílias de agricultores, há também a lembrança de povoados maiores, chamados de *cidades*.[3] Mais ainda: conforme suas tradições religiosas, Israel devia sentir-se até convidado a assumir certas *cidades grandes e boas* em Canaã (Dt 6,10). Somente não devia *pôr sua segurança* nos *muros altos e fortificados* de tais *cidades* (Dt 28,52).

Com sua transformação em estado, a partir do final do século XI a.C., a sociedade israelita enfrentou novos desafios. Surge a *cidade* que serve como residência ao rei e como capital ao reino.

---

[2] GRENZER, *Imigrante abençoado* (Gn 11,27–12,9), pp. 139-153.
[3] KESSLER, *Sozialgeschichte des Alten Israel*, pp. 49-72.

Mais ainda: favorecem-se, na base do trabalho forçado e da cobrança de tributos, as construções de muros, palácios, santuários etc. Embora outras *cidades* estrategicamente importantes para o reino também sejam fortalecidas, é a capital que ganha maior visibilidade.

Neste estudo, o olhar dirige-se a *Jerusalém*. *Davi* conquistou tal *cidade* dos *jebuseus* e a transformou em sua propriedade particular, a fim de que lhe servisse como residência e capital para um reino, o qual reunia as doze *tribos* de Israel. Além de construir o palácio, *Davi* fez questão de transferir a arca para a *cidade*. Dessa forma, *Jerusalém* começou a assumir sua função dupla: hospedar o rei e hospedar o SENHOR Deus. *Salomão* reforçou tal ideia com a construção do Templo, a *casa do* SENHOR. Assim, o Templo, em forma de santuário real, servia como legitimação divina para o governo dos descendentes de *Davi*.

Jerusalém viu, em seguida, uma história marcada por muitos momentos dramáticos: o cisma após a morte de Salomão (927 a.C.), o cerco por parte dos assírios (701 a.C.), a destruição pelos babilônios, com o fim da dinastia de Davi e a destruição do primeiro Templo (587 a.C.). No entanto, nem o período do exílio babilônico (587-538 a.C.) anulou a importância da *cidade* como ponto de referência na reflexão teológica e na vida do povo. Pelo contrário: no tempo do império persa (538-336 a.C.), *Jerusalém* tornou-se, outra vez, o centro de Judá, organizado agora em torno do segundo Templo, construído nos anos de 520 a 515 a.C.

Fica visível, dessa forma, que o povo bíblico atribuiu importância à *cidade*. No entanto, isso não ocorreu sem que os profetas manifestassem sua reflexão crítica. São denunciadas, por exemplo, as lideranças que *constroem a cidade com sangue e Jerusalém com injustiça* (Mq 3,10; Hab 2,12; Jr 22,13-19). De outro lado, é realçada a verdadeira tarefa da *cidade*, pois do *Sião* deveria *sair o ensino* — ou seja, a *Torá* com as tradições mosaicas — e *de Jerusalém a palavra do* SENHOR, contida no anúncio dos profetas (Mq 4,2; Is 2,3). Assim, *a casa do* SENHOR e a *cidade* que hospeda o templo cumpririam sua verdadeira função: promover um *ensino* capaz de pacificar todas as *nações*.[4]

Neste estudo, quero interpretar o Salmo 122, um texto que revela uma visão fascinante da *cidade* de *Jerusalém*. O poema faz parte da coleção dos quinze *cantos das subidas* (Sl 120-134). Estes, provavelmente, reflitam as esperanças de quem *subia*, como peregrino israelita, à *casa do* SENHOR, no *monte do Sião*, em *Jerusalém*. Como o Salmo 122 vê a *cidade* que hospeda o santuário? Quais as tarefas que atribui ao centro urbano de *Jerusalém*? Será que *Jerusalém* possa tornar-se modelo para outros centros urbanos?

Tradução do Salmo 122

1a *Canto das subidas. De Davi.*
1b *Alegrei-me com os que disseram a mim:*
1c *Vamos à casa do* SENHOR*!*
2a *Nossos pés já estão parados*
2b *em tuas portas, ó Jerusalém.*

3a *Jerusalém, construída como cidade*
3b *que ficou inteiramente unida em si:*
4a *para lá subiram as tribos,*
4b *as tribos do* SENHOR
4c *— norma para Israel —,*
4d *a fim de louvar o nome do* SENHOR*.*
5a *De fato, ali foram assentados tronos para o julgamento,*
5b *tronos para a casa de Davi.*

6a *Pedi a paz de Jerusalém:*
6b *que estejam sossegados os que te amam!*
7a *Que haja paz entre tuas muralhas,*
7b *sossego em teus palácios.*

---

[4]   GRENZER, Ensino que jorra paz (Mq 4,1-5), pp. 89-100.

8a *Por causa de meus irmãos e meus companheiros,*
8b *vou falar da paz em ti.*
9a *Por causa da casa do* SENHOR, *nosso Deus,*
9b *vou procurar o bem para ti.*

Passagem emocionante pelas portas da cidade

O Salmo 122 descreve, no início, a *alegre* chegada de um grupo de peregrinos à *cidade* de *Jerusalém*. Lembra o diálogo que motivou a partida: *Alegrei-me com os que disseram a mim: "Vamos à casa do* SENHOR*!"* (v. 1b.c). Logo em seguida, sem mencionar a viagem, apresenta o momento da chegada: *Nossos pés já estão parados em tuas portas, ó Jerusalém* (v. 2a.b). Os dois momentos dessa "montagem" têm "algo de cinematográfico": o primeiro é "auditivo" — *disseram a mim*; o segundo é "visual ou cinético" — *os pés parados nas portas de Jerusalém*.[5]

Aqui é importante lembrar o contexto literário, pois o Salmo 122, como terceiro *canto das subidas* (v. 1a), "constitui, poeticamente, um contraste com o mundo imaginado nos Salmos 120 e 121".[6] De fato, o Salmo 120 apresenta uma pessoa que se recorda de sua *aflição* (Sl 120,1). Ao querer ilustrar tal situação desesperadora, imagina seu passado em terras longínquas: *Hospedei-me em Mosoc* — região distante no norte de Israel, ou seja, no sul do Mar Negro —, *residi junto às tendas de Cedar* — região distante no sul de Israel, no deserto arábico (Sl 120,5). Trata-se de lugares onde, supostamente, mora gente que *odeia a paz* e está *a favor da guerra* (Sl 120,6s). O Salmo 121, por sua vez, pode ser compreendido como oração de uma pessoa que, no momento de ir para uma localidade distante, pede a proteção divina para si. Assim, "Os Salmos 120-122 descrevem a viagem (Sl 121) de um espaço negativo (Sl 120) rumo a um espaço positivo (Sl 122),

---

[5] ALONSO SCHÖKEL; STRUS, Salmo 122: Canto al nombre de Jerusalén, p. 240.
[6] ZENGER, Der Zion als Ort der Gottesnähe, p. 106.

um movimento ascendente das profundezas do desespero [...] à experiência alegre de estar em casa, na presença do SENHOR e dos companheiros em Jerusalém (Sl 122)".[7]

Dois lugares concretos da *cidade* visitada são mencionados na exposição inicial do Salmo 122: a *casa do* SENHOR (v. 1b) e as *portas* de *Jerusalém* (v. 2b). Não são os únicos lugares apresentados no poema. Serão lembrados também os *tronos* (v. 5a.b), a *casa de Davi* (v. 5b), os *muros* (v. 7a), os *palácios* (v. 7b) e, novamente, a *casa do* SENHOR (v. 9a). Mais ainda: chama a atenção que "as referências à casa do SENHOR formam uma inclusão".[8] Ou seja: o Templo abre e fecha a sequência dos lugares contemplados no poema, detalhe literário que confere ao santuário central um maior destaque. No entanto, a *casa do* SENHOR não é contemplada de forma isolada, mas faz, junto com os demais lugares, parte de *Jerusalém*. Visto isso, pode-se dizer que, por mais que o Templo seja o destino final da peregrinação, o Salmo 122 "gira em torno de Jerusalém, como lugar de comunhão, proteção e paz"; não é somente uma teologia ligada ao santuário central, mas uma "teologia da cidade" que se promove neste poema.[9]

O primeiro paralelismo teologicamente significativo surge entre a *casa do* SENHOR (v. 1b) e as *portas* de *Jerusalém* (v. 2b). De fato, o momento de passar pelos *portões* de uma *cidade* no Antigo Oriente era algo impressionante.[10] Tratava-se, muitas vezes, de construções amplas e bem fortificadas, a fim de ter controle sobre quem quisesse entrar na *cidade*, embora se tivesse também consciência da seguinte realidade: *Se o* SENHOR *não guardar a cidade, o guarda vigia em vão* (Sl 127,1). Além dos *portões* de entrada, podiam existir outras *portas* na cidade, por exemplo, aquelas que davam acesso aos átrios do Templo. Importante, porém, é que não faz parte do direito da pessoa entrar facilmente

---

[7] PRINSLOO, The Role of Space in the שירי המעלות, p. 465.
[8] SCHAEFER, Psalms, p. 300.
[9] HOSSFELD; ZENGER, *Psalmen 101–150*, p. 453.
[10] Sobre as fortificações e portões de cidades israelitas ver MAZAR, *Arqueologia na terra da Bíblia*, pp. 367-374; 440-445.

por tais *portas*. Muito mais, os salmos insistem no fato de que a pessoa deveria perguntar-se sobre suas condições de passar pelas *portas* da *cidade* ou não. Com isso, o momento de *parar, com os pés, nas portas de Jerusalém* (v. 2) torna-se oportunidade de a pessoa promover um exame de consciência. Mas em que sentido?

Dentro do imaginário religioso do Antigo Israel, o *Sião* é visto como *montanha* ou *lugar da santidade do* Senhor (Sl 15,1; 24,3). Mais ainda: foi o Senhor quem *escolheu o Sião* e *o desejou como assento para si*, a fim de que lhe servisse como lugar de *repouso para sempre* (Sl 132,13s). Consequentemente, ao pensar que Deus esteja *assentado* no *monte Sião*, esse lugar ganha uma enorme importância. Pois, ao hospedar a *santidade do* Senhor, torna-se fonte de vida e bênção para o homem.

A ideia da presença da *santidade do* Senhor no *monte Sião*, por sua vez, traz consigo o pensamento de que tal lugar precisa ser protegido da profanação. E é exatamente nesse contexto que se encontra a tarefa simbólica das *portas*. Elas são imaginadas como *portas da justiça* e, justamente nessa sua qualidade, como *portas para o* Senhor. Por isso, prevê-se que *as portas se abram* apenas *aos justos*, a fim de que estes últimos *passem por elas* e se encontrem com seu Deus, a fim de *agradecer-lhe* (Sl 118,19s).

Em outras palavras, destaca-se, na religião do Antigo Israel, uma relação interna entre a questão da *justiça* e a ideia de que a presença do Senhor se transforme em *bênção* para o homem. É preciso, sobretudo, que a pessoa e a comunidade sigam o modelo de *justiça* oferecido por Deus, como ato de graça, a fim de encontrar a possibilidade da *salvação* (Sl 24,5).

Mais ainda: são apresentadas, de forma pormenorizada, as exigências dessa *justiça* divina e, com isso, as condições para a pessoa *subir ao monte do* Senhor, *pôr-se em pé no lugar da santidade dele* (Sl 24,3), *hospedar-se* e *morar na tenda do* Senhor (Sl 15,1). É simplesmente preciso *andar com integridade* (Sl 15,2a), *praticar a justiça* (Sl 15,2b), *falar a verdade em seu coração* (Sl 15,2c), *não caluniar* (Sl 15,3a), *não fazer a maldade a seu companheiro* (Sl 15,3b), *não lançar afronta sobre seu próximo* (Sl 15,3c), *honrar os que temem o* Senhor (Sl 15,4b), *não entregar sua vida à futilidade* (Sl 24,4b), *não jurar para promover o engano* (Sl 24,4c; 15,4c), *não emprestar dinheiro com juros* (Sl 15,5a), *não aceitar suborno contra o inocente* (Sl 15,5b). Resumindo: é necessário ter *mãos inocentes* e *coração puro* (Sl 24,4a). Chama a atenção que, conforme as orações contidas nos salmos, "não é uma impureza cúltica que é vista como principal muro de separação entre Deus e o homem, mas um comportamento ético inadequado".[11] Ou seja: *Deus é bom para Israel*, sendo que *Israel* deve se constituir a partir dos *puros de coração* (Sl 73,1).

Voltando ao texto do Salmo 122, fica claro que, desde o início, se percebe uma relação entre a *casa do* S<small>ENHOR</small> (v. 1) e a questão da *justiça*, representada, de forma simbólica, pelas *portas* da *cidade* (v. 2). Talvez se encontre justamente nesse detalhe a razão pela qual o Salmo 122 favorece uma relação pessoal e positiva com a *cidade* visitada. Os próximos versículos irão iluminar esse assunto ainda mais.

Em todo caso, surge no início do Salmo 122 um diálogo, em que a voz presente "se dirige diretamente a Jerusalém".[12] Basta observar o vocativo em v. 2b: *ó Jerusalém*. Ou seja: alguém que se apresenta na primeira pessoa — seja no singular: *alegrei-me* (v. 1a) ou *a mim* (v. 1a), seja no plural: *vamos* (v. 1b), *nossos pés* (v. 2a) — trata a *cidade* como "tu" — veja a expressão *tuas portas, ó Jerusalém* (v. 2b). Há ainda outro movimento: ao pensar em *Jerusalém*, o "eu" é transformado em um "nós". Ou seja: o convite de *subir* à *casa do* S<small>ENHOR</small> traz consigo a dinâmica da integração na comunidade, algo que, por sua vez, se torna uma experiência necessária a fim de descobrir-se o modelo de justiça oferecido por Deus.

---

[11] KEEL, *Die Welt der altorientalischen Bildsymbolik und das Alte Testament*, p. 111. A respeito da tarefa das portas dos templos no Antigo Oriente, ver pp. 105-111.
[12] CROW, *The Songs of Ascents (Psalms 120–134)*, p. 46.

Cidade que une e promove a justiça

Na parte central do Salmo 122 (v. 3-5), são realçados "três traços urbanos excepcionais" de *Jerusalém*: a "beleza urbana", a força de congregar os diversos grupos populacionais e a presença do lugar responsável pela promoção da justiça.[13] Basta explorar as formulações poéticas do salmo para que fique visível o que o peregrino visitante deve esperar da *cidade*.

Percebe-se, em primeiro lugar, um aparente encanto com as edificações, ao se descrever, em forma de um hino, a capital: *Jerusalém, construída como cidade que ficou inteiramente unida em si* (v. 3). É provável que a formulação inclua uma alusão às construções adjacentes no centro urbano: "Não se trata de um mero conjunto de casas, mas de um todo bem estruturado, ou seja, de um cosmo arquitetônico, no meio de um mundo ameaçado pelo caos".[14] Enfim, como diz outro salmo, trata-se daquelas *pedras que os servos do* SENHOR *apreciam* (Sl 102,15).

Ao mesmo tempo, o vocabulário usado em Sl 122,3 traz outras conotações importantes. Assim, ao se falar da *cidade construída* (v. 3a), o leitor deve estar consciente de que o SENHOR *é o construtor de Jerusalém* (Sl 147,2). Mais ainda: na medida em que o SENHOR *constrói os muros de Jerusalém* (Sl 51,20), *o trono de Davi* (Sl 89,5) e o *Sião* inteiro (Sl 102,17), imagina-se que esse *Deus salvador do Sião construa* também *as* outras *cidades de Judá* (Sl 69,36). Contudo, vale sempre o que outro *canto das subidas* formula: *Se o* SENHOR *não construir a casa, seus construtores afadigam-se em vão com ela; se o* SENHOR *não guardar a cidade, o guarda vigia em vão* (Sl 127,1). Resultado: a *cidade construída* (Sl 122,3) espelha *a fidelidade do* SENHOR, *construída para sempre* (Sl 89,3), sobretudo quando se trata de um centro urbano tantas

---

[13] ALONSO SCHÖKEL; CARNITI, *Salmos II*, p. 1469.
[14] HOSSFELD; ZENGER, *Psalmen 101–150*, p. 460.

vezes ameaçado como o de *Jerusalém*, seja por parte de inimigos externos, seja por causa de conflitos internos.[15]

Da mesma forma, a formulação de *a cidade construída ter ficado inteiramente unida em si* está repleta de força simbólica. Quem lê a raiz verbal hebraica *ficou unida* lembra do substantivo *companheiro, sócio, aliado*. Portanto, o vocábulo usado e a imagem criada — *construções* regulares e ordenadas que dão à *cidade* o aspecto de *ficar inteiramente unida em si* — funcionam como um apelo à consciência do visitante: que este último saiba valorizar também a *união*, o *companheirismo* e o *convívio social*.

O versículo seguinte propõe-se a continuar tal reflexão. Puxa-se agora a memória de *Jerusalém* e da sociedade israelita. A *cidade* já foi capaz de congregar e *unir* os diferentes grupos da sociedade: pois foi *para lá* que *as tribos subiram, as tribos do* SENHOR (v. 4a.b). Dois elementos marcantes do tempo das origens da sociedade israelita vêm à tona. O verbo *subir* — já presente no título do salmo: *canto das subidas* (v. 1a) — lembra o êxodo, experiência fundante da religião do Antigo Israel. Pois o povo de Deus *subiu* do Egito rumo à terra prometida, sendo que tal *subida* refletia a vontade libertadora do SENHOR (Ex 13,18 etc.). A menção das *tribos*, por sua vez, traz à memória um período em que Israel ainda não existia em forma de estado. Em contrapartida, prevaleciam, naquele tempo, os elementos da igualdade, da descentralização, da não hierarquização da sociedade, da maior liberdade para cada grupo. Já na época da monarquia, *Jerusalém* assumiu a função de *unir* os diferentes elementos populacionais. Pois, ao se *subir para lá*, criou-se a possibilidade de congregar o povo, sendo que as *festas* religiosas e a centralização do culto no templo de *Jerusalém* assumiram seu papel especial nesse contexto (Dt 16,16).

Em todo caso, o Salmo 122 avalia a *subida* das *tribos* para a *cidade* de *Jerusalém* como *norma* ou *testemunho para Israel*

---

[15] O verbo *construir*, que também pode ser compreendido como *reconstruir*, aparece nos salmos doze vezes. Em nove casos, o SENHOR, *Deus*, ou *a fidelidade do* SENHOR figuram como sujeito do verbo.

(v. 4c), *a fim de que seja louvado o nome do* SENHOR (v. 4d). O mais importante é dito aqui: os diversos grupos que compõem a sociedade devem aproveitar o momento privilegiado de estarem unidos na *cidade* para *reconhecer, louvar* e *celebrar o nome do* SENHOR. Ou seja: o objetivo da *subida* não se encontra na admiração da *cidade* ou na adesão a qualquer interesse político particular. Muito mais, *Jerusalém* é chamada a congregar o povo, a fim de que esse cultive, como comunidade, a memória do *nome do* SENHOR. Tal *nome*, por sua vez, é intrinsecamente ligado à história do êxodo (Ex 3,13-15), sendo que *o nome do* SENHOR representa a vontade divina de libertar o povo oprimido de qualquer tipo de escravidão e exploração. Além disso, faz parte da história de *Israel* que a experiência do êxodo tenha se transformado em um projeto jurídico, em um *direito* que se propõe a guardar, em suas leis, o espírito da vontade libertadora do SENHOR. O salmista expressa isso da seguinte forma: Deus *colocou uma norma no meio de José, ao ele sair contra a terra do Egito* (Sl 81,6). Mais ainda: há a esperança de que essa *norma* — como fundamento de uma aliança entre o SENHOR e seu povo — possa garantir, para sempre, a liberdade aos anteriormente oprimidos. Isso, porém, somente funciona, na prática, quando *as normas*, que (somente) o SENHOR *faz aprender, são observadas* (Sl 132,12). A *cidade* de *Jerusalém*, *o monte do* SENHOR e *a casa do Deus de Jacó* devem estar dispostos a promover justamente esse processo (Is 2,3; Mq 4,2).

Isso pressuposto, o último versículo na parte central do Salmo 122 focaliza os governantes, uma vez que esses residem na *cidade* de *Jerusalém*. Cabe-lhes, conforme a visão profética da religião do Antigo Israel, uma tarefa decisiva em vista da sociedade: *julgar os* (economicamente) *fracos com justiça* — ou seja, fazer que aqueles que mais lutam por sua sobrevivência recebam a proteção necessária e garantida a eles no direito — *e decidir, com retidão, em favor dos oprimidos da terra* (Is 11,4). Justamente nesse sentido o Salmo 122 formula: *De fato, ali foram assentados tronos para o julgamento, tronos para a casa de Davi* (v. 5).

A palavra hebraica aqui traduzida como *julgamento* traz consigo a ideia daquilo que, de *direito*, é da pessoa. Portanto, os *tronos para o julgamento* são os *tronos para o direito*, tradução alternativa em v. 5a. Ou seja: onde alguém se sentir injustiçado há de realizar-se um *julgamento*, a fim de fazer a justiça prevalecer novamente. Mais ainda: observa-se no decorrer da história do Antigo Israel que os diversos *julgamentos* se transformaram em *leis* casuísticas, as quais, por sua vez, foram aproveitadas para compor o *direito* escrito. Justamente de acordo com esse processo nasce então a seguinte lógica: não é qualquer tipo de justiça que se deva promover nos *tronos assentados* em *Jerusalém*, mas aquela prevista pelo *direito* do Antigo Israel.

Isso tem suas consequências para quem governa. Assim, pois, o legislador insiste que *o rei, ao se sentar no trono de seu reino, escreva uma cópia da Lei para si, [...], para ler nela todos os dias de sua vida, a fim de aprender a temer o* Senhor, *seu Deus, guardando e pondo em prática todas as palavras desse ensino e dessas prescrições* (Dt 17,18-19). E é em vista desse ideal que Salmo 72,1-2 formula sua prece: *Ó Deus, dá o teu direito/julgamento ao rei e tua justiça ao filho do rei, para que governe teu povo com justiça e teus humilhados de acordo com o direito!* Embora seja "difícil dizer até onde se realizava essa tarefa concreta de jurisdição do rei, pode se partir do pensamento de que o rei funcionava como instância de apelação mais alta e de que se tinha em Jerusalém uma corte suprema (1Rs 7,7; 2Cr 19,8-11; Jr 21,11s)".[16]

Enfim, ao pensar na *cidade* de *Jerusalém*, capital que serviu como residência aos reis, o Salmo 122 lembra-se dos *tronos da casa/família de Davi* (v. 5b). Tais *tronos* foram *assentados* para serem *tronos para o direito* (v. 5a), ou seja, *tronos* que servissem à promoção de *julgamentos* justos, de acordo com o *direito*. Dessa forma, os *tronos* em *Jerusalém* assemelham-se ao celeste *trono de julgamento* do Senhor, o *justo juiz* (Sl 9,5.8), que é um *trono* marcado pela *santidade* (Sl 47,9), ou seja, um *trono sustentado por justiça e direito* (Sl 89,15; 97,2). No entanto, é preciso ter cuidado com conclusões errôneas. Por mais que o *trono* davídico seja contemplado como *colocado* pelo Senhor Deus (Sl 89,30),

---

[16] HOSSFELD; ZENGER, *Psalmen 101–150*, p. 461.

sendo que este último *queira pôr os descendentes de Davi* nesse *trono* (Sl 132,11), é importante lembrar-se de que o Senhor *jamais se une a um trono de desgraças* (Sl 94,20). Ou, em outras palavras, caso *os filhos* dos descendentes de *Davi* não *observem a aliança e norma* divinas (Sl 132,12), o Senhor também terá como *derrubar o trono* de Davi *por terra* (Sl 89,45).

Diante disso, fica claro que o Salmo 122 não olha de forma ingênua para os *tronos assentados* na *cidade*. Muito mais, segue a linha profética, que insiste em uma avaliação crítica de quem governa. Sabe que os *tronos* têm que ser *tronos para o julgamento*, ou seja, *tronos* a serviço da promoção da justiça, de acordo com o *direito*. Nesse sentido, quem reza com as palavras do Salmo 122 é convidado a, ao *subir à casa do* Senhor, cultivar seu interesse pelas questões políticas e sociais. Ou seja: a visita à cidade de Jerusalém deve tornar-se oportunidade para insistir nas exigências que o Senhor faz a quem está sentado nos *tronos*.

Lugar de paz e fonte de sossego

O nome de *Jerusalém* permeia as três partes do Salmo 122 (v. 1-2.3-5.6-9), sendo que fecha a primeira (v. 2b) e integra os inícios da segunda e terceira (v. 3a.6a). "A tríade é um número intencionado, assim como a posição, porque o nome orienta para distinguir as seções bem trabalhadas desse breve poema [...]. Como há um salmo, que repete, em forma de estribilho, a aclamação *santo* (Sl 99), assim o presente invoca, por três vezes, a cidade amada".[17]

A última parte do Salmo 122 começa com dois versículos paralelos que formulam uma súplica e um desejo: *Pedi a paz de Jerusalém: que estejam sossegados os que te amam!* (v. 6). *Que haja paz entre tuas muralhas, sossego em teus palácios* (v. 7). Em hebraico, as formulações são marcadas por assonâncias, pois as

---

[17] ALONSO SCHÖKEL; STRUS, Salmo 122: canto al nombre de Jerusalén, p. 236.

palavras *paz* (v. 5a.6a) e *sossego* (v. 7b) — veja também *estejam sossegados* em v. 6b — revelam uma pronúncia semelhante. Isso vale também para o verbo *pedi* (v. 6a). Mais marcante ainda é o jeito de o texto "brincar" com a palavra *Jerusalém*. Conforme a "etimologia popular", a segunda parte do nome da *cidade* espelha a palavra *paz*. São as mesmas consoantes. A primeira parte, por sua vez, soa semelhante à palavra *cidade* (v. 3a). Assim *Jerusalém* pode ser compreendida como *cidade* da *paz*.[18]

De qualquer forma, o Salmo 122 parece ter em vista que a *cidade* capital possa beneficiar seus visitantes e todo o povo com *a paz jerosolimita*. Isso, por sua vez, pressupõe que *Jerusalém* seja um lugar onde se constrói a *paz* com o máximo de atenção. Mais ainda: essa é a tarefa mais sublime de quem está assentado em qualquer *trono*, seja nos *palácios*, seja na *casa do* S<small>ENHOR</small>. Daí *Jerusalém* funcionar como promotora do *direito* e da justiça prevista por ela; faz sentido ouvir as palavras "talvez anunciadas por um sacerdote": *Pedi a paz de Jerusalém!* (v. 6a).[19]

Talvez em forma de resposta, os ouvintes formulem em seguida seus desejos, visando, em primeiro lugar, a seu próprio futuro: *Que estejam sossegados os que te amam!* (v. 6b). Ou, em outras palavras, imagina-se a possibilidade de participar da *paz* promovida na *cidade* capital. Basta cultivar o carinho com *Jerusalém*, para que derive disso uma maior *tranquilidade* para todos, nos mais diversos lugares dentro e fora do país.

Ao mesmo tempo, quem sonha com isso sabe que *paz* e *sossego* não são algo que existe de forma automática e garantida, nem ou muito menos em *Jerusalém*. Por isso, ao olhar para o futuro da *cidade*, continua a prece: *Que haja paz entre tuas muralhas*

---

[18] HOSSFELD; ZENGER, *Psalmen 101–150*, p. 462. Além dessa "exploração poética do valor sonoro" da palavra *Jerusalém*, existe a "etimologia científica": propõe-se uma compreensão no sentido de *fundação/lançamento/assentamento* de *Salém* (Gn 14,18), imaginando que a primeira parte da palavra *Jerusalém* provenha do verbo *lançar/assentar* (Jó 38,6). Ver ALONSO SCHÖKEL; STRUS, Salmo 122: canto al nombre de Jerusalén, p. 238.

[19] CROW, *The Songs of Ascents (Psalms 120–134)*, p. 46.

(v. 7a), *sossego em teus palácios* (v. 7b). No mesmo instante, porém, ao formular a prece, "*muralhas* — muros que, juntamente às outras instalações antepostas, protegem a cidade contra ataques de inimigos" — e *palácios* — casas de alvenaria que sobressaem aos muros da silhueta urbana e simbolizem o poder da cidade — tornam-se agora metáforas para a tranquilidade que o SENHOR oferece aos que vivem e se encontram em Jerusalém".[20]

Nos últimos dois versículos paralelos do salmo, visa-se à contribuição pessoal de quem reza aqui: *Por causa de meus irmãos e meus companheiros, vou falar da paz em ti* (v. 8). *Por causa da casa do* SENHOR *nosso Deus, vou procurar o bem para ti* (v. 9). O conjunto final (v. 6-9) do Salmo 122 adota o tipo de linguagem que já marcou a parte inicial do poema (v. 1-2). Mais uma vez, surge a ideia de uma relação pessoal entre quem fala na primeira pessoa do singular — veja as expressões *meus irmãos e meus companheiros* (v. 8a), *vou falar* (v. 8b) e *vou procurar* (v. 9b), assim como *nosso Deus* (v. 9a: primeira pessoa no plural!) — e a *cidade* de *Jerusalém*, que é tratada como "tu" — veja *os que te amam* (v. 6b), *tuas muralhas* (v. 7a), *teus palácios* (v. 7b), *paz em ti* (v. 8b) e *procurar o bem para ti* (v. 9b).

A *paz* em suas dimensões sociais é o tema principal na última parte do Salmo 122. Por três vezes, a palavra *shalom* marca presença (v. 6a.7a.8b). No conjunto dos quinze *cantos das subidas* (Sl 120–134), o termo *paz* surge por sete vezes, número que serviu, aos poetas hebreus, como elemento estilístico (ainda Sl 120,6.7; 125,5; 128,6).

É interessante observar que a voz presente no Salmo 122 sente necessidade de *falar da paz em Jerusalém* (v. 8b), primeiramente *por causa de* seus *irmãos* e *companheiros* (v. 8a). Ou seja: a ideia é que haja *paz* na *cidade* capital e que essa *paz de Jerusalém* (v. 6a) se estenda de lá *sobre Israel* inteiro (Sl 125,5; 128,6). Como fruto principal dessa *paz*, imagina-se que todos os conterrâneos de boa vontade possam viver de seu trabalho — *comendo do cansaço de suas mãos* (Sl 128,2) — e sentir a felicidade no lar, sendo *a mulher*

---

[20] HOSSFELD; ZENGER, *Psalmen 101–150*, p. 462.

como uma videira fecunda nos fundos da casa, e os filhos como mudas de oliveira ao redor da mesa (Sl 128,3). Ao mesmo tempo, há consciência de que, para chegar a essa *felicidade*, é necessário que *a vara do perverso não se detenha sobre o quinhão dos justos, a fim de que os justos*, em sua luta pela sobrevivência, *não estendam suas mãos para a maldade* (Sl 125,3).

Em termos religiosos, isso significa que a *paz* somente tem uma chance quando o Senhor *faz o bem aos bons e aos retos em seus corações* (Sl 125,4), *abençoando do Sião* (Sl 128,5) e *libertando Israel de todos os seus crimes* (Sl 130,8). Em contrapartida, o povo de Deus é convidado a pôr sua *confiança no* Senhor (Sl 125,1), *temendo* seu Deus e *caminhando nos caminhos dele* (Sl 128,1), *guardando a aliança e as prescrições* que Deus mesmo se propôs a *ensinar* (Sl 132,12). Esse *ensino*, porém, insiste na questão do bem comum. Ninguém deve correr o risco de empobrecer totalmente e perder, dessa forma, sua dignidade. Para isso, por sua vez, é necessário que a pessoa e a comunidade de *Israel tranquilizem e acalmem* seus *desejos* particulares, os quais visam a *grandezas* e *coisas impossíveis* (Sl 131,1-2), ao contrário dos *perversos*, que somente ficam *tranquilos* quando *aumentam* sua *fortuna* (Sl 73,12).

No final, a voz que se manifesta no Salmo 122 dirige seu pensamento, mais uma vez, à *casa do* Senhor (v. 1c.9a). Declara que quer *procurar o bem para* a *cidade* de *Jerusalém* (v. 9b) também *por causa do* templo (v. 9a). Afinal, é *para lá que o* Senhor *mandou sua bênção* (Sl 133,3). Ou seja: é *a partir do Sião*, onde se encontra *a casa do* Senhor, que Deus *abençoa* seu povo (Sl 134,1.3). Portanto, trata-se de um lugar privilegiado, *escolhido* e *desejado* pelo Senhor (Sl 132,13), onde se deve fazer a experiência *boa* e *agradável* de *irmãos sentarem juntamente* (Sl 133,1), a fim de cultivarem o que o Senhor *lhes quer ensinar* (Sl 132,12). Por isso: para que *a casa do* Senhor funcione e assuma sua função, é preciso que *Jerusalém* esteja *bem*, ou seja, que haja *paz* na *cidade*.

Resultados

É provável que o Salmo 122 tenha sido formulado após o exílio babilônico, ou seja, no período do império persa (539-331 a.C.). Há, sobretudo, indícios no nível da linguagem para tal hipótese.[21] Nesse caso, a *casa do* SENHOR seria o segundo templo de *Jerusalém*, inaugurado no ano 515 a.C. A existência de *muralhas*, com *portões*, leva a um período ainda mais tarde, pois foi Neemias que, entre 445 e 433 a.C., mandou *reconstruir* os muros da *cidade*. Não obstante, é possível que tradições mais antigas tenham servido como base ao autor do Salmo 122. Da mesma forma, pode-se imaginar que um poeta, em uma época posterior, cultive a lembrança de tempos passados.

Enfim, o Salmo 122 não faz nenhuma alusão direta a seu contexto histórico mais exato. Por isso, o estudo aqui apresentado concentra-se, sobretudo, na descrição das perspectivas teológicas do texto bíblico. A pergunta é: o que o Salmo 122, ao contemplar a *cidade* de *Jerusalém*, ensina a respeito das tarefas de um centro urbano, que, no decorrer de sua história, ganhou uma maior importância para o povo? Proponho-me a destacar três aspectos que, durante o estudo deste poema, chamaram minha atenção:

a) O Salmo 122 valoriza a consciência histórica. Lembra os acontecimentos do passado teologicamente significativos. Procura por aquilo que Deus quis revelar a seu povo no decorrer da história. Nesse sentido, o poema faz referência à época das *tribos* e da *casa de Davi*. O vocábulo *subir* traz à memória o êxodo. Da mesma forma, as palavras *norma* e *direito* lembram o processo legislativo, ou seja, a tentativa histórica de transformar a experiência da libertação da

---

[21] CROW (*The Songs of Ascents (Psalms 120–134)*, p. 47) junta as seguintes observações para mostrar que o hebraico em Salmo 122 é tardio: (a) o genitivo perifrástico (v. 5) e a preposição ל para indicar o objeto direto (v. 4b); (b) o pronome relativo na forma de -שֶׁ; (c) o nome de *Davi* soletrado como דויד, o que é comum em Crônicas, mas praticamente ausente na História Deuteronomista.

escravidão no Egito em um projeto jurídico, com o objetivo de criar um *direito* ou uma *norma* que orientassem os *julgamentos*, a fim de garantir, a todos os membros do povo de Deus anteriormente oprimido, a justiça, a liberdade e uma sobrevivência digna. O cultivo dessa consciência histórica sempre é importante, sobretudo quando o povo se reúne na *cidade*, onde se corre risco de se afastar das tradições sagradas. Isso vale também para *Jerusalém*. Basta ouvir, por exemplo, a lamentação de Isaías: *Como a cidade fiel se transformou em uma prostituta? Cheia de direito, a justiça pernoitava nela; mas agora há assassinos* (Is 1,21). Ou Ezequiel, que descreve *Jerusalém* como *cidade sanguinária*, repleta de *abominações* (Ez 22,2).

b) O Salmo 122 olha para a *cidade* tendo em mente toda a sociedade. Ou seja: peregrinos visitantes admiram e contemplam *Jerusalém*, sem se esquecerem dos *irmãos* e *companheiros*. Estes últimos são, provavelmente, aqueles *justos* e *bons* (Sl 125,3) que, muitas vezes, se sentem *menosprezados* pelos *satisfeitos* e *orgulhosos* (Sl 123,3-4): aqueles que *semeiam com lágrimas* (Sl 126,5) e *comem o pão das dores* (Sl 127,2), com *mãos cansadas* (Sl 128,2) e *costas aradas* pelos *perversos* (Sl 129,3-4). Ao verem, por sua vez, *Jerusalém* — com seus *portões, palácios, tronos* e *a casa do* Senhor —, formulam a esperança de que essa *cidade* possa promover a justiça, garantindo, dessa forma, a sobrevivência digna a todos, também àqueles que são do campo e não fazem parte de nenhum tipo de elite.

c) O Salmo 122 reza pela *paz na cidade. Procura-lhe o bem*. Envolve, sobretudo, o Senhor *Deus* na questão, mencionando-o por quatro vezes. Diz, expressamente, que as *tribos* são *do* Senhor. Da mesma forma, afirma, no início e no final, que o templo é *a casa do* Senhor. Todavia, o poema não olha, de forma isolada, para o templo, mas o vê como parte da *cidade*. A ideia basilar do Salmo 122, por sua vez, ocupa o centro do texto: *o nome do* SENHOR será, de fato, *louvado* pelas *tribos*, quando estas últimas encontrarem, na *cidade*, *tronos* a serviço do *direito* e da justiça. Daí a *cidade*, com todos os lugares e instituições que hospeda, cumprirá realmente sua tarefa.

9

A FAMÍLIA CONDUZIDA PELA PALAVRA DE DEUS
Salmo 127

Leonardo Agostini Fernandes

Introdução

A presente reflexão permite propor leituras (ver), análises (julgar) e execução de projetos (agir)[1] que, unidos, podem ajudar a redescobrir o valor da *identidade* e da *missão* da família segundo o projeto de Deus. Esta observação inicial ajuda, igualmente,

---

[1] A origem do método Ver-Julgar-Agir remonta à Ação Católica de língua francesa, principalmente belga, que, em face da centralidade social concedida pela Modernidade ao homem e ao temporal, seguia três passos concretos: *Ver*, no sentido de perceber a realidade no seu conjunto socioeconômico-político-cultural-religioso; *Julgar*, no sentido de confrontar com a Verdade os resultados obtidos no *Ver* à luz da Palavra de Deus, formulando os juízos válidos para *Agir* com os critérios utilizados pelo próprio Deus para se Revelar, intervir e transformar a história, a fim de redirecioná-la ao seu verdadeiro fim: a vida plena com Deus (PERANI, *La revisione di vita. Strumento di evangelizzazione alla luce del Vaticano II*; BRIGHENTI, Raíces de la epistemología y del método de la teología latinoamericana, pp. 207-254; *Documento de Aparecida*, n. 19).

a compreender e a avaliar a situação atual da família diante da pluralidade religiosa presente em nossa sociedade.

Subjaz, assim, uma questão: *Como a família precisa se posicionar diante da cultura, da economia, da política, da religião, da mídia, da ciência, da tecnologia etc.?*

A família, à luz da Palavra de Deus e como sujeito coletivo, é chamada a assumir e a promover um caminho de maturação da fé de todos os seus membros. Com o conhecimento e a aplicação dos princípios da fé e da razão, cada um de seus membros deve ser capaz de viver e de testemunhar o Evangelho da vida, procurando defender, com coragem, a família contra os ataques a ela direcionados.

Aqui, não se pretende oferecer, utilizando textos bíblicos, uma receita para cada tipo de situação ou desafios que a família está encontrando,[2] mas se procura lançar as bases para a construção de uma postura pessoal que ajude *a célula-mãe da sociedade*[3] a lidar com cada tipo de situação e de exigências à luz da Divina Revelação contida nos livros da Sagrada Escritura. Para alcançar essa finalidade, o presente estudo possui três objetivos principais:

1) *apresentar e refletir* sobre o conceito de "família" e de "Palavra de Deus";

2) *ajudar a redescobrir* a identidade e a missão da família segundo o projeto de Deus;

3) *refletir* sobre o êxito e o progresso da família à luz do Salmo 127.

---

[2] JOÃO PAULO II, Exortação Apostólica *A Missão da Família Cristã no mundo de Hoje (Familiaris Consortio)*, nn. 4-10.

[3] Não seria descabido afirmar que a família é a *célula-tronco da sociedade*. Nesse sentido, a família não só está na origem da sociedade, mas possui a força, a capacidade e o potencial para renovar e restaurar os membros e os órgãos que na sociedade necessitam, por estarem enfermos, de regeneração.

Creio me dirigir a pessoas que estão abertas à fé em Jesus Cristo, na sua Igreja e na família, qual igreja doméstica divinamente constituída para o bem da sociedade. Pessoas que estão dispostas a testemunhar, com vigor, a sua fé em Deus e no dom da família, *para ajudar*, principalmente, outras famílias, que ainda não iniciaram um percurso de fé, a *conhecer a fé e a dar este testemunho*: a família é o maior bem da sociedade e é semente de civilização:[4]

> Cremos que "a família é imagem de Deus que, em seu mistério mais íntimo, não é solidão, mas uma família". Na comunhão de amor das três Pessoas divinas, nossas famílias têm sua origem, seu modelo perfeito, sua motivação mais bela e seu último destino (*Documento de Aparecida*, n. 434).

Ao lado do dado da fé, a família, para ser conduzida pela Palavra de Deus, necessita *perceber* a ação de Deus na história do povo eleito[5] e, através dessa história, *conhecer e assimilar* a doutrina que brota da Revelação e *aceitar viver* segundo e seguindo o modelo de vida proposto pelo próprio Deus:

> A família cristã é uma comunhão de pessoas, sinal e imagem da comunhão do Pai e do Filho no Espírito Santo. A sua atividade procriadora e educadora é o reflexo da obra criadora do Pai [...]. *A oração cotidiana e a leitura da Palavra de Deus* corroboram nela a caridade (CCE 2205).[6]

---

[4] LÓPEZ TRUJILLO, La familia, corazón de la civilización del amor, pp. 139-154.
[5] De grande valia para a leitura e o estudo da Bíblia, recomendamos a obra de KESSLER, *História Social do Antigo Israel*.
[6] CCE é a sigla utilizada para o *Catecismo da Igreja Católica*.

Conceitos

Família

De acordo com um princípio filosófico-ético e teológico-moral, *o agir segue o ser*, o que permite dizer: *o conhecimento determina o comportamento*. A verdade da família, e sobre a família, coloca-se como princípio da sua origem, da sua natureza, da sua história e do seu fim último.[7] Negar a verdade fundamental sobre a família, qual *realidade que pertence à ordem da criação* (Gn 2,24), é negar a própria família e Deus, seu Criador, que a quis como sinal vivo da sua existência e perene presença no nosso ambiente vital. Por isso, a família não é só uma sociedade natural, mas sociedade de comunhão, pois o homem e a mulher são chamados ao dom de si mesmos no amor e no dom da vida que, por graça divina, transmitem aos filhos.[8]

O conceito universal, que a Bíblia oferece sobre a família, deriva de uma compreensão do modo como a natureza humana busca realizar-se em plenitude. Quando se lê em Gn 1,27: *Deus criou o homem à sua imagem, à imagem de Deus ele o criou, macho e fêmea, ele os criou*; em Gn 1,28: *Deus os abençoou e lhes disse: "Sede fecundos, multiplicai-vos, enchei a terra e submetei-a;*[9] *governai sobre os peixes do mar, as aves do céu e todos os*

---

[7] Aqui se depara com um sério problema: Existe uma verdade absoluta que orienta todas as verdades relativas? Se não se considera Deus como sendo a verdade absoluta que pode ser percebida e, dentro das limitações humanas, pode ser assimilada, configurando-se a ela, sem abrir mão dos esforços humanos que se destinam a fazer progredir o mundo, o futuro de nossas ações continuará certamente comprometido. O risco de comodismo acontece quando o ser humano, a partir das verdades relativas, tenta impedir o progresso pessoal na direção de Deus como verdade absoluta.

[8] JOÃO PAULO II, *A Missão da Família Cristã no mundo de Hoje*, nn. 11-16.

[9] O verbo hebraico utilizado é *kibshuha* e deriva da raiz *kbsh*, que significa: "pisar, pisotear, submeter algo ou alguém à escravidão, avassalar, entregar alguém como escravo, violentar, pisar ou destruir culpas" (ALONSO SCHÖKEL, *Dicionário bíblico hebraico-português*, p. 307). Uma interpretação positiva do *submetei-a* permite pensar o seguinte:

animais que rastejam sobre a terra"; em Gn 2,18: *Não é bom que o homem esteja só. Vou fazer uma auxiliar que lhe corresponda*; e em Gn 2,24: *Por isso, o homem abandona o seu pai e a sua mãe e adere à sua mulher e os dois se tornam uma só carne* (Mt 19,5-6), depara-se com a primeira verdade revelada a respeito do ser humano: homem e mulher não foram feitos para viver isolados, mas possuem uma missão ligada à reciprocidade e à fecundidade. Ao lado disso, percebe-se o sentido da verdadeira atração sexual entre o primeiro casal: *se tornam uma só carne*. Na realização dessa atração, deriva a identidade e a missão de um casal: ser fecundo, multiplicar-se, encher a terra e submeter as demais criaturas e não ser dominado por elas.

Um homem e uma mulher unidos em matrimônio formam, com seus filhos, uma família (CCE 2202). Criando o homem e a mulher, Deus instituiu a família humana e a dotou da sua constituição fundamental. Os seus membros são pessoas iguais em dignidade (CCE 2203).

Uma vez que a família pertence à ordem da criação, a sua estrutura, os seus dinamismos, as finalidades e as suas propriedades não derivam da livre vontade do homem, da mulher e nem das leis humanas, mas do que foi estabelecido pelo próprio Deus. Sem a aceitação dessa verdade de fé, tudo o que for dito sobre o tema será uma inútil exposição. Deus, porém, não fez o ser humano pronto e tampouco fez acabado o seu ambiente vital. Junto ao Criador, o ser humano torna-se corresponsável pelo passo a passo, pelo progresso e pela finalidade da terra.

---

progredi e fazei a terra progredir. E ainda, dentro do contexto do exílio na Babilônia, serviu para que os exilados não deixassem que a sua cultura se perdesse (FERNANDES, Teologia, Antropologia e Ecologia em Gn 1,1–2,4a, pp. 37-46).

Percebe-se, então, que o Antigo Testamento[10] abre-se falando do Criador e da sua amada criatura. Há, por assim dizer, um sentido natural que se descobre sobre a origem e o destino do ser humano: *homem e mulher foram criados à imagem e semelhança de Deus para se completarem*. Disso resulta o sentido mais profundo da prole. Os pais se mantêm vivos nos seus descendentes e, de geração em geração, fazem a história caminhar rumo à sua plenitude.

Todavia, com a Encarnação da Segunda Pessoa da Santíssima Trindade, no seio de Maria de Nazaré, que recebeu o nome de Yᵉhoshua, *o Senhor salva*, e por seus ensinamentos, o sentido natural da família adquiriu um significado mais profundo: sinal do seu amor por sua Igreja e vice-versa. O apóstolo Paulo, apoiado no ensinamento de Cristo, diz:

> Por isso, deixará o homem seu pai e sua mãe e se ligará à sua mulher, e os dois serão uma só carne (Gn 2,24; Mt 19,4-6). É grande este mistério: refiro-me à relação entre Cristo e sua Igreja (Ef 5,31-32).

> A família cristã está fundada no sacramento do matrimônio entre um homem e uma mulher, sinal do amor de Deus pela humanidade e da entrega de Cristo por sua esposa, a Igreja. A partir dessa aliança se manifestam a paternidade e a maternidade, a filiação e a fraternidade, e o compromisso dos dois por uma sociedade melhor (*Documento de Aparecida*, n. 433).[11]

---

[10] Sobre a concepção de família no Antigo Testamento, ver VAUX, *Instituições de Israel no Antigo Testamento*, pp. 39-86.

[11] O ensinamento sobre a família e o apostolado dos cônjuges na sociedade foi valorizado e bem explicitado pelo CONCÍLIO DO VATICANO II, Decreto *Apostolicam Actuositatem* [18 de novembro de 1965], n. 11, e na Constituição Dogmática *Gaudium et Spes* [7 de dezembro de 1965], n. 52.

Todavia, diversos setores da sociedade estão discutindo sobre o conceito e o significado "tradicional" da família. Há quem diga que o conceito cristão de família está ultrapassado e não é mais capaz de definir totalmente a família, pois não contempla outras formas de união.

A fim de legitimar estas outras formas de união e defini-las, igualmente, como "família", esses setores provocam grande mobilização pública, principalmente passeatas organizadas, para exigir de governadores e parlamentares leis que sancionem tais uniões no mesmo pé de igualdade da família heterossexual e monogâmica, como nós a conhecemos pela experiência natural e corroborada pela Divina Revelação.[12] É necessário lembrar sempre que a família precede, enquanto sociedade natural, o Estado e suas leis. Este deve, por seus representantes, reconhecer, respeitar e promover os direitos inalienáveis da família.[13]

Visto que a família está sofrendo vários ataques, inclusive de seus próprios membros, não é de esperar que os valores cristãos sejam aceitos e praticados sem adesão pessoal e sem um sincero arrependimento-conversão, começando, em particular, pelos próprios cristãos.[14]

---

[12] Sobre essa problemática, ver HAGAN, Novos modelos de família, pp. 745-749.

[13] "Os direitos das pessoas, das famílias e dos grupos e o seu exercício devem ser reconhecidos, respeitados e promovidos, não abaixo dos deveres aos quais cada cidadão é chamado a realizar" (CONCÍLIO DO VATICANO II, *Gaudium et Spes*, n. 75). Por isso, o Estado deve reconhecer a primazia da família sobre ele (LÓPEZ TRUJILLO, La familia, corazón de la civilización del amor, pp. 151-153).

[14] O estudo sobre o profeta Jonas, que reluta diante da sua vocação e missão, ajuda a refletir de forma mais profunda sobre o amor de Deus a favor dos que estão fora de nossas comunidades. Na dinâmica desse livro, vê-se o empenho de Deus para convencer-converter o seu profeta. Para um aprofundamento, veja-se Serviço de Animação Bíblia (SAB), *Levanta-te e vai à grande cidade* (Jn 1,2); FERNANDES, *Jonas*.

Palavra de Deus

A expressão *Palavra de Deus* não deveria ser equiparada imediatamente ao termo Bíblia,[15] visto que Deus também fala ao ser humano utilizando-se da Criação (Rm 1,18-23) e através da voz de Jesus Cristo perpetuada em seus apóstolos no exercício do seu magistério: *Quem vos ouve a mim ouve, quem vos despreza a mim despreza, e quem me despreza, despreza aquele que me enviou* (Lc 10,16; Mt 10,40-42).[16] Nem tudo que os apóstolos transmitiram e ensinaram foi registrado nos escritos do Novo Testamento, mas permaneceu presente na tradição viva da Igreja.

A Bíblia, porém, contém a *Palavra de Deus* no sentido de que "os Livros da Escritura ensinam com certeza, fielmente e sem erro, a verdade relativa à nossa salvação, que Deus quis fosse consignada nas Sagradas Letras".[17] Por isso, o termo "Bíblia" é usado muitas vezes como sinônimo de *Palavra de Deus*. A Bíblia condensa, porém, no seu significado, a Revelação de Deus e do seu amor manifestado para com o homem:

> A Bíblia é um livro que difere, em vários sentidos, de qualquer outro, quer em razão da sua diversidade de estilos, de formas e de gêneros, quer em razão da sua unidade, que gira em torno do plano bondoso de Deus: comunicar-Se, pessoalmente, com os homens para levá-los ao conhecimento de Si e do seu inefável plano de amor.[18]

Tentando resumir em uma única frase, pode-se dizer que a Bíblia é a carta de amor que Deus dirigiu para o ser humano, homem e mulher, sua mais sublime criatura, pois foi criado à sua

---

[15] Bíblia e Palavra de Deus são termos correlatos e querem expressar a mesma coisa? A resposta, para ser coerente, necessita avaliar em que nível Bíblia e Palavra de Deus possam ter um mesmo significado (BUZZETTI; CIMOSA, *Bibbia*, pp. 235-237).
[16] CONCÍLIO DO VATICANO II, Constituição Dogmática *Dei Verbum* [18 de novembro de 1965], nn. 7-10.
[17] CONCÍLIO DO VATICANO II, *Dei Verbum*, n. 11.
[18] FERNANDES, *A Bíblia e a sua mensagem*, p. 16.

imagem e semelhança (Gn 1,27). Assim, o ser humano pode perceber, conhecer e assimilar a verdade de que *Deus é amor* (1Jo 4,8.16). Essa definição não é tão simples, pois requer a percepção, a compreensão e a adesão à Revelação de Deus e ao seu plano de amor para o ser humano. A Bíblia possui, então, uma mensagem que é percebida e descoberta à medida que cada membro da família se dispõe a iniciar sua leitura e a ser iniciado nesta leitura.[19]

Uma preocupação: a leitura da Bíblia e a reflexão de seus textos ainda não ocupam a primazia do tempo e das opções em muitas pessoas e famílias. A Bíblia, lamentavelmente, vem sendo lida de forma inaceitável e manipulada, segundo uma ótica fundamentalista, causando a divisão dos membros das famílias com falsas promessas.[20]

Então, pergunta-se: é possível dizer que, a partir de uma compreensão equivocada da Palavra de Deus, a família será compreendida, também, de forma equivocada? Creio que sim! Ao lado disso, é preciso lembrar que dia a dia se convive com a laicização da sociedade em todos os níveis, da noção de Deus, da Igreja e da moral cristã.[21]

Então, da definição de Família e de Palavra de Deus, um duplo princípio se impõe:

1) O conhecimento que cada um possui de Deus determina o seu comportamento.

---

[19] FERNANDES, *A Bíblia e a sua mensagem*, pp. 15-23.
[20] FERNANDES, Leituras inaceitáveis (espúrias) da Palavra de Deus, pp. 11-31; LIMA, Fundamentalismo: Escritura e Teologia entre fé e razão, pp. 332-359.
[21] Em muitos países europeus, e com iniciativas também aqui no Brasil, por força de lei já foram abolidos das escolas, hospitais e locais públicos os sinais religiosos do cristianismo, principalmente o uso do crucifixo. Diante da bandeira laica erguida por muitos, torna-se cada vez mais urgente que os cristãos assumam sua identidade, testemunhando, com amor, a presença e a ação bondosa de Deus no mundo. Vários artigos sobre o assunto no mundo europeu podem ser consultados no seguinte site http://zenit.org/fulltext-0.

2) Para falar de Deus aos outros é preciso, primeiro, aprender a ouvir Deus que fala.

Esses dois princípios podem ser mais bem explicitados a partir da percepção e do conhecimento do projeto de Deus para a família. É um projeto que respeita o ser humano em suas limitações, mas que lhe revela a grandeza da sua vocação e da sua missão no mundo pela configuração de cada membro da família a Jesus Cristo.

O projeto de Deus para a família

Os nove tópicos abaixo nos permitem perceber que o projeto de Deus para a família visa à realização plena de seus membros na dinâmica da comunhão e do amor incondicional pelo serviço. Essa realização se concretiza à medida que cada membro busca conhecer, cultivar e praticar as virtudes e os valores humanos e cristãos. Virtudes e valores são as fontes que originam, sustentam e promovem a dignidade da família: sinal da Trindade e patrimônio perene da humanidade.

a) É um projeto no qual o homem e a mulher assumem compromissos mútuos, em particular no que diz respeito à prática do mandamento da perpetuação e sustentabilidade da espécie (Gn 1,28).

b) É um projeto no qual homem e mulher são chamados a viver em comunhão (Gn 2,18).

c) É um projeto marcado pelo pecado, que rompeu a comunhão do homem com Deus, com o seu semelhante, consigo mesmo e com a criação. É um projeto, porém, que está marcado pela promessa-cumprimento da salvação, na qual Deus restaura essa comunhão (Gn 3).

d) É um projeto que acontece em numerosos exemplos bíblicos: Adão, Eva e seus filhos diante da morte; Noé e sua família diante do dilúvio; Abraão e Sara diante da esterilidade, mas que vivem de uma dupla promessa: terra e descendência numerosa; Isaac, Rebeca e seus filhos gêmeos, Esaú e Jacó, em luta pela bênção; Jacó na sua entrega ao tio para ter a mulher do seu coração, Raquel, e na sua luta com Deus, que lhe troca o nome para Israel; Moisés, que cresce entre os egípcios, mas tem que fugir e constitui sua família entre os madianitas; Josué, sucessor de Moisés, que renova a aliança com Deus e afirma que sua casa será fiel ao Senhor; Davi, que, apesar de ter sido engrandecido por Deus como rei do povo eleito, comete adultério com Betsabeia etc. Na verdade, para cada livro bíblico, poderíamos encontrar um exemplo que envolve a família. Um caso particular chama a nossa atenção, o casamento de Oseias com Gomer denota que Deus não se cansa de amar seu povo infiel (Os 1–3).

e) É um projeto que se concretiza no envolvimento do ser humano com Deus, com o seu próximo, consigo mesmo e com a terra prometida. Este envolvimento encontra-se expresso no Decálogo (Ex 20; Dt 5,6-22). Uma forte ênfase recai sobre o quarto mandamento, que abre a segunda tábua e que orienta todos os demais: *Honra teu pai e tua mãe, conforme te ordenou o Senhor teu Deus, para que teus dias se prolonguem e tudo corra bem na terra que o Senhor teu Deus te dá* (Dt 5,16; Ex 20,12).

f) É um projeto que alcança uma dimensão mais abrangente na Sagrada Família de Nazaré.[22] É uma família marcada por uma série de vicissitudes que a tornaram um modelo a ser seguido, principalmente no que diz respeito à fidelidade aos desígnios de Deus. No centro da Sagrada Família de

---

[22] Digna de nota, por sua sensibilidade humana e teológica, é a alocução proferida pelo Papa Paulo VI em Nazaré a 5 de janeiro de 1964: As lições de Nazaré (*Liturgia das Horas*, v. I, pp. 382-383).

Nazaré encontra-se o Verbo Encarnado, que, submisso aos seus pais, cresce *em sabedoria, em estatura e em graça diante de Deus e diante dos homens* (Lc 2,52). Jesus, ao iniciar seu ministério público, por suas palavras e ações libertadoras, veio ao encontro do ser humano sofredor, livrando-o de todo tipo de preconceitos e indiferenças. A vida e a doutrina de Jesus Cristo se tornaram o fundamento da vocação e de todas as linhas de ação e da missão da Igreja, na qual estão inseridos os filhos de Deus.

g) É um projeto que, para dar certo, precisa estar construído sobre uma pedra angular: *Dou-vos um mandamento novo: que vos ameis uns aos outros. Como eu vos amei, amai--vos também uns aos outros. Nisto reconhecerão todos que sois meus discípulos, se tiverdes amor uns pelos outros* (Jo 13,34-35; Rm 13,8-10).

h) É um projeto ilustrado pela pregação e pela vivência dos apóstolos, em particular das duas colunas da Igreja: Pedro (1Pd 3,1-7) e Paulo (Ef 5,22-24; 1Cor 7,12-16; Cl 3,18-21; Tt 2,1-10).[23]

i) É um projeto que possui uma pedagogia: conduzir o ser humano ao arrependimento-conversão, caminho lento e exigente. Este caminho leva a uma descoberta essencial para viver em família: o perdão, como fonte de restauração da saúde física, emocional e espiritual de todos os seus membros, isto é, fonte de comunhão no amor.

Esse projeto de Deus para a família pode ser exemplificado e enriquecido através de uma reflexão sobre o Salmo 127. Esse

---

[23] 1Pd 3,1.5 e Ef 5,21-22 usam o verbo *hypotassô*, que é formado por *hypo* + *tasso*, e significa *colocar-se debaixo*. O sentido de submissão, não de capacho, fica bem mais evidente. A mulher coloca-se debaixo da missão do marido, a fim de ajudá-lo a realizar sua missão: *maridos, amai as vossas mulheres como Cristo amou a Igreja e se ofereceu por ela.*

salmo mostra a eficácia da presença e da ação de Deus na vida pessoal, familiar e social. O clímax do salmo é um reconhecimento: *Eis que a herança do Senhor são os filhos, um prêmio é o fruto do ventre* (v. 3).

É um salmo sapiencial que revela o que pode acontecer em uma "casa", dimensão familiar, ou em uma "cidade", dimensão social, nas quais se prescinde do Senhor: uma inútil labuta (v. 1-2); mas em uma "casa" em que o Senhor tem sido obedecido e a sua Palavra tem a primazia, a coesão familiar assegura a vitória de todos os seus membros (v. 3-5).[24]

Dentre as muitas aplicações que se faz com este salmo, a alegria de uma casa, por ocasião do nascimento de um filho, pode ser considerada a principal, pois em uma cultura agrícola ou pastoril, quanto mais filhos um casal pudesse ter, mais chances a família tinha para enriquecer sobre a terra. Os filhos, contudo, serão herdeiros não somente dos bens materiais que a família conseguir reunir ao longo dos anos, mas, em particular, eles são chamados a herdar a fé dos pais, pela qual são ensinados a não prescindirem da presença e ação de Deus em suas vidas e em seus projetos.

Salmo 127: de que ou de quem depende o êxito e o progresso de uma família?

| Cântico das subidas. De Salomão. | 1a | שִׁיר הַמַּעֲלוֹת לִשְׁלֹמֹה |
| Se o Senhor não edifica uma casa, | 1b | אִם־יְהוָה לֹא־יִבְנֶה בַיִת |

---

[24] Dt 8,11-20 é um alerta para o ser humano diante da tentação do sucesso diante das obras bem-sucedidas. Ele não deve esquecer que a saúde e a força vêm de Deus, para que ele possa prosperar e enriquecer através do seu trabalho. Assim como o Salmo 127, Pr 10,22 afirma a mesma máxima sapiencial: "A bênção do Senhor enriquece, mas a fadiga nada lhe acrescenta".

sem resultado labutam os que a edificam.	1c	שָׁוְא ׀ עָמְלוּ בוֹנָיו בּוֹ
Se o Senhor não protege uma cidade,	1d	אִם־יְהוָה לֹא־יִשְׁמָר־עִיר
sem resultado vigia um guarda.	1e	שָׁוְא ׀ שָׁקַד שׁוֹמֵר׃
Sem resultado para vós,	2a	שָׁוְא לָכֶם
quem cedo[a] se levantar,	2b	מַשְׁכִּימֵי קוּם
quem tarde se deitar;	2c	מְאַחֲרֵי־שֶׁבֶת
os que comem um pão das fadigas,	2d	אֹכְלֵי לֶחֶם הָעֲצָבִים
por certo[b] dá sono ao seu amado[c].	2e	כֵּן יִתֵּן לִידִידוֹ שֵׁנָא׃
Eis que uma herança do Senhor são filhos,	3a	הִנֵּה נַחֲלַת יְהוָה בָּנִים
um prêmio é um fruto do ventre.	3b	שָׂכָר פְּרִי הַבָּטֶן׃
Como setas na mão de um valente,	4a	כְּחִצִּים בְּיַד־גִּבּוֹר
assim são [os] filhos da juventude.	4b	כֵּן בְּנֵי הַנְּעוּרִים׃
Feliz o varão que tem sua aljava cheia deles,	5a	אַשְׁרֵי הַגֶּבֶר אֲשֶׁר מִלֵּא אֶת־אַשְׁפָּתוֹ מֵהֶם
não ficarão envergonhados,	5b	לֹא־יֵבֹשׁוּ
se debatem com inimigos no portão.	5c	כִּי־יְדַבְּרוּ אֶת־אוֹיְבִים בַּשָּׁעַר׃

Notas de crítica textual

v. 2[a]: A LXX não optou pela forma no particípio, mas optou por um infinitivo (ὀρθρίζειν possivelmente um infinito absoluto hifil הַשְׁכֵּם). O particípio em hebraico (מַשְׁכִּימֵי), porém, não cria problemas, pois a forma está testemunhada também em Is 5,11 dentro da mesma dinâmica temporal que se deseja estabelecer na ação humana: levantar "bem cedo" e ir dormir "bem tarde".

v. 2[b]: No lugar da partícula adverbial כֵּן, dois manuscritos hebraicos trazem כִּי, introduzindo um sentido causal. A LXX, facilitando a leitura,[25] traz uma conjunção com valor temporal ὅταν ("quando", "sempre que"). A mudança é oportuna, mas o uso de כֵּן não cria problemas, pois o sentido enfatiza a ação do Senhor que concede o alimento ao seu dileto enquanto dorme.

v. 2[c]: Dois manuscritos hebraicos, a LXX, a Peshita e uma citação de São Jerônimo atestam o uso do plural "amados" (לִידִידָיו) no lugar do singular. A mudança serviria para contrapor com o uso plural do particípio "os que comem". A forma שֵׁנָא ocorre somente neste versículo em toda a Bíblia Hebraica. Considera-se uma forma derivada do verbo שֵׁנָה, que significa "dormir".[26] Muitos manuscritos hebraicos optaram por שֵׁנָה. A correção não soluciona a questão, visto que existe mais de um significado para a raiz שנה. Esse versículo poderia ser traduzido da seguinte forma: "ao dileto que dorme, [o Senhor] dará certamente"; e ainda: "certo [o Senhor] dará sono ao seu amigo". Na primeira opção, o objeto do verbo "dar" seria "o pão". Na segunda opção, o objeto seria "o sono".

v. 5: Os dois verbos estão no plural pelo fato de se considerar, como sujeito da ação, o varão junto com seus filhos, mas também considerando que o "conselho" deve ser seguido por todos os membros da comunidade à qual se dirige o orante.

---

[25] BARTHÉLEMY, *Critique textuelle de l'Ancien Testament*, pp. 809-810.
[26] ALONSO SCHÖKEL, *Dicionário bíblico hebraico-português*, pp. 685-686.

Contexto

Este salmo pertence a um grupo denominado "cânticos das subidas" (Sl 120-134).[27] Ao que tudo indica, esses salmos eram cantados pelos peregrinos que estavam a caminho de um santuário, mas em particular do Templo de Jerusalém. Uma compreensão correta do Salmo 127 deveria ser buscada no conjunto dos Salmos 120-134, particularmente junto ao Salmo 126, que trata da alegria que os exilados experimentam ao retornarem para Jerusalém, e ao Salmo 128, que trata da felicidade do povo que se rejubila pela fecundidade familiar que, por sua vez, muda a sorte de Jerusalém, vista como uma mãe repleta de filhos.[28]

Grande deveria ser a alegria de um peregrino que podia se apresentar diante de Deus para agradecer-lhe a bênção de um filho tão desejado (1Sm 1,1-2,11; Lc 2,22-38). O tema da construção da casa ou edificação da cidade, após o retorno dos exilados para Jerusalém, podia oferecer aos peregrinos um exemplo concreto da assistência do Senhor que, nos tempos de Ageu e Zacarias, aceitou que o seu templo e a sua cidade fossem reconstruídos.

A peregrinação ao Templo era feita em três ocasiões durante o ano e estava ligada a três grandes festas:[29] Ázimos (março-

---

[27] O Salmo 127 tem vários elementos em comum com o Salmo 122 e com os salmos dessa coleção: "construir" (Sl 122,3; 127,1), "casa" (Sl 122,1.5.9; 127,1; 128,3) e "porta" (Sl 122,2; 127,5); "comer" (Sl 122,2; 128,2), "filhos" (Sl 122,3.4; 127,3.4; 128,3.6), "feliz" (Sl 122,5; 127,5; 128,1.2).

[28] As frases, "Os que semeiam em meio a lágrimas, no grito de alegria ceifarão" (Sl 126,5); "Sem resultado para vós, quem cedo se levantar e tarde se deitar, comendo o pão das fadigas, quando ele concede ao seu amado" (Sl 127,2), "a herança do Senhor são os filhos" (Sl 127,3) e os filhos "são a bênção para o homem" (Sl 128,3-4), são um forte argumento a favor desta leitura conjunta dos três salmos. Há quem veja uma relação entre o Salmo 126, com ambiente agrícola, e o Salmo 127, com ambiente urbano (RAVASI, *Il Libro dei Salmi*, p. 588). Todavia, o Salmo 127,2 aponta para uma realidade agrícola, da qual depende a edificação das casas e a expansão de uma cidade.

[29] Além dessas três festas, o calendário litúrgico de Israel contemplava a Festa da Dedicação do Templo, que lembrava a purificação do santuário

-abril = mês de *nisan*),[30] Semanas (maio-junho = mês de *sivan*)[31] e Tendas (setembro-outubro = mês de *tishri*).[32] Essa prescrição é apresentada como sendo dada pelo Senhor aos filhos de Israel, antes mesmo de eles saírem da terra do Egito:

> Este dia será para vós um memorial e o celebrareis como uma festa para o Senhor; nas vossas gerações a festejareis; é um decreto perpétuo (Ex 12,14).

Três vezes por ano, todo varão deverá comparecer diante do Senhor teu Deus, no lugar que ele houver escolhido: na festa dos Ázimos, na festa das Semanas e na festa das Tendas. E ninguém se apresente de mãos vazias diante do Senhor; cada um traga seu dom conforme a bênção que o Senhor teu Deus te houver proporcionado (Dt 16,16-17).

A viagem para o Templo de Jerusalém era longa, difícil e cheia de riscos, mas era feita com grande alegria e entusiasmo pelos peregrinos. Esperava-se com ânsia a chegada dessa ocasião festiva (o Sl 122, analisado também neste livro, é um bom exemplo).

---

realizada por Judas Macabeu (1Mc 4,36; Jo 10,22). Para um aprofundamento sobre estas três festas litúrgicas, VAUX, *Instituições de Israel no Antigo Testamento*, pp. 520-538.

[30] Nos dias 14-15 de *nisan*, a celebração da Páscoa acontecia conforme a prescrição contida na Torá (Ex 12–13; 23,15; 34,18; Lm 23,5-6; Nm 28,16; Dt 16,1-2; Mt 26,17; Mc 14,1; Lc 22,1; Jo 2,13; 11,55). A Festa dos Ázimos era celebrada durante sete dias, e a oferta do primeiro feixe de espigas, iniciando a contagem para a celebração da Festa das Semanas, era feita "no dia após o sábado" (Lv 23,11).

[31] Exatamente sete semanas após a oferta do primeiro feixe de espigas, celebrava-se a Festa das Semanas ou Festa das Primícias da Colheita ou Festa de Pentecostes, conforme a prescrição contida na Torá (Ex 23,14-16; 34,22; Lv 23,15-16; em um 28,26-27; Dt 16,9-10; At 2,11).

[32] Nos dias 15-23 de *tishri* acontecia a Festa das Tendas ou Tabernáculos, que marcava a colheita no fim do ano, conforme a prescrição contida na Torá (Ex 23,16; Lc 23,33-34; Nm 29,12-13; Dt 16,13-14; Jo 7,2).

Dependendo do local de partida, a peregrinação podia levar vários dias. Os fiéis, muito provavelmente, peregrinavam ao Templo em caravanas (Lc 2,41-45). A peregrinação feita em grupo tinha vantagens: defesa diante dos assaltantes; apoio mútuo e consolo diante do desânimo; auxílio em uma doença inesperada; partilha dos dons etc.; mas tinha também, como desvantagem, o tempo da viagem acabava sendo maior; mas isso lembrava o êxodo do Egito.

Não é difícil perceber que o conteúdo deste salmo trata das realidades que envolvem a vida do ser humano no seu dia a dia em família: *edificar uma casa, proteger uma cidade, trabalhar do amanhecer ao anoitecer pelo pão cotidiano, gerar numerosos filhos, preparar-se para a vida como se vai para uma guerra, estar em litígio com o inimigo junto ao tribunal.*

O Salmo 127 transmite uma mensagem de cunho sapiencial: quem prescinde do auxílio divino revive, por um lado, o trágico resultado que Adão e Eva obtiveram pela sua desobediência: *Com o suor de teu rosto comerás teu pão até que retornes ao solo, pois dele foste tirado. Tu és pó e ao pó retornarás* (Gn 3,19);[33] mas, por outro lado, revive o que Jesus disse aos seus discípulos durante a Última Ceia: *Aquele que permanece em mim e eu nele produz muito fruto; porque, sem mim, nada podeis fazer* (Jo 15,5).

Estrutura

O Salmo 127 pode ser estruturado em duas partes (v. 1-2 e v. 3-5).[34] Na primeira parte, encontram-se duas constatações feitas na condicional, na qual a ação do Senhor fica em evidência em relação à ação do homem. A contraposição é feita em função do que se espera obter como resultado. A fadiga humana não é váli-

---

[33] RAVASI, *Il libro dei Salmi*, p. 595.
[34] A divisão do Salmo 127 em duas partes é comumente aceita (RAVASI, *Il libro dei Salmi*, p. 588; WEISER, *Os Salmos*, p. 596; BORTOLINI, *Conhecer e rezar os Salmos*, p. 527).

da quando o Senhor não é o diferencial do que se faz. O ser humano, facilmente, cede à tentação de querer realizar seus projetos sem contar com o Senhor. O pior acontece quando o ser humano tenta alcançar êxito em suas obras e tarefas afastado do Senhor ou sem buscar discernir a sua vontade.

Três ações resultam inúteis sem a presença e a ação eficaz do Senhor: *edificar uma casa*; *proteger uma cidade*; *labutar pelo alimento*. Note-se bem que cabe ao homem realizar as três ações, mas elas devem ser feitas com a anuência do Senhor, que lhe concede o necessário por não colocar nada nem ninguém no seu lugar.

O orante, ao afirmar: *por certo dá sono ao seu amado* (v. 2), não estava querendo dizer que o amado do Senhor não necessitava trabalhar. Evoca-se aqui o seguinte: é preciso trabalhar no campo durante o tempo devido; arando e preparando a terra para receber a semente, cuidando de tudo que é necessário, mas lembrando-se de que na semente existe uma força transformadora, uma nova vida que brota da morte (Jo 12,24).[35]

A semente, escondida na terra bem preparada pelo homem e bem irrigada pelo dom da chuva, sinônimo da graça do Senhor, que acompanha o trabalho do ser humano (Is 55,10-11; Jr 5,24; Hb 6,7),[36] fará a sua parte, de dia e de noite, sem que o ser humano saiba como a semente brota e cresce. Jesus comparou o Reino de Deus com a semente lançada na terra que cresce por si mesma (Mc 4,26-28).

---

[35] O livro dos Provérbios contém numerosos ensinamentos sobre o valor e a importância do trabalho. Por isso, vários textos criticam o preguiçoso (Pr 6,6-11; 20,4.13; 24,30-34).

[36] A chuva sempre foi vista como uma dádiva divina e é aguardada com ânsia principalmente pelos agricultores. Visto que ela acontece de forma escassa em Israel, a chuva tornou-se uma preocupação e um dos grandes temas bíblicos. Uma vez que a fecundidade do solo, dos animais e da terra está associada à chuva, não fica difícil entender que a melhor divindade a ser buscada e cultuada seria aquela que respondesse aos anseios do ser humano; daí as disputas entre YHWH e os deuses cananeus (1Rs 18). Sobre essa questão, ver a obra exaustiva de SILVA, *Aquele que manda a chuva sobre a face da terra*.

Na segunda parte, encontra-se uma afirmação que serve de transição e ligação entre as duas partes do salmo: *a herança do Senhor são filhos*. Em uma cultura que valoriza a prole, como forma de crescimento e prosperidade familiar, compreende-se bem o complemento: *um prêmio é um fruto do ventre*.[37] Esta é a melhor forma de edificar uma casa, fazê-la crescer e garantir, inclusive, a proteção da cidade diante dos inimigos.

A metáfora, que completa a afirmação sobre os filhos nascidos na juventude (v. 4), transporta o pensamento do ouvinte-leitor para uma situação de conflito, como no caso de uma guerra. Um valente defende-se diante do inimigo com as setas que colocou na sua aljava. Quanto mais setas o valente tiver, mais chances ele tem para se defender, não permitindo que o inimigo se aproxime da cidade.

O que é sugerido pelos v. 4-5 permite pensar em um contexto bélico. Uma casa, na qual o pai é o chefe, é defendida do inimigo com facilidade se ele conta com muitos filhos. Uma cidade é defendida se conta com uma sentinela que não vacila e se conta com uma população jovem, numerosa e apta a combater em uma guerra (Nm 1,1–10,10). Da mesma forma, à porta da cidade, as questões são resolvidas favoravelmente em um litígio quando o inimigo não consegue seus objetivos, mas é repelido, posto em fuga ou submetido à humilhação.

Essa imagem pode parecer preocupante, visto que compara o número de filhos com as setas de um valente guerreiro. O dado cultural, porém, ajuda a compreender essa linguagem. Cada família buscava se defender como podia diante de um inimigo. As guerras e os conflitos entre famílias eram muito comuns. É possível pensar que um homem sem filhos é como alguém que não

---

[37] Ter muitos filhos era o que de mais precioso se esperava de um matrimônio. A esterilidade, em contrapartida, era uma provação vista como castigo divino que gerava uma forte vergonha para o casal, mas principalmente para a mulher (Gn 30,1; 1Sm 1,6.11-13; Is 4,1; Lc 1,25; VAUX, *Instituições de Israel no Antigo Testamento*, p. 64).

tem quem o defenda, é como um comandante sem soldados na batalha.

Quando as pessoas de uma cidade tinham suas querelas, buscava-se a solução do litígio à porta da cidade, pois ali os anciãos se reuniam para julgar as questões e tomar as devidas decisões.[38] As partes em litígio nunca compareciam sozinhas, mas acompanhadas dos membros de sua família que, quanto mais numerosos eles fossem, mais coro e pressão poderiam fazer durante o debate. Defender o direito de um pai ou do irmão mais velho era defender o próprio direito, porque os bens da família estavam em jogo, principalmente a terra, que evoca, pelo contexto, a estabilidade de uma família. Os filhos numerosos são, junto com a terra boa e fértil, uma herança (Nm 34,2; Dt 4,21; 15,4). Isso evoca um sentido profundo sobre o tema da herança na Bíblia, mostrando o vínculo que existe na dupla promessa feita a Abraão: terra e descendência numerosa (Gn 15,5-7; 17,4-8).[39]

As três ações iniciais, envolvendo a *casa*, a *cidade* e *a terra*, parecem não obter os resultados esperados (v. 1-2) em relação aos benefícios que são anunciados na segunda parte (v. 3-5), porque a colaboração do ser humano, na primeira parte, estaria falhando no cumprimento da primeira ordem dada pelo Senhor: *Deus os abençoou e lhes disse: "Sede fecundos, multiplicai-vos, enchei a*

---

[38] A porta de uma cidade, na antiguidade, servia como local e ponto de referência para tratar de questões jurídicas, em particular processos e sentenças públicas, que eram trazidas e julgadas pelos anciãos da cidade (Dt 16,18; 21,19; 22,15; 25,7; Rt 4,1.11; Pr 31,23; Am 5,12). Os anciãos da cidade eram os homens respeitados por sua conduta moral e sabedoria, eles eram estabelecidos e formavam o colegiado para agir neste tribunal (BOVATI, *Ristabilire la Giustizia*, pp. 208-209). A porta era o local de passagem, mas era um baluarte na defesa dos que estão dentro da cidade.

[39] O Senhor Deus, de acordo com a tradição do Antigo Testamento, escolheu Israel dentre todos os povos por puro amor (Dt 7,7-15) e fez dele a sua propriedade pela súplica de Moisés (Ex 34,9; 1Rs 8,53; Sl 33,12; 74,2; Is 63,17; Jr 10,16; 12,7-9; 51,19; Mq 7,14). Zc 8,12 e Sl 127,3 são dois casos particulares sobre a herança, que é uma dádiva do Senhor (LIPINSKI, נָחַל, pp. 360-361).

terra e submetei-a; governai sobre os peixes do mar, as aves do céu e todos os animais que rastejam sobre a terra" (Gn 1,28).

Comentário e mensagem

v. 1a: O caráter sapiencial, a construção do templo e o cuidado com a cidade, protegendo-a dos inimigos, servem para justificar a atribuição deste salmo ao rei Salomão, que recebeu do Senhor a sabedoria para governar com justiça o seu povo, procurando o seu bem-estar (1Rs 3,1-15.16-28; 4,9-14). Além deste, o Salmo 72,1 também é atribuído a Salomão, que foi amado pelo Senhor. Por isso, o profeta Natã que o chamou de *y*ᵉ*dîdyah*, que significa: "amigo de YHWH" (2Sm 12,24-25). Uma aproximação pode ser feita ao לִידִידוֹ do v. 2.

v. 1b-e: O versículo alude ao fato de que o Senhor não somente abençoa, mas também trabalha edificando a casa e protegendo a cidade. A ação do Senhor pode se referir ao fato de ter permitido e favorecido a construção de Sião e do seu santuário, que, por sua vez, refere-se à construção do palácio do rei e do templo por ele cultuado. A ação humana só ganha sentido e obtém êxito se tem a ação do Senhor por motivação. Uma máxima, então, pode ser citada: "Faça tudo como se dependesse de ti, mas não te esqueças de que tudo depende de Deus". Se o Senhor não se faz presente e não sustenta a obra humana, o esforço destina-se ao falimento. Por isso, de que vale construir algo se não houver quem proteja o que foi construído?

O termo *bayit* não significa somente "casa", mas também pode significar "família". Na casa nascem os filhos. Um conjunto de casas forma uma cidade, cercada de muros com torres de vigia para se procurar a segurança de todos.

Casa e cidade reúnem as dimensões locais em nível pessoal e social da vida humana que busca proteção e abrigo. É o espaço vital e existencial no qual o ser humano nasce, cresce, se desenvolve, trabalha, estabelece família, se reproduz e dá continuidade à dinâmica familiar.

A imagem do Senhor como quem edifica e como quem protege são fortes, pois indica que Ele não apenas edifica, mas continua cuidando do que fez. As ações evocam a providência. No Salmo 121,4 é dito: *não dorme e não se adormenta aquele que protege Israel*. No Salmo 78,65-66, o povo eleito aguarda que o Senhor *se levante como de um sono, como um herói atordoado pelo vinho, para golpear nas costas os seus adversários, levando-os a uma vergonha eterna*.

v. 2: A vida humana, em uma casa e em uma cidade, se desenvolve de manhã à noite em uma série de ações: *levantar-se, labutar, comer, dormir*. O pão das fadigas pode evocar a sentença dada pelo Senhor aos primeiros progenitores, visto que desobedeceram à sua lei (Gn 3,17-19; Caim também, após assassinar seu irmão experimentou a vã fadiga ao trabalhar o solo,[40] Gn 4,12). A imagem pode aludir, ainda, ao pão ofertado ou recebido no culto às divindades cananeias (Sl 16,4), principalmente ofertado a Baal, que era considerado o deus da chuva e que fecunda a terra. Em contrapartida, o v. 2d pode evocar a dádiva do Senhor que faz prosperar aquele que nele confia.

---

[40] "Entra no contexto: essa morte que Caim se inflige vai assumir na situação imediata a forma da esterilidade do húmus que ele, como lavrador, trabalhava. Doravante, o solo permanecerá infecundo porque teve de beber o sangue espargido do irmão assassinado. Caim é desse modo golpeado de morte naquilo que constituía sua vida" (WÉNIN, *De Adão a Abraão ou as errâncias do ser humano*, p. 145).

Pr 10,22 menciona que a bênção do Senhor enriquece, enquanto a fadiga nada acrescenta, pois o êxito depende da ação do Senhor (Pr 19,21; 21,31). Se os termos "casa" e "cidade" evocam Jerusalém e o seu templo, então se está evocando a presença e a constante ação do Senhor, como guardião e protetor. Por isso, os seus habitantes podem dormir tranquilos, pois sabem que o Senhor está presente e os defende de todas as ameaças.[41]

O pão dado ao amado pode não ser o pão pronto, mas o pão que vem do trabalho no campo e da esperança do grão semeado. O pai de família responsável não fica ocioso, mas se empenha por buscar o necessário para a sobrevivência dos membros de sua casa e conta com a presença e a ação bondosa do Senhor. Esse pai de família, por isso, não perde o sono, dorme confiante, pois a cada dia tem a certeza de que o Senhor renova-lhe a sua bondade.

Esta certeza permite serenidade, pois é pão da alegria, da força física e espiritual, e da tranquilidade diante dos problemas cotidianos, que são superados quando a ação humana coopera com a graça divina. Este ensinamento ecoa nos lábios de Jesus: "O pão nosso de cada dia, dá-nos hoje" (Mt 6,11; Lc 11,3); a cada dia basta a sua preocupação (Mt 6,34).

v. 3: Herança e prêmio evocam as promessas patriarcais e a justa retribuição pela obediência de quem acolhe os mandamentos e os planos do Senhor. Assim, este versículo evoca a ordem contida em Gn 1,28 e que se desenvolve ao longo da história (Gn 8,17; 9,1-3; 15,5; 16,9-10; 22,15-18; 24,60; Ex 1,5-7; Jr 29,4-7). Para o ser humano que deposita a sua confiança no Senhor, os filhos representam a dádiva necessária para superar as dificuldades, principalmente as

---

[41] LORENZIN, *I Salmi*, p. 486.

situações de conflito. Nos filhos perpetua-se a trajetória de cada membro da família e da história do povo como um todo. Na busca pela prole numerosa condensava-se o desejo de vida continuada no mundo. Assim, a morte era vencida, pois a descendência carrega consigo a vida dos antepassados e seu patrimônio cultural e religioso.

v. 4: A Septuaginta confundiu a raiz verbal e traduziu por *filhos dos que foram rejeitados*, possível alusão ao que aconteceu aos exilados na Babilônia. Dessa dificuldade textual resultaram diferentes interpretações.[42] Os filhos nascidos na flor da juventude de um casal fecundo são considerados mais vigorosos e mais úteis do que os filhos nascidos em uma idade avançada. Por um lado, o tempo de convivência em família é maior, pois os filhos nascidos na juventude poderão prestar assistência ao longo da vida dos pais e, principalmente, quando eles ficarem idosos. Por isso, os filhos são considerados como flechas, referindo-se ao alcance da sua ação e dos efeitos ao longo do tempo na vida dos pais.

Se os filhos nascem de pais idosos, na sua necessidade não poderão contar tanto com a sua assistência, porque ainda serão pequenos e despreparados para assumir a missão de guardiães dos próprios pais. O povo eleito, por sua vez, sabe perfeitamente que descende de pais idosos, Abraão e Sara (Gn 21,1-7), mas também sabe que, se cumprir o mandamento divino sobre a fecundidade, encontrar-se-á em condições de morrer saciado de anos, vendo os filhos dos filhos (Gn 25,8; 35,29; 50,22-23; Jó 42,16-17), isto é, contemplando a beleza das futuras gerações (Tb 10,11.13; Sl 128,6).

---

[42] RAVASI (*Il libro dei Salmi*, p. 597) cita várias interpretações patrísticas que resultaram da dificuldade de leitura do v. 4.

v. 5: "Quando enfrentam os inimigos ao portão" é outra possibilidade de tradução para o v. 5b. Com isso, a interpretação passa a ser feita em nível temporal e não em nível causal. Os filhos comparados, com flechas na aljava, não foram percebidos, com esse sentido, pela Septuaginta e pela Vulgata, que leram "desejo" no lugar de aljava, dando uma conotação sexual. Essa leitura não está desprovida de certa razão, pois o pão concedido ao amado enquanto dorme pode evocar a busca pela prole no seio de um jovem casal.[43] O versículo afirma o que de bom um pai de família pode ter diante de uma situação que requer a força de seus membros na decisão. Quanto mais numerosa era a família, mais temida e menos vulnerável diante dos inimigos e dos conflitos jurídicos que poderiam terminar com uma ação no tribunal: o portão da cidade.[44]

Os v. 3-5 evocam uma situação desagradável, pois alude ao litígio com o inimigo junto à porta da cidade. Podem--se ver nestes versículos as diversas contrariedades que, continuamente, se instauram na vida familiar. Assim como cresce, consideravelmente, o número de litígios em família, crescem, também, as iniciativas humanas que visam restabelecer os laços familiares através da mediação entre as partes conflitantes.

Os litígios familiares sempre existiram e continuarão existindo enquanto o ser humano resistir à vontade salvífica de Deus. A Bíblia abre-se testemunhando o que ocorreu após a desobediência dos progenitores ao plano

---

[43] Is 49,2 alude ao Servo Sofredor com a mesma linguagem: *e fez de mim como flecha escolhida, em sua aljava ocultou-me*. É uma preparação para a missão do Servo: a flecha alcança quem está distante e torna o Servo, para todos, um elemento eficaz nas mãos de YHWH (FERNANDES, O Segundo Canto do Servo de YHWH: Análise exegética de Is 49,1-13, p. 38).

[44] LORENZIN, *I Salmi*, p. 486.

de Deus. O primeiro crime cometido foi um fratricídio: Caim, por inveja, matou seu irmão Abel. Desse exemplo, derivam todos os demais crimes que são citados na Bíblia. A lição é simples: quem não escuta a voz de Deus não consegue ouvir a voz do seu semelhante.

Conclusão

O ser humano busca resultados profícuos nas tarefas diárias que realiza pessoalmente, em família e na sociedade. Nesse sentido, *construir uma casa, proteger uma cidade* e *conseguir o pão de cada dia* são ações que podem simbolizar os anseios básicos e os efeitos proveitosos que o ser humano deseja alcançar com o seu trabalho, a favor de si mesmo e de sua família.

Quem constrói uma casa, que pode ser sinônimo de constituir uma família, almeja proteção para si e para todos os seus membros. Do mesmo modo, os trabalhadores podem ser símbolo do homem e da mulher que somente serão bem-sucedidos em seus projetos caso não se fechem ao dom da vida que são chamados a transmitir, gerando seus filhos (v. 3-5).[45] A preocupação de muitos casais nos nossos dias, lamentavelmente, é a de trabalhar muito e gozar a vida, postergando o mais possível a prole e o seu número. Em muitos casos, já não se passa de um filho por casal, com o argumento de que um filho já é um grande investimento.[46]

Quem vive em uma cidade, que reúne várias casas — dimensão social —, vê-se necessitado dos serviços de uma sentinela, que aviste o perigo e soe o alerta. Pode-se comparar a sentinela com a família cristã e sua inefável missão para o bem de toda a sociedade. Ela deve perceber, conhecer, assimilar e testemunhar os valores evangélicos, lutando contra todo tipo de cultura de morte,

---

[45] Nesse sentido, uma ligação temática encontra-se entre os v. 1-2 e 3-5. Há quem pense não o contrário (WEISER, *Os Salmos*, p. 596).
[46] CONCÍLIO DO VATICANO II, *Gaudium et Spes*, n. 87; PONTIFICIO CONSIGLIO PER LA FAMIGLIA, *Evoluzioni demografiche*.

pessoal ou socialmente, na qual a vida humana, desde a sua concepção até o seu último respiro, não está sendo defendida na sua dignidade e na sua origem divina.[47]

Quem trabalha no campo espera que a colheita seja abundante e suficiente para fazer ou trazer o pão de cada dia. O trabalho, embora pareça um castigo (Gn 3,17-19), dignifica o ser humano. O próprio Jesus disse que o Pai trabalha e ele também trabalha (Gn 1,1–2,4; 2,4b-25; Jo 5,17).[48]

O orante ensina a observar o trabalho do Senhor em favor do ser humano, sua mais sublime criatura, mas, acima de tudo, a não descuidar do sentido da vida e da fé: nenhuma atividade humana pode ser devidamente realizada se exclui a presença e a ação do Senhor.

A labuta prática do ser humano resultaria ineficaz sem a presença eficaz do Senhor. O termo hebraico *shāve'* ocorre três vezes, que traduzimos por "sem resultado" e que as versões traduzem por "em vão" ou "inútil". Aqui se percebe um ensinamento sapiencial: prescindir do Senhor é uma ilusão e sinal de insensatez. As "vitórias ou sucessos", sem o auxílio do Senhor, são uma ilusão, pois são doces na boca, mas amargas no estômago. A autossuficiência, isto é, pensar que se é capaz de tudo, sem o auxílio do Senhor, é a pior ilusão que um ser humano pode ceder na sua vida.

Todavia, o v. 2 pode ser interpretado erroneamente por quem pensa do seguinte modo: eu acredito em Deus, então é só ter fé e nada me faltará na vida, porque Deus me dará, enquanto durmo, tudo o que necessito. O salmo não pretende incutir no seu ouvinte-leitor tal postura, mas quer ajudá-lo a não pretender nada na sua vida sem a presença do Senhor e sua bênção.

Pode-se reconhecer que algo deste salmo está, provavelmente, na base do ensinamento de Jesus sobre o sentido do abandonar-se à providência divina (Mt 6,25-34; Lc 12,22-31).[49]

---

[47] *Documento de Aparecida*, n. 436.
[48] JOÃO PAULO II, Carta Encíclica *Laborem Exercens* [14 de Setembro de 1981], nn. 1.9.
[49] WEISER, *Os Salmos*, p. 597.

Acredito, porém, que a afirmação sobre os cuidados do Senhor para com o seu amado evoca o sinal da fé sobre o afã do ser humano que busca atingir seus objetivos apenas com o seu próprio esforço. Note-se que o afã, levantar cedo e dormir tarde, pode ser uma forma contundente de criticar a atitude de um jovem casal que só pensa em trabalhar para ganhar a vida, mas descuida do necessário, não edificando a família através da aceitação e geração dos filhos concedidos por Deus. Ao lado disso, tem-se uma base para se perceber o porquê tantos casais entram em crise: um não tem tempo para o outro e muito menos para pensar, querer ou se envolver com os filhos.

Nesse sentido, este salmo não está fazendo uma apologia ao ócio inútil, mas ao tempo a ser dedicado à família e à geração de filhos.[50] A fecundidade do ser humano é o maior sinal da bênção do Senhor, visto que, por ela, homem e mulher, pela procriação, participam da atividade criadora do próprio Criador (Gn 2,28; Sl 128). Todavia, o matrimônio não foi instituído somente por causa da procriação. Nele reside o caráter de uma aliança indissolúvel entre um homem e uma mulher. Ainda que a prole, tão desejada, não aconteça, o casal forma uma comunhão de vida fecunda de amor para irradiar amor na sociedade.[51]

De algum modo, pode-se perceber que este salmo é uma forte exortação para que os membros de uma família passem mais tempo juntos; que seus membros lutem por ideais comuns e que a felicidade não seja buscada sem a presença e o auxílio do Senhor da vida.

Pela revelação bíblica, a família tem sua origem, seu fundamento, seu modelo e sua finalidade em Deus, seu criador. A família é chamada a ser um sinal eficaz da vida e da comunhão de Deus Uno e Trino. O Salmo 127, de forma sapiencial, afirma que o ser humano depende de Deus em vários aspectos da sua vida cotidiana. Com isso, ajuda a compreender a identidade e a missão da família, e de cada um de seus membros.

---

[50] BORTOLINI, *Conhecer e rezar os Salmos*, p. 528.
[51] CONCÍLIO DO VATICANO II, *Gaudium et Spes*, n. 50.

Da vocação natural, homem e mulher descobrem-se impulsionados ao amor que os unem em comunhão estável de vida, mas da revelação do amor em Jesus Cristo pela humanidade, o vínculo natural se robustece e ganha uma dimensão divina: o matrimônio cristão, sinal do amor de Jesus Cristo por sua Igreja e vice-versa.

A família cristã e, nela, cada um de seus membros necessitam sair de um estado de anestesia da fé, da sensibilidade e da razão, para assumir os valores evangélicos com coragem. Assim, para que a família seja conduzida pela Palavra de Deus, é preciso que queira conhecê-la com os mesmos critérios com os quais ela foi inspirada e posta por escrito na Bíblia.

Quem pretende cultivar uma sólida vida familiar, que seja eficaz no combate a tudo que produz morte em nossa sociedade, é preciso começar rejeitando a ganância pelo poder e abraçar o dom do serviço pelo mandamento novo ensinado por Jesus Cristo: *Dou-vos um mandamento novo: que vos ameis uns aos outros. Como eu vos amei, amai-vos também uns aos outros. Nisto reconhecerão todos que sois meus discípulos, se tiverdes amor uns pelos outros* (Jo 13,34-35).

Um ensinamento de Santo Agostinho pode esclarecer o intuito fundamental deste salmo e de tudo o que se pode fazer como família cristã missionária: "Deus, que te criou sem ti, não te salvará sem ti". Isso quer dizer: marido se salva, salvando sua esposa e vice-versa. Filho se salva, salvando seus pais e vice-versa. A família se salva, ajudando a salvar outras famílias e vice-versa.[52]

---

[52] No caso de um padre, que sai de uma família para viver a dimensão maior da família de Deus, se salva sendo instrumento da salvação de seus fiéis. A sua identidade e sua missão resultam da fecundidade do amor do próprio Deus. Por isso, na vida sacerdotal e religiosa não se nega a origem e a finalidade da família querida por Deus, pois, ao, deixar pai, mãe, irmãos, casa, posses e renunciando à herança do Senhor que são os filhos, recebe uma bênção paradoxal: uma casa-família que vai além dos laços da carne e do sangue, comunidade dos que fazem, com Jesus, a vontade do Pai (Mc 3,31-35). Nessa família, exerce-se a paternidade e a maternidade na fecunda geração de uma prole espiritual. Nessa comunidade, o Senhor manifesta a sua Divina Providência, dando o pão da

Essa dinâmica só pode acontecer, devidamente, se não se prescinde de Deus, que, com a força da sua bênção, permite que a família alcance êxito em suas ações e progrida de acordo com o seu plano salvífico. Então, que cada um saiba colocar para si as seguintes perguntas: Como está a minha família? Que lugar ocupa a Palavra de Deus em minha família? A busca pelo êxito e pelo progresso, em minha família, tem prescindido da presença e ação de Deus?

Palavra, da Eucaristia e o pão material a quem tem fome, socorrendo os seus amados. Portanto, a vida sacerdotal e religiosa celebra, igualmente, a fecundidade e a bênção contidas no Salmo 127 em cada uma das famílias que se abrem à consagração total de um de seus membros que, generosamente, responde ao chamado de Deus.

10

COMO UMA CRIANÇA AMAMENTADA SOBRE SUA MÃE
Salmo 131

Matthias Grenzer[1]

Introdução

Que a vida seja uma *maravilha*! Que haja *grandeza* em tudo! Faz parte, pois, da existência humana que a pessoa cultive *desejos* e crie *expectativas*, sobretudo no que se refere ao que, aparentemente, mais contribui com a felicidade e a qualidade de vida. Sejam lembrados, nesse sentido, as relações interpessoais, o nível de formação, o trabalho que a pessoa pode realizar, o bem-estar material, a saúde e a beleza, o lazer, a organização da sociedade e até a importância do país na família das nações. Mais ainda: sabe-se que existem *desejos* e *expectativas* que ficam aquém das possibilidades que a vida oferece, ou que vão além delas. Nos dois casos, corre-se o risco de precisar enfrentar frustrações. Por isso, é válido esforçar-se a fim de refletir e procurar por aquelas

---

[1] Dedico este estudo ao casal Osmar e Gorete Moscopf, que, junto a sua equipe, realiza, na Escola Kidslândia, um trabalho maravilhoso com crianças, sempre inspirado na fé cristã.

maravilhas e *grandezas* que a realidade, de fato, proporciona à humanidade.

Estou consciente da delicadeza do assunto. Afinal, nossos *desejos* e nossas *expectativas* têm a ver com aquela parte de nossa vida que classificamos como íntima e que goza do direito da privacidade. Mesmo assim, vou me arriscar com a tentativa de construir um diálogo triplo. É, pois, o diálogo que nos oferece a oportunidade de redimensionarmos nossos *desejos* e nossas *expectativas* já existentes e de ganharmos coragem na empreitada da busca da felicidade e do sentido da vida. Embora cada um corra individualmente, podemos correr na companhia do outro. Talvez esse companheirismo se revele ainda uma ajuda bem-vinda.

Como ponto de partida, sugiro que cada um recorde um momento significativo de sua vida. Penso naquelas experiências pessoais que já marcaram nossa história e que são capazes de nos aproximarem ao provável sentido da vida, provocando, muitas vezes, um excedente de felicidade. Em princípio, trata-se de momentos em que ficamos fascinados com algo, sendo que tal realidade se torne altamente simbólica e nos faça reconhecer uma verdade que, aparentemente, ultrapasse nossa própria existência. Este é o primeiro tipo de diálogo: conversar com a própria vida.

Um segundo tipo de diálogo deve brotar do encontro com a tradição judaico-cristã, justamente a partir da leitura e compreensão de um texto que faz parte das origens bíblicas destas duas religiões. Vamos conversar com um pequeno poema formado por apenas três versículos, o qual trabalha com uma única imagem. É o Salmo 131. Provavelmente, este texto apresente o discurso de uma mulher. Para que o diálogo seja bastante exato, temos que prestar atenção a uma série de detalhes, realizando um estudo literário-histórico que favoreça o reconhecimento das dimensões teológicas originalmente apresentadas pelo poema.

Diálogo com a vida

Encontrei, recentemente, um texto escrito por minha esposa, justamente nos dias em que nasceu nosso primeiro filho. Ao lê--lo, lembrei-me do Salmo 131. Foi assim que nasceu o esboço para este estudo, texto que quer dar uma contribuição ao debate sobre a fé cristã no mundo atual. Minha esposa me autorizou a apresentar as palavras redigidas por ela. De fato, a experiência de vida aqui relatada pertence a ela, uma mulher que se tornou mãe. Nenhum homem pode fazê-la. No entanto, buscando certa proximidade à parturiente, o homem tem a oportunidade de aprender algo de uma experiência de vida exclusivamente feminina:

> Em uma noite chuvosa, no dia 10 de janeiro de 1997, na cidade de São Paulo, exatamente às 22:45 horas, começo a sentir os primeiros sinais de contração. São os momentos que antecedem à chegada de um ser maravilhoso. Nervosismo e medo dão lugar a uma paz intensa. Uma mistura de sentimentos se faz presente: felicidade, alegria, amor e responsabilidade. É o que sinto durante os quinze minutos que antecedem minha ida ao hospital. Às 23:00 horas, já ocorrem os trâmites legais de entrada nele. Tudo acontece rapidamente. Médicos correm com pressa. A sala de parto está sendo preparada. Confesso que minhas pernas ficam trêmulas, ao saber que meu parto será uma cesariana. Samuel resolveu, pois, nos últimos minutos de sua estada em meu ventre, fazer suas necessidades fisiológicas. Por isso, a cesariana. Mais uma na vida dos médicos. A primeira, para mim. Às 23:10 horas já estou em uma sala cheia de aparelhos. A equipe médica, muito atenciosa, me deixa calma. Nasce "um menino lindo"! É essa a expressão que os médicos e enfermeiros usam. Logo, Samuel chora. Choro de uma criança dengosa. É o momento mais feliz em minha vida, sabendo que dei uma criança à luz. Logo colocam Samuel no meu peito. Para mamar. Durante uns dez minutos, ele olha para mim. Talvez não entenda nada. Mas sabe sugar o peito. Momentos que, para sempre, ficarão guardados em minha memória. Enquanto eu viver! Declarações feitas por uma

mãe apaixonada, que esperou por seu filho com muito carinho e amor.

(Francisca)

Estudo do Salmo 131

O Salmo 131 faz parte da coleção dos quinze *cantos das subidas* que encontramos nos Salmos 120–134.[2] Estes, provavelmente, espelhem as esperanças de quem *subia*, como peregrino israelita, à *casa do* SENHOR, que é o templo construído no *monte de Sião*, em *Jerusalém*. Quer dizer, trata-se do santuário erguido, primeiramente, pelo rei Salomão, no quarto ano de seu governo, provavelmente em 963 a.C. (1Rs 6,1). Destruído pelos babilônios em 587 a.C., o templo foi reconstruído a partir de 520 a.C. e colocado em funcionamento em 515 a.C. No ano 20 a.C., Herodes Magno iniciou obras de reforma e de ampliação dos arredores. Tais trabalhos terminaram apenas em 64 d.C. Contudo, no ano 70 d.C., o segundo templo de Jerusalém foi destruído pelos romanos, sem que fosse reerguido até os dias de hoje.

Ouçamos, então, a voz do/da israelita que se faz presente no Salmo 131!

v. 1 *Canto das subidas. De Davi.*

> SENHOR, *meu coração não ficou altivo*
> *e meus olhos não se elevaram.*
> *Não andei atrás de grandezas e de maravilhas superiores a mim.*

v. 2 *Pelo contrário, ajustei e silenciei minha alma.*
> *Como uma criança amamentada sobre sua mãe,*
> *como uma criança amamentada sobre mim,*
> *está a minha alma.*

v. 3 *Permanece na expectativa do* SENHOR, *ó Israel,*
> *desde agora e eternamente.*

---

[2] GRENZER, As tarefas da cidade (capítulo deste livro).

O significado do nome de Deus

Quem reza no Salmo 131 dirige-se inicialmente ao Deus de Israel, mencionando o nome dele, sendo que este é traduzido aqui por SENHOR (v. 1b). Mais tarde, praticamente no final de suas palavras, fazendo um apelo ao povo de *Israel*, o orante repete o nome de Deus (v. 3a). Cria-se, dessa forma, uma inclusão que emoldura a oração. Ou seja, no início e no final, o leitor-ouvinte é convidado a lembrar-se da identidade do Deus de Israel, como ponto de partida e ponto de chegada, a fim de que o nome de Deus e aquilo que ele representa abracem a realidade do ser humano, descrita no centro do poema.

Na língua hebraica, o nome do Deus de Israel é composto por quatro letras consoantes (יהוה). Por isso, é chamado de tetragrama. Não se sabe, de forma exata, se e como este nome era pronunciado originalmente. A tradição judaica opta pela leitura *Adonai*, o que corresponde, em português, a *Senhor* ou a *meu Senhor*. Todavia, mais importante do que a pronúncia é captar seu significado e representatividade.

Nas Sagradas Escrituras, o nome de Deus é atrelado ao evento do êxodo, o qual, segundo a cronologia bíblica, há de ser localizado no final do século XIII a.C. Narra-se que o SENHOR, após ter *visto a servidão dura* e ter *ouvido o grito* dos hebreus *maltratados* e brutalmente *oprimidos, fez* estes *saírem da terra do Egito*, conduzindo-os para uma *terra* nova e boa, a fim de que o povo dos recém-libertados, orientado por sua palavra, construísse uma sociedade alternativa e igualitária, formada por pessoas cuja sobrevivência digna fosse garantida, em especial por um direito que, ao acolher a vontade e a palavra do Deus Libertador, se preocupasse centralmente com a vida dos mais necessitados (Dt 26,5-10).[3] Contudo, bem no início da história do êxodo, justamente na cena da vocação de Moisés, este último pergunta a Deus: *Qual é teu nome?* E recebe a resposta: *Serei quem serei!* (Ex 3,13-14).

---

[3] GRENZER, *O projeto do êxodo*. Ver também: FERNANDES; GRENZER, *Êxodo 15,22–18,27*.

Quer dizer: a história da libertação da escravidão, a qual deve ser experimentada pelos mais sofridos, ensinará ao povo *quem* é Deus. Além disso, em hebraico, a tradição bíblica explora uma etimologia popular, pois as três letras consoantes que formam a raiz do verbo *ser* (היה) ganham presença também no *nome* de Deus (יהוה).

Enfim, aparece aqui uma das lógicas internas da religião do antigo Israel. Trata-se de uma reflexão que convida as pessoas

> a dirigirem sua atenção à história de vida dos mais *necessitados*. Eis a oportunidade de descobrir a ação de *Deus* neste mundo. Existe, pois, a experiência surpreendente de oprimidos recuperarem sua liberdade, de humilhados se reencontrarem com sua dignidade e de injustiçados receberem justiça, mesmo que o homem falhe, repetidamente, diante da tarefa de tornar-se solidário com os mais sofridos. Portanto, em todos estes casos de uma inversão feliz do destino dos miseráveis, é oportuno perguntar-se se não foi o Senhor quem *ergueu o pobre da miséria* (Sl 107,41).[4]

Portanto, ao mencionar-se o nome do Deus de Israel — veja o Senhor no Salmo 131,1b.3a —, cultiva-se a memória de quem, através de sua ação libertadora, originou a liberdade do povo dos anteriormente oprimidos, por mais que precisassem ser superadas forças que insistiam na opressão e exploração de muitos. Consequentemente, qualquer pessoa que se propõe a ser fiel a este Senhor, Deus de Israel, vai se sentir motivada a tornar-se uma agente e promotora da liberdade, em especial de quem se encontra ameaçado em sua sobrevivência. E isso, justamente, por motivos religiosos, descobrindo as dimensões político-sociais da fé em um Deus que se revelou, historicamente, a seu povo como libertador dos oprimidos. Para os cristãos, tal revelação chegou a seu auge na pessoa de Jesus de Nazaré.[5]

---

[4] GRENZER, Ação inversora do destino dos pobres (capítulo deste livro).
[5] FERNANDES; GRENZER, *Evangelho segundo Marcos*; eleição, partilha e amor. São Paulo: Paulinas, 2012.

Um ajuste individual

v. 1b SENHOR, *meu coração não ficou altivo*
v. 1c *e meus olhos não se elevaram.*
v. 1d *Não andei atrás de grandezas e de maravilhas superiores a mim.*
v. 2a *Pelo contrário, ajustei e silenciei minha alma.*

Quem reza no Salmo 131 relata, em primeiro lugar, um determinado esforço seu (v. 1b-2a). Dirige-se ao SENHOR e conta como, no passado, desistiu, de empenhos pessoais e da busca de realidades que, em sua opinião, ultrapassavam os limites de sua existência. Um tríplice *não* — o qual, no texto hebraico, ocupa sempre a primeira posição na frase — sublinha a dinâmica de resistência: *Meu coração não ficou altivo* (v. 1b); *meus olhos não se elevaram* (v. 1c); *não andei atrás de grandezas e maravilhas superiores a mim* (v. 1d).[6] Aliás, no texto hebraico do salmo, o *não* aparece uma quarta vez no início da frase em v. 2a, ao ser usada a expressão *se não* que pertence à fórmula de juramento, traduzida aqui, porém, como *pelo contrário*. No mais, fica claro que a pessoa orante no Salmo 131 realiza seu esforço de um modo individual, pois usa por quatro vezes o pronome da primeira pessoa do singular, o qual aparece no texto hebraico como sufixo pronominal. Confira as expressões *meu coração* (v. 1b), *meus olhos* (v. 1c), *superiores a mim* (v. 1d) e *minha alma* (v. 2a).

O ajuste pessoal de quem se manifesta no Salmo 131 começou com um esforço relacionado ao *coração*, no sentido de ter enfrentado o combate à *altivez* (v. 1b). Segundo a reflexão antropológica na cultura do antigo Israel, o *coração* é identificado, em primeiro lugar, como órgão central que oferece mobilidade aos diversos membros do corpo humano (1Sm 25,37s); sobretudo, nos momentos de doença ou exaustão, o *coração* dá seus sinais

---

[6] Ver o tríplice *não*, favorecendo o projeto de resistência do *justo*, no primeiro versículo do Salmo 1. GRENZER, Caminhos de justos e perversos (capítulo deste livro).

alarmantes (Is 1,5; Jr 23,9; Sl 38,11). Em um segundo momento, o *coração* é visto como sede da sensibilidade e das emoções, ou seja, do sentimento e do ânimo da pessoa; nesse sentido, surgem as imagens do *coração amplo* (Sl 4,2; 18,37; 25,17; 119,32), *saudável* (Pr 14,30) e *alegre* (Pr 15,13), capaz de oferecer vida ao corpo e melhorar o semblante. Em contrapartida, o *coração* também hospeda o *desejo* oculto, a *cobiça* ansiosa (Pr 6,25), a *soberba* (Dt 8,14; Os 13,6) e a *arrogância* (Jr 49,16). Por fim, é importante levar em consideração que o *coração*, na cultura do antigo Israel, também é contemplado como sede do *conhecimento* (Dt 29,3; Pr 18,15), da consciência (Dt 6,6) e da *sabedoria* (Ecl 10,2). Ou seja, o *coração* hospeda a memória e todo o raciocínio da pessoa.[7]

Todavia, é, sobretudo, uma determinada realidade que provoca a *altivez do coração* (v. 1b), atingindo emoções e pensamentos da pessoa. No caso, o profeta Ezequiel, no século VI a.C., menciona a confiança nas *riquezas* e na *beleza*. Ao observar o rico centro urbano de *Tiro*, na Fenícia, dirige as seguintes palavras a seu *governador*: "*Através de tua sabedoria e de teu entendimento, fizeste uma fortuna para ti. Acumulaste ouro e prata em teus tesouros. Através de tua abundante sabedoria, multiplicaste tua fortuna com o comércio, mas teu coração se tornou altivo com a fortuna*" (Ez 28,4-5). A dinâmica que, segundo Ezequiel, tomou conta da cidade de *Tiro* fica em evidência. Toda a inteligência, pois, foi investida no esforço econômico. No entanto, as *riquezas* mexeram com os *corações* dos moradores e do *príncipe*. Assim, o profeta se sente convidado a *prantear* e a comunicar a seguinte *palavra do* Senhor *ao rei de Tiro*: "*Com teu intenso comércio, encheste teu interior de violência e pecaste* [...]. *Teu coração se tornou altivo em meio a tua beleza e destruíste tua sabedoria por causa de teu resplendor*" (Ez 28,16-17). Em consequência disso, o profeta prevê a promoção de inversões do destino de quem insiste na injustiça e de quem sofre com as agressões. Nesse sentido, o Senhor, Deus de Israel, pode atingir o próprio *príncipe de Israel*, sendo necessário que ouça o seguinte pedido: "*Retira o turbante!*

---

[7] WOLFF, *Anthropologie des Alten Testaments*, pp. 68-95.

Depõe a coroa! Estas coisas não ficarão assim! O rebaixado ficará alto e o alto é para ser abaixado" (Ez 21,31).

Enfim, os profetas do antigo Israel cultivam o ideal de *escutar e ouvir o que o* SENHOR *falou*, em vez de *se tornar altivo* (Jr 3,15), no sentido de favorecer o *orgulho*, a *soberba* e a *arrogância* (Jr 48,29; 49,16). Mesmo assim, reis como *Ozias* ou *Ezequias*, por exemplo, não resistiram a esta tentação (2Cr 26,16; 32,25), sendo que a *altivez* caracterizou também as *filhas de Jerusalém*, ou seja, as mulheres da capital (Is 3,16). Todavia, as consequências podem ser terríveis. Basta dar atenção à verdade que existe até em forma de provérbio: *Antes da ruína, o coração do homem fica altivo* (Pr 18,12). Quem reza no Salmo 131, por sua vez, se propôs a resistir a essa tentação. Ajustou seu *coração*, para que *não ficasse altivo* (v. 1b).

Da mesma forma, evitou que seus *olhos se elevassem* (v. 1c). Quando a Bíblia menciona os *olhos* de uma pessoa ou os *olhos* de Deus, "em primeiro plano não está jamais a forma ou a função física do olho, mas sempre a qualidade e o dinamismo do olhar".[8] Uma consulta aos Salmos sublinha essa impressão. Há, de um lado, os *olhos enfraquecidos* do homem que expressam *irritação* (Sl 6,8; 31,10), *fadiga* (Sl 73,16) e o *desfalecimento por causa da miséria* (Sl 88,10). De outro lado, existem os *olhos* que *espiam o infeliz* (Sl 10,8) e *se põem para inclinar o outro ao chão* (Sl 17,11). Basta imaginar aquele que, *ao odiar, pisca o olho* (Sl 35,19) ou quem *lisonjeia com o olho* (Sl 36,3).

Em todo caso, surgem duas possibilidades no que se refere ao olhar. Embora, conforme a fé do antigo Israel, os *olhos* de todas as pessoas tenham sido *modelados pelo* SENHOR (Sl 94,9), sendo que os *olhos* deste último já *viram o embrião* do ser humano (Sl 139,16), cada um, em princípio, pode direcionar sua visão à realidade que quiser. É possível, pois, que os *olhos* do homem contemplem *a falsidade* (Sl 119,37) ou *coisa sem proveito* (Sl 101,3). Ao contrário, porém, a pessoa pode fixar seus *olhos* também na direção do SENHOR (Sl 25,15; 141,8), contemplando a *lealdade*

---

[8] SCHROER; STAUBLI, *Simbolismo do corpo na Bíblia*, p. 138.

dele (Sl 26,3) e expressando respeito por ou *temor* a ele (Sl 36,2). Na prática, este olhar para Deus se realiza quando os *olhos* do fiel se dirigem aos *confiáveis da terra*, não permitindo a *quem fala falsidades* que *se firme diante dos olhos* (Sl 101,6-7).

Enfim, a religião do antigo Israel favorece que a pessoa *levante seus olhos àquele que está sentado nos céus* (Sl 123,1-2). Nesse sentido, *todos os olhos de todos* são convidados a *esperar pelo* SENHOR (Sl 145,15), por mais que os *olhos*, de repente, *se esgotem nessa expectativa* (Sl 69,4), pois o homem não tem como prever o momento da realização das *esperanças*. Mesmo assim, cultiva-se a fé de que *os olhos do* SENHOR *estejam sobre os justos* (Sl 34,16) e de que Deus possa fazer *os olhos* da pessoa *contemplar as maravilhas da Torá, ensino* altamente favorável ao humilhado em sua luta pela liberdade (Sl 119,18). Resumindo: ao *Deus iluminar os olhos* da pessoa (Sl 13,4; 19,9), esta não irá mais *suportar* uma postura marcada pela *altivez dos olhos* e pelo *orgulho do coração* (Sl 101,5), pois sabe que Deus, *ao salvar o povo oprimido, irá baixar os olhos elevados* (Sl 18,28).

A confiança paciente no SENHOR, Deus de Israel, provocou no orante presente no Salmo 131 também a postura de *não andar atrás de grandezas e de maravilhas* que avalia como *superiores a* ele (v. 1d). Todavia, isso não significa passividade ou aceitação de uma situação desfavorável à sobrevivência digna da pessoa e do povo. Os Salmos, pois, insistem constantemente no fato de *Deus* ser aquele que *faz maravilhas* (Sl 31,22; 40,6; 72,18; 78,4; 86,10; 98,1; 105,5; 136,4). E estas últimas devem ser *meditadas, rememoradas, reconhecidas* e *vistas* (Sl 105,2.5; 107,24; 111,4; 119,18.27; 139,14; 145,5), sendo que Deus se propõe a *fazer* o homem *ver suas maravilhas* (Sl 78,11). Nesse sentido, compreende-se que o fiel quer dar sua resposta, *agradecendo* pelas *maravilhas* (Sl 107,8.15.21.31) e *anunciando-as* (Sl 9,2; 31,22; 71,17; 75,2; 96,3). Contudo, as *maravilhas* têm sua origem em Deus, no sentido de ser a graça divina que irrompe a realidade do homem. O fiel apenas se propõe a colocar sua fé na prevalência e atuação poderosa de Deus, embora exista também quem *não creia nas maravilhas de Deus* (Sl 78,32), porque *não as percebe* (Sl 106,7).

Nessa mesma linha, quem reza no Salmo 131 diz ter atribuído a *grandeza* a Deus (v. 1d). Aliás, os Salmos não se cansam de afirmar que *a glória* de Deus *é grande* (Sl 21,6; 138,5), que Deus é o *grande rei* (Sl 47,3; 95,3) ou que *o* Senhor, *Deus* de Israel, *é grande* (Sl 48,2; 77,14; 86,10.13; 95,3; 96,4; 99,2; 135,5; 145,3; 147,5). E isso por sua *lealdade ser grande* (Sl 57,11; 108,5; 145,8) e por ele realizar *grandezas* (Sl 71,19), *obras grandes* (Sl 111,2) ou *maravilhas grandes* (Sl 136,4). Além disso, insiste-se na *grandeza do nome de Deus* (Sl 76,2; 99,3), sendo que este *nome* traz a experiência do êxodo à memória, ou seja, as *grandezas* que *Deus fez no Egito* (Sl 106,1), no momento em que adotou os oprimidos como seu povo, libertando-o da escravidão. São essas as *maravilhas* que Deus *ensina* aos seus (Sl 119,18).

Após ter dito o que não fez (v. 1b-d), descrevendo sua resistência a determinados modelos de comportamento, o orante presente no Salmo 131 destaca aquilo pelo qual lutou positivamente no passado, realçando seu esforço de forma retórica: *Pelo contrário, ajustei e silenciei minha alma* (v. 2a). No caso, o ajuste pressupõe um ponto de referência. Este se encontra, em princípio, no caminho da fidelidade ao Senhor, quando a pessoa se ajusta aos julgamentos exemplares de Deus, os quais compõem o direito do antigo Israel, presente nas tradições jurídicas do Pentateuco (Sl 119,30). Quer dizer: não se defende qualquer tipo de equilíbrio, mas aquele norteado pela visão da justiça transmitida pelas Sagradas Escrituras, as quais se propõem a apresentar a Palavra de Deus. Ou, em outras palavras, ajustar a alma é como colocar o Senhor a sua frente (Sl 16,8).

Justamente isso, por sua vez, ocorre com a intenção de recuperar uma tranquilidade maior, no sentido de *silenciar a alma* (v. 2a). Na cultura hebraica, o homem é visto como uma *alma* viva, sem opor a *alma*, como algo imaterial, ao corpo, como a cultura grega o imagina. A *alma*, pois, é a *garganta* que respira, sendo que a respiração confere *vida* à pessoa. A *garganta* também anseia. A *alma* representa os mais diversos *desejos* da pessoa.[9]

---

[9] SCHROER; STAUBLI, *Simbolismo do corpo na Bíblia*, pp. 77-90.

De forma resumida, a *alma* caracteriza "o ser humano como um ente que tem fome de vida".[10] A expressão *silenciar a alma* indica, por sua vez, uma postura que valoriza a *reflexão* e a *confiança* no Senhor, sabendo que este *separou o fiel para si e o escuta, quando por ele clamar* (Sl 4,4-5). É *permanecer na expectativa do* Senhor, em vez de *se inflamar com o homem que maquina tramas* (Sl 37,7). Ou seja: é para manter a *esperança por causa do* Senhor (Sl 62,6), por mais que os opositores *não se silenciam*, mas *se juntam, a fim de golpear* o outro (Sl 35,15).

Resultado: o orante, cuja voz se escuta no Salmo 131, preferiu, em meio aos conflitos que a vida lhe apresenta, manter a calma. Em vez de correr, por força própria, atrás do extraordinário, procurou um equilíbrio de vida e nivelamento dos desejos que lhe permitissem o diálogo esperançoso com o Senhor.

A imagem da criança amamentada sobre a mãe

v. 2b *Como uma criança amamentada sobre sua mãe,
como uma criança amamentada sobre mim está a minha alma.*

O orante introduz, duplamente, a imagem da *criança amamentada sobre sua mãe*. A repetição confere maior força retórica à metáfora. Ao mesmo tempo, uma pequena variação na repetição da comparação parece favorecer a ideia de que uma mulher esteja rezando no Salmo 131, pois a expressão *sobre sua mãe* é substituída, no segundo momento, pelo elemento *sobre mim*.

A imagem da *criança amamentada* expressa a ideia de satisfação e paz. Justamente Israel, pois, conhece situações dramáticas, nas quais o *bebê e o que mama languescem nos largos da vila* (Lm 2,11), ou onde *a língua do que mama adere ao seu palato por causa da sede* e *as criancinhas pedem pão, sem que haja quem lhes estique a mão* (Lm 4,4). Mais ainda: a miséria pode levar os

---

[10] ZENGER, Psalm 131, p. 607.

pobres a se tornarem violentos, sendo que tal violência atinge os mais indefesos, no sentido de que *roubam o órfão do peito materno e penhoram a criancinha do oprimido* (Jó 24,9).[11] A imagem trabalhada no Salmo 131, por sua vez, indica a situação contrária. As necessidades básicas do lactente foram satisfeitas. Alimentada, a *criança* pode desfrutar o carinho e a proteção da *mãe*, ao estar deitada *sobre* ela.

Aliás, impressiona como uma *criançinha*, em princípio, exige apenas a satisfação das necessidades básicas: alimentação, higiene e carinho. Por mais que *os bebês e os que mamam* revelem, com seus gritos, a *força* enorme de sua *boca* (Sl 8,3), uma vez atendidas e bem cuidadas, o insistente grito cede lugar à mais profunda paz. Ao exigirem somente o básico para se sentirem felizes, as *criancinhas* dão uma profunda lição de vida aos adultos.

Ao descrever seu ajuste individual e sua busca de um maior equilíbrio junto a Deus, o orante no Salmo 131 insiste, ao que parece, justamente nessa dinâmica. No caso, a *criança amamentada* representa sua *alma* e, com isso, a pessoa enquanto quer viver e cultiva os mais diversos desejos. A *mãe*, por sua vez, é o próprio SENHOR, Deus de Israel, ao qual o orante se dirige desde o início de seu discurso. A cena da *amamentação*, por sua vez, lembra "a experiência dupla da criança: ao receber, de sua mãe, tudo o que é necessário e favorece a vida, aprende que o ambiente da dedicação pessoal e da aproximação dela é o lugar da vida".[12]

Um convite ao ouvinte-leitor

v. 3 *Permanece na expectativa do* SENHOR, *ó Israel,*
      desde agora e eternamente.

---

[11] GRENZER, Crianças roubadas e penhoradas?, pp. 52-57. Ver também GRENZER, *Análise poética da sociedade*, pp. 45-49.
[12] ZENGER, Psalm 131, p. 607.

No final de sua oração, o orante apresenta um apelo a todo o povo de *Israel*. Este deve *permanecer, desde já e para sempre, na expectativa do* SENHOR. Em geral, quem reza nos salmos *permanece*, sobretudo, *na expectativa da lealdade do* SENHOR (Sl 33,18.22; 130,7; 147,11) ou *na expectativa da palavra do* SENHOR (Sl 119,49.74.81.114.147; 130,5). Isso vale, em especial, para situações de maiores sofrimentos, quando a pessoa sente *sua alma abatida* (Sl 42,6.12; 43,5) e *se cansa ao clamar*, estando com a *garganta rouca* e os *olhos gastos* (Sl 69,4). Não obstante, prevalece a esperança de que *permanecer na expectativa do* SENHOR significa *tornar-se forte* e *robustecer o coração* (Sl 31,25). É manter-se atento a uma *resposta* de Deus que ainda está por vir (Sl 38,16), um *julgamento* capaz de confirmar *a palavra da verdade* já presente na *boca* do fiel (Sl 119,43). Enfim, por mais que haja perseguições, o injustiçado, ao *permanecer na expectativa do* SENHOR, *redobra seu louvor*, pois sabe *contar* como a *justiça* e as *ações salvíficas* de Deus prevaleceram no passado (Sl 71,14).

Considerações finais

O estudo aqui apresentado proporciona um determinado olhar sobre o ser humano, seguindo a reflexão da tradição judaico-cristã. Em especial, senti-me motivado por um olhar histórico de minha esposa, olhar de *mãe* para seu recém-nascido, que me fez ir ao encontro do Salmo 131. Resumo agora, de forma mais livre, o que me fascina neste pequeno poema, pensando em poder contribuir positivamente com os debates e as pesquisas atuais, quando se focam a pessoa e a humanidade como um todo.

A religião do antigo Israel tem um ponto de partida específico. Basta olhar para a história de revelação que acompanha o Deus de Israel. Lendo, pois, as Sagradas Escrituras, realça-se, constantemente, a *lealdade* do SENHOR com aqueles que se encontram ameaçados em sua sobrevivência. Ou seja, atento ao clamor dos injustiçados, o nome deste Deus quer garantir a salvação de seu povo e da humanidade inteira, fazendo-lhes ouvir sua palavra, que insiste em uma convivência mais igualitária e amorosa.

Isso pressuposto, a oração contida no Salmo 131 favorece uma postura marcada pelo nivelamento e ajuste dos próprios desejos. *Altivez*, soberba e busca de *grandezas* e *maravilhas* por força própria são rejeitadas. Em vez disso, a pessoa, faminta de vida, é convidada a procurar outro tipo de tranquilidade e *silêncio*, mergulhando em uma nova relação. No caso, favorece-se a descoberta do Senhor, Deus de Israel, como *mãe*, sobre a qual a *criança* pode deitar-se naturalmente, a fim de ser *amamentada* e acariciada. Quem conhece as demais tradições bíblicas sabe que este tipo de reflexão não quer motivar a pessoa a desistir de seu esforço no que se refere a seu sustento. Contudo, um texto como o Salmo 131 alerta seu leitor para o fato de que a sustentabilidade passa por Deus.

REFERÊNCIAS BIBLIOGRÁFICAS

ALONSO SCHÖKEL, L. *Biblia del Peregrino*; Antiguo Testamento — Poesía — Edición de Estudio [Tomo II]. Madrid: Verbo Divino, ²1998.

ALONSO SCHÖKEL, L. *Dicionário bíblico hebraico-português*. São Paulo: Paulus, 1997.

ALONSO SCHÖKEL, L. עיר. In: *Dicionário Bíblico Hebraico-Português*. São Paulo: Paulus, 1997.

ALONSO SCHÖKEL, L. *I Salmi della fiducia*. Roma: Dehoniana Libri, 2006.

ALONSO SCHÖKEL, L.; CARNITI, C. *Salmos I* (Salmos 1–72); tradução, introdução e comentário. São Paulo: Paulus, 1996.

ALONSO SCHÖKEL, L.; CARNITI, C. *Salmos II* (Salmos 73–150); tradução, introdução e comentário. São Paulo: Paulus, 1998.

ALONSO SCHÖKEL, L.; STRUS, A. Salmo 122: canto al nombre de Jerusalén. *Bíblica* 61 (1980), pp. 234-250.

AMIOT, F. *Vocabulário de Teologia Bíblica*. Petrópolis: Vozes, 1992.

ANDRÉ, G. פָּקַד. In: *Theologisches Wörterbuch zum Alten Testament* [vol. 6], pp. 709-723.

ARTERBURY, A. E.; BELLINGER JR., W. H. "Returning" to the Hospitality of the Lord. A Reconsideration of Psalm 23,5-6. *Biblica* 86 (2005), pp. 387-395.

AUVRAY, P. *Iniciação ao hebraico bíblico*; gramática elementar, textos comentados, vocabulário. Petrópolis: Vozes, ²1999.

BARRÉ, M. L.; KSELMAN, J. S. New Exodus, Covenant, and Restoration in Psalm 23. In: MEYERS, C. L.; O'CONNOR, M. *The Word of the Lord Shall Go Forth* (Festschrift David Noel Freedman). Winona Lake, Indiana: Eisenbrauns, 1983. pp. 97-127. (Coleção: American Schools of Oriental Research Special Volume Series No. 1).

BARTHÉLEMY, D. *Critique textuelle de l'Ancien Testament* [Tome 4. Psaumes]. Fribourg/Göttingen: Academic Press/Vandenhoeck & Ruprecht, 2005.

BECKER, J. Einige Hyberbata im Alten Testament. *Biblische Zeitschrift* 17 (1973), pp. 257-263.

BENTO XVI, http://www.vatican.va/holy_father/benedict_xvi/speeches/2008/january/documents/hf_ben-xvi_spe_20080117_la-sapienza_it.html

BEYSE, K.-M. מָשַׁל I. In: *Theologisches Wörterbuch zum Alten Testament* [vol. 5], pp. 69-73.

Bíblia de Jerusalém. São Paulo: Paulus, ³1987.

BONORA, A. *Il Messaggio della Salvezza*, vol. 5. Torino: Elle di Ci 1985.

BORGER, R. *Die Inschriften Asarhaddons Königs von Assyrien*. Graz: s.n., 1956. (AfO.B 9).

BORTOLINI, J. *Conhecer e rezar os Salmos*; comentário popular para nossos dias. São Paulo: Paulus, 2000.

BOTELHO, J. F. A Lógica de Deus. *Cálculo* 9 (2011), pp. 32-37.

BOTELHO, J. F. Quem escreveu a Bíblia? *Super Interessante* 259 (2008), pp. 58-67.

BOTTERWECK, G. J.; RINGGREN, H. In: *Theologisches Wörterbuch zum Alten Testament* [vol. 6, 1989]. Stuttgart: Verlag W. Kohlhammer, 1989.

BOVATI, P. *Ristabilire la Giustizia*; procedure, vocabulário, orientamenti. Roma: PIB, 2005.

BRIGHENTI, A. Raíces de la epistemología y del método de la teología latinoamericana. *Medellín* 20 (1994), pp. 207-254.

BUZZETTI, C.; CIMOSA, M. *Bibbia*; Parola Scritta e Spirito, Sempre Inspirazione delle Sacre Scritture. Roma: LAS, 2004.

CANTERA, F.; IGLESIAS, M. *Sagrada Biblia*; versión crítica sobre los textos hebreo, arameo y griego. Madrid: BAC, ²2003.

CARRES, M. Jerusalém. In: LACOSTE, J. Y. (ed.). *Dicionário crítico de teologia*. São Paulo: Paulinas/Loyola, 2005.

Catecismo da Igreja Católica (CCE).

CONCÍLIO DO VATICANO II, Constituição Dogmática *Dei Verbum* [18 de novembro de 1965]; Constituição Dogmática *Gaudium et Spes* [7 de dezembro de 1965]; Decreto *Apostolicam Actuositatem* [18 de novembro de 1965].

CROW, L. D. *The Songs of Ascents (Psalms 120–134)*; Their Place in Israelite History and Religion. Atlanta: Scholars Press, 1996. (Coleção: SBL.DS, 148).

CRÜSEMANN, F. Die Macht der kleinen kinder. Ein Versuch, Psalm 8,2b.3 zu verstehen. In: CRÜSEMANN, F. *Kanon und Socialgeschichte*; Beiträge zum Alten Testament. Gütersloh: Kaiser/Gütersloher Verlagshaus, 2003, pp. 165-174.

CUNNANE, S. C.; CRAWFORD, M. A. Survival of the fattest: fat babies were the key to evolution of the large human brain. *Comparative Biochemistry and Physiology* Part A 136 (2003), pp. 17-26.

CHARPENTIER, E. *Para ler o Antigo Testamento*. São Paulo: Paulus, 1986.

CHILDS, B. S. Psalm 8 in the Context of the Christian Canon. *Interpretation* 23 (1969), pp. 20-33.

DAHOOD, M. *Psalms III* (101-150). New York: Anchor Bible, 1970.

DAHOOD, M. Stichometry and Destiny in Psalm 23,4. *Biblica* 60 (1979), pp. 417-419.

De MOOR, J. C. בַּעַל. In: *Theologisches Wörterbuch zum Alten Testament* [vol. 1, 1973], pp. 1706-1727.

De WET, C. L. The Messianic Interpretation of Psalm 8:4-6 in Hebrews 2:6-9 [Part II]. In: HUMAN, D. J.; STEYN, G. J. (eds.). *Psalms and Hebrews*; studies in reception. New York/London: T & T Clark, 2010. pp. 113-125.

EHLERS, K. "JHWH ist mein Becheranteil". Zum Bechermotiv in den Psalmen 16; 23 und 116. In: MICHEL, A.; STIPP, H.-J. (eds.). *Gott Mensch-Sprache*. (Festschrift Walter Gross). St. Ottilien: EOS, 2001. pp. 45-63. (Arbeiten zu Text und Sprache im Alten Testament 68).

EISSFELDT, O. אָדוֹן. In: *Theologisches Wörterbuch zum Alten Testament* [vol. 1], pp. 61-78.

EISSFELDT, O. אַדִּיר. In: *Theologisches Wörterbuch zum Alten Testament* [vol. 1], pp. 78-80.

ELLIGER, K.; RUDOLPH, W. (eds.). *Biblia Hebraica Stuttgartensia*. Stuttgart: Deutsche Bibelgesellschaft, ⁴1990.

FABRY, H.-J. חֶסֶד. In: *Theologisches Wörterbuch zum Alten Testament* [vol. 3], pp. 89-99.

FEINBERG, C. L. אָמַר. In: HARRIS, R. L; ARCHER, G. L.; WALTKE, B. K. *Dicionário Internacional de Teologia do Antigo Testamento (DITAT)*. São Paulo: Vida Nova, 1998.

FERNANDES, L. A. 2Sm 7,1-17: o projeto de Davi confronta-se com o projeto de Deus. In: *25º Congresso Internacional Soter*; mobilidade religiosa: linguagens, juventude, política. São Paulo/Belo Horizonte: Paulinas/Soter, 2012.

FERNANDES, L. A. *A Bíblia e a sua mensagem*; introdução à leitura e ao estudo da Bíblia. PUC/Reflexão: Rio de Janeiro/São Paulo, 2010.

FERNANDES, L. A. Jó 42,5: "Deus deixa-se experimentar". *Atualidade Teológica* 41 (2012), pp. 336-349.

FERNANDES, L. A. *Jonas*. São Paulo: Paulinas, 2010.

FERNANDES, L. A. Leituras inaceitáveis (espúrias) da Palavra de Deus. *Coletânea* 15/1 (2009), pp. 11-31.

FERNANDES, L. A. O Segundo Canto do Servo de YHWH: Análise exegética de Is 49,1-13. *Coletânea* 5 (2004), pp. 38.

FERNANDES, L. A. Teologia, Antropologia e Ecologia em Gn 1,1–2,4a. *Atualidade Teológica* 37 (2011), pp. 37-46.

FERNANDES, L. A.; GRENZER, M. *Evangelho segundo Marcos*; eleição, partilha e amor. São Paulo: Paulinas, 2012.

FERNANDES, L. A.; GRENZER, M. *Êxodo 15,22–18,27*. São Paulo: Paulinas, 2011. (Coleção: Comentário Bíblico Paulinas).

FISCHER, G. *Jahwe unser Gott*; Sprache, Aufbau und Erzähltechnik in der Berufung des Mose (Ex 3–4). Göttingen: Vandenhoeck & Ruprecht, 1989. (Coleção: Orbis Biblicus et Orientalis, 91).

FUHRMANN, S. The Son, The Angels and The Odd: Psalm 8 in Hebrews 1 and 2. In: HUMAN, D. J.; STEYN, G. J. (eds.). *Psalms and Hebrews*; studies in reception. New York/London: T & T Clark, 2010. pp. 83-98.

FUHS, H.-F. רָאָה. In: *Theologisches Wörterbuch zum Alten Testament* [vol. 7], pp. 225-267.

GARCIA RUBIO, A. A Teologia da criação desafiada pela visão evolucionista da vida e do cosmo. In: GARCIA RUBIO, A.; AMADO, J. P. (orgs.). *Fé cristã e pensamento evolucionista*; aproximações teológico-pastorais a um tema desafiador. São Paulo: Paulinas 2012. pp. 15-54

GERTNER, M. *Bulletin of the School of Oriental African Studies* 25 (1962).

GOULDER, M. David and Yahweh in Psalm 23 and 24. *Journal for the Study of the Old Testament* 30 (2006), pp. 463-473.

GRENZER, M. *Análise poética da sociedade*; um estudo de Jó 24. São Paulo: Paulinas, 2005.

GRENZER, M. Crianças roubadas e penhoradas? *Estudos Bíblicos* 54 (1997), pp. 52-57.

GRENZER, M. Ensino que jorra paz (Mq 4,1-5). *Revista de Cultura Teológica* 40 (2002), pp. 89-100.

GRENZER, M. Imigrante abençoado (Gn 11,27–12,9). In: PASSOS, J. D.; SOARES, A. M. L. (orgs.). *Doutrina Social e Universidade*; o cristianismo desafiado a construir cidadania. São Paulo: Paulinas, 2007. pp. 139-153.

GRENZER, M. *O projeto do êxodo*. São Paulo: Paulinas, ²2007.

GRENZER, M. Três visitantes (Gn 18,1-15). *Revista de Cultura Teológica* 57 (2006), pp. 61-73.

GRIMALDI, F. La Nuova Evangelizzazione e i moderni "inquisitori": una riflessione filosofica in risposta alle sfide post-moderne. *Laós* 19/1 (2012), pp. 93-98.

GROSS, H. מָשַׁל II, pp.73-78.

GRÜN, A. *Se quiser experimentar Deus*. Petrópolis: Vozes, 2001.

HAGAN, J. Novos modelos de família. In: PONTIFÍCIO CONSELHO PARA A FAMÍLIA. *Lexicon*; termos ambíguos e discutidos sobre a família, vida e questões éticas. Rio de Janeiro: Profissionais Salesianas, 2004.

HARRIS, R. L. תָּהֹם. In: HARRIS, R. L.; ARCHER Jr., G. L.; WALTKE, B. K. (eds.). *Dicionário Internacional de Teologia do Antigo Testamento* [DITAT]. São Paulo: Vida Nova, 1998. pp. 1632-1633.

HARRIS, R. L; ARCHER, G. L.; WALTKE, B. K. *Dicionário Internacional de Teologia do Antigo Testamento* (DITAT). São Paulo: Vida Nova, 1998.

HERIBAN, J. Gerusalemme. In: *Dizionario Teminologico-Concettuale di Scienze Bibliche e Ausiliarie*. Roma: LAS, 2005.

HERIBAN, J. Tempio. In: *Dizionario Teminologico-Concettuale di Scienze Bibliche e Ausiliarie.* Roma: LAS, 2005.

HOSSFELD, F. L.; ZENGER, E. "Wer darf hinaufziehen zum Berg JHWHs?". Zur Redaktionsgeschichte und Theologie der Psalmengruppe 15-24. In: BRAULIK, G.; GROSS, W.; MCEVENUE, S. (orgs.). *Festschrift Norbert Lohfink.* Freiburg: Herder, 1993. pp. 166-182.

HOSSFELD, F.-L. Der gnädige Gott und der arme Gerechte: Anthropologische Akzente in der Psalmengruppe 111–118. In: BÖTTINGHEIMER, C.; FILSER, H. (eds.). *Kircheneinheit und Weltverantwortung.* Regensburg: Pustet, 2006. (FS Peter NEUNER).

HOSSFELD, F.-L.; ZENGER, E. *Psalmen 101–150.* Freiburg: Herder, 2008. (Coleção: Herders Theologischer Kommentar zum Alten Testament).

HUNZIKER-RODEWALD, R. *Hirt und Herde;* ein Beitrag zum alttestamentlichen Gottesverständnis. Stuttgart: Kohlhammer, 2001. (Beiträge zur Wissenschaft vom Alten und Neuen Testament 155).

ILLMAN, K.-J. שלם. In: *Theologisches Wörterbuch zum Alten Testament* [vol. 8, 1995], pp. 94-101.

IRINEU DI LIONE. *Contro le Eresie,* IV,20,7 [A cura di V. DELLAGIACOMA. Siena: Cantagalli, 1984, p. 71].

JANOWSKI, B. *Konfliktgespräche mit Gott;* eine Anthropologie der Psalmen. Neukirchen-Vluyn: Neukirchener, ²2006.

JANOWSKI, B; NEUMANN-GORSOLKE, U. Der "gute Hirte" und seine Herde. In: JANOWSKI, B.; NEUMANN-GORSOLKE, U.; GLESSNER, U. *Gefährten und Feinde des Menschen;* das Tier in der Lebenswelt des alten Israel. Neukirchen-Vluyn: Neukirchener, 1993. pp. 85-89.

JENNI, E.; WESTERMANN, C. *Diccionario Teologico Manual del Antiguo Testamento,* Tomo II. Madrid: Cristandad, 1985.

JOÃO PAULO II, Exortação Apostólica *A Missão da Família Cristã no mundo de Hoje (Familiaris Consortio* de 22 de novembro de 1981). São Paulo: Paulinas, 1982.

JOÃO PAULO II. Carta Apostólica: *Novo Millennio Ineunte.* São Paulo: Paulinas, 2000.

JOÃO PAULO II. Carta Encíclica *Laborem Exercens*. São Paulo: Paulinas, 1981.

JOÃO PAULO II. Homilia na Solenidade de Maria Santíssima, Mãe de Deus e XXXV Jornada Mundial da Paz (1/1/2002). *Insegnamenti di Giovanni Paolo II* XXV/1 (Roma 2002).

JOÜON, P. *Grammaire de l'hebreu biblique*. Roma: PIB, 1996.

JULIATTO, C. I. *Ciência e Transcendência, duas lições a aprender*. Curitiba: Champagnat-PUCPR, 2012.

JUNGES, J. R. Ética Ecológica: Antropocentrismo ou Biocentrismo? *Persp. Teol.* 33 (2001), pp. 33-66.

JÜNGLING, H.-W. Salmos 1–41. In: FARMER, W. R. *Comentario Bíblico Internacional*; comentario católico e ecumémico para el siglo XXI. Estella (Navarra): Verbo Divino, ²2000.

KAISER, W. C. *May — mayim*. In: HARRIS, R. L.; ARCHER Jr., G. L.; WALTKE, B. K. (eds.). *Dicionário Internacional de Teologia do Antigo Testamento* [DITAT]. São Paulo: Vida Nova, 1998. pp. 829-832.

KAUTZSCH, E.; COWLEY, A. E. (eds.), *Gesenius' Hebrew Grammar*. USA: Clarendon, ²1910.

KEEL, O. *Die Welt der altorientalischen Bildsymbolik und das Alte Testament*; am Beispiel der Psalmen. Göttingen: Vandenhoeck & Ruprecht, ⁵1996.

KESSLER, R. *História Social do Antigo Israel*. São Paulo: Paulinas, 2009.

KESSLER, R. *Sozialgeschichte des Alten Israel*; eine Einführung. Darmstadt: Wissenschaftliche Buchgesellschaft, 2006.

KLATT, W. Hermann Gunkel. Zu seine Theologie der Religionsgeschichte und zur Entstehung der formgeschichtlichen Methode. *FRLANT* 100 (1969).

KNAUF, E. A. Psalm XXIII,6. *Vetus Testamentum* 51 (2001).

KOPP, C. *I Luogui Santi degli Evangeli*. Milano: Massimo, 1958.

KRAUS, H.-J. *Los Salmos* (Salmos 60–150). Salamanca: Sígueme, 1995.

LEGENDRE, A. Jérusalem. In: *Dictionnaire de la Bible* [Tome III/2: J — K]. Paris: s.n., 1926. pp. 1317-1396.

LIMA, M. de L. C. Fundamentalismo: Escritura e Teologia entre fé e razão. *Atualidade Teológica* 33 (2009), pp. 332-359.

LIMET, H. Pantheon. In: POUPARD, P. *Grande Dizionario delle Religioni*; dalla preistoria ad oggi. Casale Monferrato: Piemme, 2000. pp. 1576-1577.

LIPINSKI, E. נָחַל. In: *Theologisches Wörterbuch zum Alten Testament* [vol. 5]. Stuttgart: Verlag, 1986. pp. 342-361.

LIPINSKI, E. נָקַם. In: *Theologisches Wörterbuch zum Alten Testament* [vol. 5], Stuttgart: Verlag, 1986. pp. 602-612.

LOHFINK, N. Das tanzende Land und der verflüssigte Fels. Zur Übersetzunng von Ps 114,7. In: GREVE, A.; ALBRECHT, F. (eds.). ..., *dann warden wir sein wie die Träumenden (Festschrift Ingo Baldermann)*. Siegen: Verlag der Gesellschaft für christlich-jüdische Zusammenarbeit, 1994. pp. 199-222.

LOHFINK, N. Die Einsamkeit des Gerechten: Zu Psalm 1. In: *Im Schatten deiner Flügel*; grosse Bibeltexte neu erschlossen. Freiburg: Herder, 1999.

LOHFINK, N. Die Vision einer menschlichen Stadt: Ein Gespräch mit Verfechtern der Volkskirche. In: LOHFINK, N. *Das Jüdische am Christentum*; die verlorene Dimension. Freiburg: Herder, ²1989. pp. 30-47.

LOPES, A. D. A Ressurreição do Santo Sudário. *Veja* 14 (2012), pp. 126-134.

LÓPEZ TRUJILLO, A. La familia, corazón de la civilización del amor. In: *Familia vida y nueva evangelización*. Estella (Navarra): EVD, 2000.

LORENZIN, T. *I Salmi*. Milano: Paoline, 2001.

MAASS, F. אֱנוֹשׁ. In: *Theologisches Wörterbuch zum Alten Testament* [vol. 1, 1973], pp. 373-375.

MAASS, F. אָדָם. In: *Theologisches Wörterbuch zum Alten Testament* [vol. 1, 1973], pp. 81-94.

MANNATI, M. *Para rezar os Salmos*. São Paulo: Paulus, 1987.

MARÉ, L. P. The Messianic Interpretation of Psalm 8:4-6 in Hebrews 2:6-9 [Part I]. In: HUMAN, D. J.; STEYN, G. J. (eds.). *Psalms and Hebrews*; studies in reception. New York/London: T & T Clark, 2010. pp. 99-125.

MARK, M. *Meine Stärke und mein Schutz ist der Herr*; poetologisch--theologische Studie zu Psalm 118. Würzburg: Echter, 1999. (Forschung zur Bibel 92).

MATTHEWS, R. Afinal, Deus existe? *Para saber e Conhecer* 23 (2011), pp. 44-51.

MAYS, J. L. What is a Human Being? Reflections on Psalm 8. *Theology Today* 50 (1994), pp. 511-520.

MAZAR, A. *Arqueologia na terra da Bíblia — 10.000-586 a.C.* São Paulo: Paulinas, 2005. (Coleção: Bíblia e Arqueologia).

MAZOR, Y. Psalm 23: The Lord is my Shephard — Or is He my Host? *Zeitschrift für die Alttestamentliche Wissenschaft* 100 (1988), pp. 416-420.

McKENZIE, J. L. Água. In: *Dicionário Bíblico*. São Paulo: Paulus, [7]1983. pp. 18-19.

MITTMANN, S. Aufbau und Einheit des Danklieds Psalm 23. *Zeitschrift für Theologie und Kirche* 77 (1980), pp. 1-23.

MOLTMANN, J. A Common Earth Religion. World Religions from na Ecological Perspective. *Atualidade Teológica* 40 (2012), pp. 15-29.

MONDIN, B. *O homem, quem ele é?* Elementos de Antropologia Filosófica. São Paulo: Paulinas 1980.

MORLA ASENSIO, V. *Introdução ao Estudo da Bíblia*; livros sapienciais e outros escritos [vol. 5]. São Paulo: Ave-Maria, 1997.

MOSIS, R. יָסַד. In: *Theologisches Wörterbuch zum Alten Testament* [vol. 3], pp. 669-682.

MÜLLER, A. R. Psalm 23,1 und der identifizierende Nominalsatz. In: STEINGRÍMSSON, S. Ö.; ÓLASON, K. (eds.). *Literatur- und sprachwissenschaftliche Beiträge zu alttestamentlichen Texten*. (Festschrift Wolfgang Richter). St. Ottilien: EOS, 2007. pp. 137-153. (Arbeiten zu Text und Sprache im Alten Testament 83).

NESMY, J.-C. *I Padri commentano il Salterio della Tradizione*. Torino: Gribaudi, 1983.

OEMING, M. *Das Buch der Psalmen. Psalm 1–41*. Stuttgart: Katholisches Bibelwerk, 2000. (Neuer Stuttgarter Kommentar Altes Testament 13/1).

PANCALDI, M.; TROMBINO, M.; VILLANI, M. *Atlante della filosofia*; gli autori e le scuole. Le parole. Le opere. Milano: Ulrico Hoepli Editore, 2006.

PAULO VI. Alocução sobre as lições de Nazaré proferida em 5 de janeiro de 1964. In: *Liturgia das Horas*, Domingo da Sagrada Família [vol 1], pp. 382-383).

PERANI, C. *La revisione di vita. Strumento di evangelizzazione alla luce del Vaticano II*. Torino (Leumann): Elle Di Ci, 1968.

PINTO, M. J. F. Farinha pouca? Meu pirão primeiro! Ética cristã e visão evolucionista: desafios. In: GARCIA RUBIO, A.; AMADO, J. P. (orgs.). *Fé cristã e pensamento evolucionista*; aproximações teológico-pastorais a um tema desafiador. São Paulo: Paulinas 2012. pp. 255-286.

PONTIFICIO CONSIGLIO PER LA FAMIGLIA. *Evoluzioni demografiche*; dimensioni etiche e pastorali. Città del Vaticano: Libreria Editrice Vaticana, 1994.

PRINSLOO, G. Th. M. Šeʾôl → Yerûšālayim ← Šāmayim: Spatial orientation in the Egyptian Hallel (Psalms 113–118). *Old Testament Essays* 19/2 (2006), pp. 739-760. (Journal of the Old Testament Society of South Africa).

PRINSLOO, G. Th. M. The Role of Space in the שירי המעלות. *Biblica* 86 (2005), pp. 457-477.

PRINSLOO, G. Th. M. Tremble before the Lord. Myth and History in Psalm 114. *Old Testament Essays* 11/2 (1998), pp. 306-325.

PRINSLOO, G. Th. M. Yahweh and the poor in Psalm 113: Literary motif and/or theological reality? *Old Testament Essays* 9 (1996), pp. 465-485. (Journal of the Old Testament Society of South Africa).

PRINSLOO, W. S. Psalm 114. It is Yahweh who Transforms the Rock into a Fountain. *Journal of Northwest Semitic Languages* XVIII (1992), pp. 163-176.

RAGUER, H. *Para compreender os Salmos*. São Paulo: Loyola, 1998.

RAVASI, G. *Il Libro dei Salmi*; commento e attualizazione, Bologna: EDB, ⁵1991. v. 1 (1–50).

RAVASI, G. *Il Libro dei Salmi*; commento e attualizazione. Brescia: EDB, 1984. v. 3 (101–150).

REIMER, H. Criação e Cuidado. Perspectivas bíblicas. *Atualidade Teológica* (2011), pp. 11-26.

REITERER, F. V. עשׁי. In: *Theologisches Wörterbuch zum Alten Testament* [vol. 8, 1973], pp. 123-176.

ROAF, M. *Mesopotamia y el antiguo Medio Oriente* [vol. 1]. Madrid: Ed. del Prado, 1996.

RÖMER, T. *A chamada história deuteronomista*; introdução sociológica, histórica e literária. Petrópolis: Vozes, 2008.

RUPPERT, L. *šwḥ, šjḥ šhḥ*. In: *Theologisches Wörterbuch zum Alten Testament*, vol. VII. Stuttgart: Verlag W. Kohlhammer, 1993. p. 1211.

SAB (Serviço de Animação Bíblica). *Levanta-te e vai à grande cidade* (Jn 1,2); introdução ao estudo do profeta Jonas. São Paulo: Paulinas, 2010.

SANTO AGOSTINHO. *Comentário aos Salmos (Enarrationes in Psalmos)*; Salmos 1–50. São Paulo: Paulus, 1997.

SANTO AGOSTINHO. *Comentário aos Salmos (Enarrationes in Psalmos)*; Salmos 101–150. São Paulo: Paulus, 1998.

SCHAEFER, K. *Psalms*. Collegeville: Liturgical Press, 2001. (Coleção: Berit Olam).

SCHLESINGER, H.; PORTO, H. Panteão e Panteísmo. In: *Dicionário Enciclopédico das Religiões* [vol. 2: K–Z]. Petrópolis: Vozes, 1995. pp. 1977-1978.

SCHOTTROFF, W. Psalm 23. Zur Methode sozialgeschichtlicher Bibelauslegung. In: CRÜSEMANN, F.; KESSLER, R.; SCHOTTROFF, L. (orgs.) *Gerechtigkeit lernen*; beiträge zur biblischen Sozialgeschichte. Gütersloh: Kaiser/Gütersloher Verlagshaus, 1999. (Coleção: Theologische Bücherei, 94, Altes Testament).

SCHROER, S.; STAUBLI, Th. *Simbolismo do corpo na Bíblia*. São Paulo: Paulinas, 2003.

SCHRÖTEN, J. *Entstehung, Komposition und Wirkungsgeschichte des 118. Psalms*. Weinheim: Beltz Athenäum, 1995.

SELLIN, E.; FOHRER, G. *Introdução ao Antigo Testamento* [vol. 2]. São Paulo: Paulinas, ³1977.

SEYBOLD, K. *Poetica dei Salmi*. Brescia: Paideia, 2007.

SEYBOLD, K. *Poetik der Psalmen*. Stuttgart: Kohlhammer, 2003.

SILVA, C. M. D. *Aquele que manda a chuva sobre a face da terra*. São Paulo: Loyola, 2006.

SILVA, M. F. da. A Criação e a Questão Ecológica no Pensamento de Jürgen Moltmann. *Atualidade Teológica* 40 (2012), pp. 30-49.

SIQUEIRA, J. C. *Reflexões sobre a sustentabilidade socioambiental* (edição bilíngue, português-inglês). Rio de Janeiro: PUC-Rio, 2012.

SKA, J. L. *O Deus oleiro, dançarino e jardineiro*; ensaios de antropologia bíblica. São Paulo: Loyola, 2001.

SMITH, M. S. Psalm 8:2b-3: New Proposals for Old Problems. *CBQ* 59 (1997), pp. 637-641.

SMITH, M. S. Setting and Rhetoric in Psalm 23. *Journal for the Study of the Old Testament* 41 (1988), pp. 61-66.

SMITH, M. S. The "Son of Man" in Ugaritic. *CBQ* 45 (1983), pp. 59-60.

SPIECKERMANN, H. *Heilsgegenwart*; eine Theologie der Psalmen. Göttingen: Vandenhoeck & Ruprecht, 1989. (Forschungen zur Religion und Literatur des Alten und Neuen Testaments 148).

STICHER, C. *Die Rettung der Guten durch Gott und die Selbstzerstörung der Bösen*; ein theologisches Denkmuster im Psalter. Berlin: Philo, 2002. (Coleção: Bonner Biblische Beiträge, 137).

STRUS, A. *Nomen-Omen*. Roma: Biblical Institute Press, 1978.

SYLVA, D. D. The Changing of Images in Ps 23,5.6. *Zeitschrift für die Alttestamentliche Wissenschaft* 102 (1990), pp. 111-116.

THOMPSON, T. L. From the mouth of babes, strength: Psalm 8 and the Book of Isaiah. *Scandinavian Journal of the Old Testament* 16/2 (2002), pp. 226-245.

TOURNAY, R. Le psaume 8 et la doctrine biblique du Nom. *RB* 78 (1971), pp. 18-30.

Tradução Ecumênica da Bíblia. Petrópolis: Loyola, 1995.

V CONFERÊNCIA ESPISCOPAL LATINO-AMERICANA E DO CARIBE. *Documento de Aparecida*. Brasília/São Paulo: CNBB/Paulinas/Paulus, 2008.

VAUX, R. *Instituições de Israel no Antigo Testamento*. São Paulo: Paulus/Teológica, 2003.

VILICIC, F. Cabo de Guerra Cósmico. *Veja* 2279/n. 30 (2012), pp. 104-105.

VILLIERS, G. Reflections on Creation and Humankind in Psalm 8, the Septuagint and Hebrews. In: HUMAN, D. J.; STEYN, G. J. (eds.). *Psalms and Hebrews*; studies in reception. New York/London: T & T Clark, 2010. pp. 69-82.

VV.AA. State of Israel (and its Antecedents. In: *Encyclopaedia Judaica* (vol. 9: Is–Jer). Jerusalem: Macmillan, 1972.

WARMUTH, G. הוֹד. In: *Theologisches Wörterbuch zum Alten Testament* [vol. 2], pp. 376-380.

WEBER, C. P. חָגָא. In: HARRIS, R. L; ARCHER, G. L.; WALTKE, B. K. *Dicionário Internacional de Teologia do Antigo Testamento (DITAT)*. São Paulo: Vida Nova, 1998.

WEISER, A. *Os Salmos*. São Paulo: Paulus, 1994.

WÉNIN, A. *De Adão a Abraão ou as errâncias do ser humano*; leitura de Gênesis 1,1–12,4. São Paulo: Loyola, 2011.

WHITE, W. *retsaḥ*. In: HARRIS, R. L.; ARCHER Jr., G. L.; WALTKE, B. K. (eds.). *Dicionário Internacional de Teologia do Antigo Testamento [DITAT]*. São Paulo: Vida Nova, 1998. p. 1451.

WHITEKETTLE, R. Taming the Shrew, Shrike, and Shrimp: The Form and Function of Zoological Classification in Psalm 8. *JBL* 125/4 (2006), pp. 749-795.

WILLIS, T. M. A Fresh Look at Psalm XXIII 3A. *Vetus Testamentum* 37 (1987), pp. 104-106.

WOLFF, H. W. *Anthropologie des Alten Testaments*. München: Kaiser, ⁵1990.

ZAKOVITCH, Y. *Das Hohelied*. Freiburg: Herder, 2004 (Herders Theologischer Kommentar zum Alten Testament).

ZEHNDER, M. Ph. *Wegmetaphorik im Alten Testament*; eine semantische Untersuchung der alttestamentlichen und altorientalischen Weg-Lexeme mit besonderer Berücksichtigung ihrer metaphorischen Verwendung. Berlin: Walter de Gruyter, 1999. (Beihefte zur Zeitschrift für die alttestamentliche Wissenschaft 268).

ZENGER, E. "Als Israel auszog aus Ägypten...". Dramaturgie und Theologie von Psalm 114 im Kontext der Festkantate Ps 113–118. In: DYMA, O.; MICHEL, A. (orgs.). *Sprachliche Tiefe — Theologische Weite*. Neuirchen-Vluyn: Neukirchner Verlag, 2008. (Biblisch-Theologische Studien 91), p. 49-89.

ZENGER, E. Das Buch der Psalmen. In: ZENGER, E. et alii. *Einleitung in das Alte Testament*. Stuttgart, Kolhammer, ⁷2008. [Em português, existe a tradução da primeira edição deste livro: ZENGER, Er. *Introdução ao Antigo Testamento*. São Paulo: Loyola, 2003].

ZENGER, E. Der Psalter als biblisches Buch. Alte und neue Wege der Psalmenauslegung am Beispiel von Psalm 23. *Religionsunterricht an höheren Schulen* 49 (2006), pp. 324-337.

ZENGER, E. Der Zion als Ort der Gottesnähe; Beobachtungen zum Weltbild des Wallfahrtspsalters Ps 120–134. In: EBERHARDT, G.; LIESS, K. (orgs.). *Gottes Nähe im Alten Testament*. Stuttgart: Katholisches Bibelwerk, 2004. pp. 84-114. (Coleção: Stuttgarter Bibelstudien, 202).

ZENGER, E. et alii. *Einleitung in das Alte Testament*. Stuttgart: Kolhammer, ⁷2008. [Em português, existe a tradução da primeira edição deste livro: ZENGER, E. *Introdução ao Antigo Testamento*. São Paulo: Loyola, 2003].

ZENGER, E. Götter- und Götterbildpolemik in Ps 112–113 LXX = Ps 113–115 MT. In: ZENGER, E. (org.). *Der Septuaginta-Psalter*; sprachliche und theologische Aspekte. Freiburg: Herder, 2001. (Coleção: Herders Biblische Studien, 32).

ZENGER, E. *Mit meinem Gott überspringe ich Mauern*; Einführung in das Psalmenbuch. Freiburg: Herder, ³1991.

ZENGER, E. Psalm 131. In: HOSSFELD, F. L.; ZENGER, E. *Psalmen 101–150*. Freiburg: Herder, 2008.

ZENGER, E. Psalm 23. In: HOSSFELD, F.-L.; ZENGER, E. *Psalmen I*; Psalm 1–50. Würzburg: Echter, 1993. pp. 152-156. (Die Neue Echter Bibel: Kommentar zum Alten Testament mit der Einheitsübersetzung 29).

Impresso na gráfica da
Pia Sociedade Filhas de São Paulo
Via Raposo Tavares, km 19,145
05577-300 - São Paulo, SP - Brasil - 2013